三峡库区可持续发展研究丛书

"三峡库区百万移民安稳致富国家战略"服务国家特殊需求博士人才培养项目
中央财政支持地方高校发展专项资金应用经济学学科建设项目

共同资助

三峡库区发展概论

陈海燕　文传浩　吴华安　等　编著

科学出版社

北　京

图书在版编目（CIP）数据

三峡库区发展概论/陈海燕等编著. —北京：科学出版社，2016.4
（三峡库区可持续发展研究丛书）
ISBN 978-7-03-047762-0

Ⅰ.①三… Ⅱ.①陈… Ⅲ.①三峡水利工程–区域经济发展–概
况 Ⅳ.①F127.719

中国版本图书馆 CIP 数据核字（2016）第 053083 号

丛书策划：侯俊琳 杨婵娟
责任编辑：杨婵娟 赵 晶/责任校对：贾娜娜
责任印制：徐晓晨/封面设计：铭轩堂
编辑部电话：010-64035853
E-mail：houjunlin@mail.sciencep.com

科 学 出 版 社 出版
北京东黄城根北街 16 号
邮政编码：100717
http://www.sciencep.com

北京京华虎彩印刷有限公司 印刷
科学出版社发行 各地新华书店经销

*

2016 年 4 月第 一 版 开本：B5（720×1000）
2016 年 4 月第一次印刷 印张：13 1/2 插页：1
字数：272 000
定价：68.00 元
（如有印装质量问题，我社负责调换）

重庆工商大学"三峡库区百万移民安稳致富国家战略"服务国家特殊需求博士人才培养项目实施指导委员会

主 任 委 员：

    孙芳城（重庆工商大学校长、教授）

副主任委员：

    刘　卡（国务院三峡工程建设委员会办公室经济技术合作司司长）

    袁　卫（国务院学位委员会学科评议组专家、中国人民大学教授）

    彭　亮（重庆市移民局副局长）

委　　　员：

    陶景良（国务院三峡工程建设委员会办公室教授级高级工程师）

    袁　烨（国务院三峡工程建设委员会办公室经济技术合作司处长）

    徐俊新（中国长江三峡集团公司办公厅主任）

    余棋林（重庆市移民局移民发展扶持处处长）

    杨继瑞（重庆工商大学教授）

    王崇举（重庆工商大学教授）

    何勇平（重庆工商大学副校长、教授）

    廖元和（重庆工商大学教授）

    文传浩（重庆工商大学教授）

    余兴厚（重庆工商大学教授）

项目办公室主任：余兴厚（重庆工商大学教授）

项目办公室副主任：文传浩（重庆工商大学教授）

            任　毅（重庆工商大学副教授）

重庆工商大学"三峡库区百万移民安稳致富国家战略"服务国家特殊需求博士人才培养项目专家委员会

主 任 委 员：

    王崇举（重庆工商大学教授）

副主任委员：

    陶景良（国务院三峡工程建设委员会办公室教授级高级工程师）

    黄志亮（重庆工商大学教授）

委 员：

    戴思锐（西南大学教授）

    向书坚（中南财经政法大学教授）

    余棋林（重庆市移民局移民发展扶持处处长）

    廖元和（重庆工商大学教授）

    文传浩（重庆工商大学教授）

培养办公室主任：文传浩（重庆工商大学教授）

培养办公室副主任：杨文举（重庆工商大学教授）

丛 书 序

　　三峡工程是世界上规模最大的水电工程，也是中国有史以来建设的最大的工程项目。三峡工程 1992 年获得全国人民代表大会批准建设，1994 年正式动工兴建，2003 年 6 月 1 日下午开始蓄水发电，2009 年全部完工，2012 年 7 月 4 日已成为全世界最大的水力发电站和清洁能源生产基地。三峡工程的主要功能是防汛、航运和发电，工程建成至今，它在这三个方面所发挥的巨大作用和获得的效益有目共睹。

　　毋庸置疑，三峡工程从开始筹建的那一刻起，便引发了移民搬迁、环境保护等一系列事关可持续发展的问题，始终与巨大的争议相伴。三峡工程的最终成败，可能不在于它业已取得的防洪、发电和利航等不可否认的巨大成效，而将取决于库区百万移民是否能安稳致富？库区的生态涵养是否能确保浩大的库区永远会有碧水青山？库区内经济社会发展与环境保护之间的矛盾能否有效解决？

　　持续 18 年的三峡工程大移民，涉及重庆、湖北两地 20 多个区县的 139 万余人，其中 16 万多人离乡背土，远赴十几个省市重新安家。三峡移民工作的复杂性和困难性不止在于涉及近 140 万移民 20 多个区县，还与移民安置政策、三峡库区环境保护、产业发展等问题紧密相关，细究起来有三点。

　　一是三峡库区经济社会发展相对落后，且各种移民安置政策较为保守。受长期论证三峡工程何时建设、建设的规模和工程的影响，新中国成立后的几十年内国家在三峡库区没有大的基础设施建设和大型工业企业投资，三峡库区的经济社会发展不仅在全国，即使在西部也处在相对落后的水平。以重庆库区为例，1992 年，库区人均地区生产总值仅 992 元，三次产业结构为 42.3∶34.5∶23.2，农业占比最高，财政收入仅 9.67 亿元[①]。而 1993 年开始的移民工作，执行的是"原规模、原标准或者恢复原功能"（简称"三原"）的补偿及复建政策，1999 年制定并实施了"两个调整"，农村移民从单纯就地后靠安置调整为部分外迁出库区安置，工矿企业则从单纯的搬迁复建调整为结构调整，相当部分关停并转，仅库区 1632 家搬迁企业就规划关破 1102 家，占总数的 67.5%[②]。这样的移民安置政策给移民的安稳致富工作提出了严峻的挑战。

二是三峡百万移民工程波及面远远超过百万移民本身，是一项区域性、系统性的宏大工程。我们通常所指的三峡库区移民工作，着重考虑的是淹没区 175 米水位以下，所涉及的湖北省夷陵、秭归、兴山、巴东，重庆市的巫溪、巫山、奉节、云阳、万州、开县、忠县、石柱、丰都、涪陵、武隆、长寿、渝北、巴南、重庆市区、江津等 20 多个区县的 277 个乡（镇）、1680 个村、6301 个组的农村需搬迁居民，以及两座城市、11 个县城、116 个集镇需要全部或部分重建所涉及的需要动迁的城镇居民。而事实上，受到三峡工程影响的不仅仅是这 20 多个区县中需要搬迁和安置的近 140 万居民，还应该包含上述区县、乡镇、村组中的全部城乡居民，甚至包括毗邻这些区县、受流域生态波及的库区的其他区县的居民，这里实际涉及了一个较为广义的移民概念。真正要在库区提振民生福祉、实现移民安稳致富，必须把三峡库区和准库区、百万移民和全体居民的工作都做好。

三是三峡库区百万移民的安稳致富，既要兼顾移民的就业和发展，做好三峡库区产业发展，又要落实好库区的生态涵养和环境保护。三峡库区农民人均耕地只有 1.1 亩[③]，低于全国人均 1.4 亩的水平，而且其中 1/3 左右的耕地处于 25 度左右的斜坡上，土质较差，移民安置只能按人均 0.8 亩考虑。整个库区的河谷平坝仅占总面积的 4.3%，丘陵占 21.7%，山地占 74%。三峡库区是古滑坡、坍塌和岩崩多发区，仅在三峡工程实施过程中，就规划治理了崩滑体 617

---

① 参见重庆市移民局 2012 年 8 月发布的《三峡工程重庆库区移民工作阶段性总结研究》。
② 梁福庆 . 2011. 三峡工程移民问题研究 . 武汉：华中科技大学出版社 .
③ 1 亩≈666.7m²。

处。在这样的条件下，我们不仅要转移、安置好库区的百万移民，还必须保护好三峡 660 余公里长的库区的青山绿水。如何同时保证库区的百万移民安稳致富、库区的生态涵养和环境保护是一项十分艰巨的工作。

国家对三峡库区的可持续发展问题一直高度关注。对于移民工作，国家就提出"开发性移民"的思路，强调移民工作的标准是"搬得出、稳得住、逐步能致富"。在 20 世纪 90 年代，国家财力相对薄弱，当时全国，尤其是中西部地区的经济社会发展水平也不高，因此对移民工作实行了"三原"原则下较低的搬迁补助标准。但就在 2001 年国务院颁发的《长江三峡工程建设移民条例》这个移民政策大纲中，就提出了移民安置"采取前期补偿、补助与后期扶持相结合"的原则。在此之前的 1992 年，国务院还颁发了《关于开展对三峡工程库区移民工作对口支援的通知》（国办发〔1992〕14 号），具体安排了东中部各省市对库区各区县的对口支援任务，这项工作，由于有国务院三峡工程建设委员会办公室（简称国务院三建办）的存在，至今仍在大力推进和持续。2011 年 5 月，国务院常务会议审议批准了《三峡后续工作规划》（简称《规划》），这是在特定时期、针对特定目标、解决特定问题的一项综合规划。《规划》锁定在 2020 年之前必须解决的六大重点问题之首，是移民安稳致富和促进库区经济社会发展。其主要目标是，到 2020 年，移民生活水平达到重庆市和湖北省同期平均水平，覆盖城乡居民的社会保障体系建立，库区经济结构战略性调整取得重大进展，交通、水利及城镇等基础设施进一步完善，移民安置区社会公共服务均等化基本实现。显然，三峡工程移民的安稳致富工作是一个需要较长时间实施的浩大系统工程，它需要全国人民，尤其是库区所在的湖北、重庆两省（市）能够为这项事业奉献智力、财力和人力的人们持续的关注和参与。它既要有经济学的规划和谋略，又要有生态学的视野和管理学的实践，还要有社会学的独特思维和运作，以及众多不同的、各有侧重的工程学科贡献特别的力量。

重庆工商大学身处库区，一直高度关注三峡库区的移民和移民安稳致富工作，并为此作了大量的研究和实践。早在 1993 年，重庆工商大学的前身之一——原重庆商学院，就成立了"三峡经济研究所"，承担国家社会科学基金、重庆市政府和各级移民工作管理部门关于移民工作问题的委托研究。2004 年，经教育部批准，学校成立了教育部人文社会科学重点研究基地——长江上游经济研究中心。从成立伊始，该中心即整合全校经济学、管理学各学院的资源，以及生态、环境、工程、社会等各大学科门类的众多学者，齐心协力、协同攻关，为三峡库区移民和移民后续工作做出特殊的努力。

2011年，国务院学位委员会第二十八次会议审议通过了《关于开展"服务国家特殊需求人才培养项目"试点工作的意见》，在全国范围内开展了硕士学位授予单位培养博士专业学位研究生试点工作。因为三峡工程后续工作，尤其是库区移民安稳致富工作的极端重要性、系统性和紧迫性，由国务院三建办推荐、重庆工商大学申请的应用经济学"三峡库区百万移民安稳致富国家战略"的博士项目最终获批，成为"服务国家特殊需求人才培养项目"的30个首批博士项目之一，并从2013年开始招生和项目实施。近三年来，该项目紧密结合培养三峡库区后续移民安稳致富中对应用经济学及多学科高端复合型人才的迫切需求，结合博士人才培养的具体过程，致力于库区移民安稳致富的模式、路径、方法、政策等方面的具体研究和探索。

重庆工商大学牢记推动三峡库区可持续发展的历史使命，紧紧围绕着"服务国家特殊需求人才培养项目"这个学科"高原"，不断开展"政产学研用"合作，并由此孵化出一系列紧扣三峡库区实情、旨在推动库区可持续发展的科学研究成果。当前，国家进入经济社会发展的"新常态"，资源约束、市场需求、生态目标、发展模式等均发生了很大的变化。国家实施长江经济带发展战略，意在使长江流域11省市依托长江协同和协调发展，使其成为新时期国家发展新的增长极，并支撑国家"一带一路"新的开放发展战略。湖北省推出了以长江经济带为轴心，一主（武汉城市群）两副（宜昌和襄樊为副中心）的区域发展战略。重庆则重点实施五大功能区域规划，将三峡库区的广大区域作为生态涵养发展区与社会经济同步规划发展。值此之际，重庆工商大学组织以服务国家特殊需求博士项目博士生导师为主的专家、学者推出"三峡库区可持续发展研究丛书"，服务国家重大战略、结合三峡库区区情、应对"新常态"下长江经济带实际，面对三峡库区紧迫难题、贴近三峡库区可持续发展的实际问题，创新提出许多理论联系实际的新观点、新探索。将其结集出版，意在引起库区干部群众，以及关心三峡移民工作的专家、学者对该类问题的持续关注。这些著作由科学出版社统一出版发行，将为现有的有关三峡工程工作的学术成果增添一抹亮色，它们开辟了新的视野和学术领域，将会进一步丰富和创新国内外解决库区可持续发展问题的理论和实践。

最后，借此机会，要向长期以来给予重庆工商大学"三峡库区百万移民安稳致富国家战略"博士项目指导、关心和帮助的国务院学位办、三峡办，重庆市委、市政府及相关部门的领导表达诚挚的感谢！

王崇举

2015 年 8 月于重庆

前　言

　　三峡工程是综合治理长江和开发长江水利资源的一个关键性工程，是关系我国现代化建设全局功在当代、利在千秋的特大型工程。三峡库区是因三峡工程而形成的独特地理单元，是长江上游经济带的重要组成部分，是长江中下游地区生态环境屏障和西部生态环境建设的重点，是我国重要的电力供应基地和内河航运干线地区。在促进长江沿江地区经济发展、东西部地区经济交流和我国现代化建设中，三峡库区具有十分重要的战略地位。

　　在不同的发展时期，三峡库区肩负着不同的发展任务。在工程建设期，三峡库区在水坝修建、人口迁移、环境保护、社会稳定等方面做出了巨大贡献。在工程运行期，三峡库区可持续发展水平直接影响着工程安全运行和综合效益的可持续发挥，关系到库区经济发展、社会稳定、环境安全，以及国家战略资源的优化配置。为了保障三峡工程的顺利建设、库区的经济社会发展与生态环境安全，各级政府先后通过并实施了《长江上游水污染整治规划》（1999 年）、《长江三峡工程建设移民条例》（2001 年）、《地质灾害防治条例》（2003 年）、《三峡库区经济社会发展规划》（2004 年）、《三峡后续工作总体规划》（2011 年）、《长江三峡水利枢纽安全保卫条例》（2013 年）、《全国对口支援三峡库区合作规划（2014—2020 年）》等。尽管如此，三峡库区仍面临着人口多、资源匮乏、生态环境脆弱、水土流失等问题，处于经济增长与结构调整、移民搬迁安置与社会转型、产业发展与生态建设等各种矛盾之中。在三峡工程发挥综合效益的新时期，库区面临的发展问题必然与工程建设时期不同，经济社会发展、移民安稳致富和生态环境保护的任务更加繁重艰巨。

　　众所周知，三峡库区含 26 个行政区域，是指在三峡工程建设初期，大坝蓄水 175m 水位时受回水影响的水库淹没区和移民安置涉及的有关行政区域。当三峡大坝蓄水达到 175m，三峡工程开始发挥综合效益时，三峡库区的发展已成为一个复杂大系统问题，涉及经济、环境、资源、人口、社会等方面，在不同时期有着不同的发展任务和内在关联机制。因此，这急需在新的研究视角下看待并把握库区发展状况，以更好地认识库区、规划库区、发展库区。基于此，《三峡库区发展概论》首先概要性地对三峡库区资源、经济、环境、人口、土地等方面进行了说明，并选择典型的时间节点来分析建库以来各方面的发展变化情况，通过描述性分析、对比研究、聚类分析和协调度研究等，合理选择不同指标对库区问题进行分类说明，以期在全面认识库区发展概况的前提下，探讨新时期三峡库区的发展问题。

《三峡库区发展概论》是在国家社科基金重大项目"三峡库区独特地理单元'环境-经济-社会'发展变化研究"（11&ZD161）等的资助下编写的。该项目主要从三峡库区独特地理单元的现状与评价、复杂系统耦合理论与实证、复合生态系统管理体制与一体化政策体系设计 3 个层面对库区可持续发展展开研究，旨在通过对人口-资源-环境-经济-社会各子系统的现状分析，构建要素之间的交互、耦合机制，为加强三峡库区独特地理单元复合生态系统管理、提高三峡工程效益与保障区域经济、社会和环境安全服务。本书内容属于该项目研究的前期成果。本书的撰写还得到了国家社科基金项目"三峡库区后续发展的产业生态模式研究"（12XJY007）、重庆市教委软科学重点项目"乌江流域典型水电库区复合生态系统管理创新研究"（KJ120728）等的资助，还得到了重庆工商大学服务国家特殊需求博士人才培养项目"三峡库区百万移民安稳致富国家战略"的资助。培养项目旨在培养具有强烈的三峡移民奉献精神、坚定的思想政治素质和厚重的应用经济学理论素养，掌握经济学、管理学、社会学、环境生态学等交叉学科知识，具备解决三峡库区百万移民安稳致富复杂问题的能力，在三峡库区"能扎根、能出谋、能干好"的复合型、创新型高端人才。本书概要性地对三峡库区资源、经济、环境、人口、土地等方面进行了分析说明，不仅为特殊需求博士人才了解库区现状、认识库区问题、思考库区未来提供了有益的参考，也是三峡库区独特地理单元相关问题研究的参考书。

全书共分为 7 章：第 1 章介绍了独特地理单元三峡库区的基本概况；第 2 章对三峡库区的资源和生态环境进行了说明；第 3 章根据普查数据分析了三峡库区

人口与就业的发展变化；第 4 章根据遥感数据解析了三峡库区的土地利用情况；第 5 章分析了三峡库区经济增长和产业结构变化；第 6 章对基本公共服务进行了介绍；第 7 章利用统计方法对三峡库区进行了总体判识。陈海燕负责第 1、第 7 章的编写，第 2 章由文传浩、兰秀娟编写，第 3 章由吴华安编写，第 4 章由周启刚编写，第 5 章由彭国川编写，第 6 章由马文斌、曹军辉、王瑛编写。陈海燕负责本书的文字统稿、文献编排和整理，文传浩负责最后统稿。此外，尹元福、李迎春、孙兴华、邓叔娟、王福海、陈丹、张晓媛、陈倩等参与了原始资料的收集和整理。

感谢重庆工商大学王崇举教授、廖元和教授等在本书编写过程中提出的宝贵意见和建议，感谢科学出版社工作人员的辛勤努力，感谢重庆工商大学长江上游经济研究中心工作人员和研究生们的支持与帮助，感谢在本书写作过程中引用或部分引用而未能提及的众多文献作者！三峡库区发展是一个复杂大系统问题，涉及的要素庞杂多变，其发展过程中面临的难点、重点问题常使我们感到力不从心，而且由于时间仓促和水平所限，本书研究深度尚待进一步加强。本书所遗存的众多不足、缺陷之处，敬请读者批评、指正和鞭策。

编　者

2016 年 2 月 20 日

目 录

1

三峡库区概述

三峡库区作为一个特定的区域概念,是现代中国地理上一个相对较新的地名词,是指三峡大坝蓄水水位达 175m 时,受回水影响的水库淹没区和移民安置涉及的有关行政区域,其位于长江上游下段,是长江上游重要的生态脆弱区之一。在 2011 年国务院颁布的《三峡后续工作总体规划》中,三峡库区独特地理单元位于东经 105°44′~111°39′,北纬 28°32′~31°44′的长江流域腹心地带,地跨湖北省西部和重庆市中东部,辖区面积约为 5.8 万 km²,包括湖北省的夷陵区、秭归县、兴山县、巴东县,重庆市的巫山县、巫溪县、奉节县、云阳县、万州区、开县、忠县、石柱县、丰都县、涪陵区、武隆县、长寿区、江津区和重庆主城区(包括渝中区、南岸区、江北区、沙坪坝区、北碚区、大渡口区、九龙坡、渝北区、巴南区),共计 26 个区县(表 1.1,图 1.1)。

表 1.1 三峡库区所辖区县

区域	主要区县
重庆市主城区(9 个)	渝中区、大渡口区、江北区、沙坪坝区、九龙坡、南岸区、北碚区、渝北区、巴南区
重庆市其他区县(13 个)	江津区、长寿区、涪陵区、万州区、丰都县、武隆县、忠县、云阳县、开县、奉节县、巫山县、巫溪县、石柱县
湖北区县(4 个)	巴东县、兴山县、秭归县、夷陵区

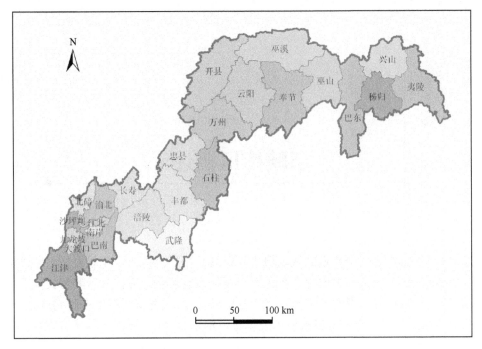

图 1.1　三峡库区简图

1.1　地　理　位　置

　　三峡库区位于长江上游段东端，是指因三峡枢纽工程建成后形成的西起重庆市江津区白沙镇、东至三峡大坝及宜昌市三斗坪的江段及周边地区。辖区东近四川盆地、西起江汉平原，江南属武陵山区、江北跨秦巴山区，全区地貌区划为板内隆升蚀余中低山地，地处我国第二阶梯的东缘（图 1.2）。三峡库区总体地势西高东低，地形复杂，大部分地区山高谷深，岭谷相间，伴随河流的切割，形成高耸的壮观山系。

　　三峡库区内除长江干流外，主要支流有嘉陵江、御临河、乌江、渠溪河、龙河、小江、磨刀溪、汤溪河、梅溪河、大宁河、神农溪和香溪。沿江地势自西向东分为西东两段，西段从江津区至奉节县为四川盆地，主要为砂岩、泥岩组成的川东侵蚀低山丘陵区；东段从奉节县至南津关为著名的长江三峡河段，属川鄂褶皱山地，主要为碳酸岩组成的侵蚀中低山峡谷区[①]。

---

　　① 根据三峡工程生态和环境监测信息管理中心资料整理而得，参见：http://www.tgenviron.org/intotg/intotg.html，2011 年

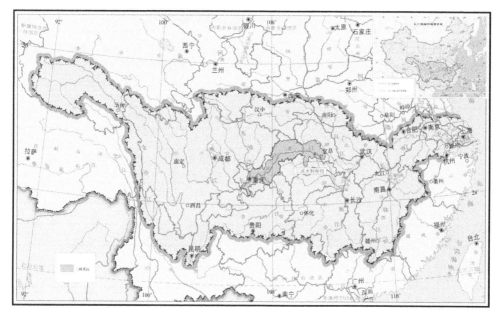

图 1.2　三峡库区地理位置图

资料来源：重庆市规划局，湖北省测绘局，2012

1.2　三峡库区大事记

　　因三峡大坝的兴建而形成的独特地理单元，即三峡库区在区域经济发展中有着特殊的重要战略地位，其发展变化与三峡工程的规划、建设、管理等息息相关。

　　早在 20 世纪 20 年代，孙中山先生就在《民生主义》中首先阐述了长江三峡水力资源的丰富，强调开发三峡水电的重要性。新中国成立后，在党中央国务院的大力支持和关怀下，三峡工程开始了更大规模的勘测、规划、设计与科研工作，自 50 年代起，中央领导人无不专程深入三峡视察。在 1985 年 3 月召开的全国政协七届三次会议上，三峡工程问题成为会议的重要议题。从那时起，国务院召开了一系列三峡工程论证汇报会，经过反复论证、修改和审议，在 1992年 4 月 3 日全国人民代表大会第七届五次会议上，通过了《关于兴建长江三峡工程的决议》[1]。表 1.2 给出了在 1992 年通过兴建三峡工程决议后的三峡工程大事[2]。

---

[1] 人民网，三峡工程历史回顾，http://politics.people.com.cn/GB/1026/4374298.html，2006 年 5 月 16 日

[2] 由国务院三峡工程建设委员会办公室资料整理而得，http://www.3g.gov.cn/3Gxwzx/3Gxwzxgcjs.ycs，1992 年

表 1.2 1992～2015 年的三峡工程大事记

时间	事件
1993 年 5 月	长江水利委员会提出的三峡工程初步设计获得通过,移民第一村——中堡岛居民点动工建设
1993 年 7 月	工程建设进入正式施工准备阶段
1994 年 4 月 7 日	《关于深入开展对口支援三峡工程库区移民工作意见报告的通知》
1994 年 8 月 19 日	《三峡工程建设移民条例》签发
1994 年 8 月 25 日	将三峡工程库区各市县列为长江三峡经济开发区,实行沿海经济开放区的优惠政策
1994 年 12 月 14 日	三峡工程正式开工
1995 年	一期水位移民搬迁安置工作启动
1996 年	设立三峡建设基金,批准发行三峡债券
1997 年 6 月 18 日	重庆直辖市挂牌成立
1997 年 9 月	三峡水库淹没区一线水位移民开始搬迁
1997 年 11 月	三峡工程实施大江截流
1998 年 10 月	秭归新县城落成庆典
1999 年	组建三峡枢纽工程质量检查专家组和三峡工程稽查组
1999 年 6 月	第一个生态保护项目通过专家评审验收
2000 年 7 月	首批政府组织外迁移民落户上海
2001 年	截至 2001 年年底,三峡库区累计完成移民搬迁安置 41.8 万人
2002 年 1 月 25 日	《三峡库区地质灾害防治总体规划》
2002 年 9 月	三峡库区 12 万二期外迁移民任务完成
2003 年 6 月	实现 135m 水位二期蓄水、双线五级船闸试通航和首批机组发电三大目标
2004 年 3 月	《重庆市三峡工程库区移民后期扶持基金项目管理办法》实施
2004 年 10 月	外迁移民工作结束,外迁移民 16.6 万人
2006 年	三峡大坝主体部分完工,全线达到设计高程 185m,实现 156m 水位初期蓄水目标
2008 年	具备 175m 水位蓄水条件并开始试验性蓄水运行,当年蓄水至 172.8m 时,电站 26 台机组全部投产运行
2009 年	如期完成了枢纽工程(除增建的地下电站和缓建的升船机外)、移民工程和输变电工程初步设计确定的建设任务
2010 年	持续 18 年的三峡工程大移民结束,139.76 万人移民安置任务全面完成
2010 年 10 月	三峡工程试验性蓄水成功,首次达到蓄水位 175m
2011 年	获国家优质投资项目奖
2011 年 6 月	《三峡后续工作规划》
2011 年 11 月 30 日	三峡枢纽的货物突破 1 亿 t,达到 1.0076 亿 t,其中通过三峡船闸的货运量为 9373 万 t,翻坝转运货运量为 703 万 t
2012 年	三峡库区最大的滑坡体黄土坡居民搬迁工作有序展开,计划搬迁 2 万名群众

续表

时间	事件
2012 年	启动"三峡库区百万移民安稳致富国家战略人才培养项目"博士专业学位研究生试点
2012 年 5 月	三峡库区库尾减淤调度实验正式启动
2013 年 7 月 24 日	三峡电站总出力达到 2250 万 kW，首次实现满负荷运行
2013 年 10 月	累计发电量已突破 7000 亿 kW·h
2013 年 10 月	《长江三峡水利枢纽安全保卫条例》
2014 年 5 月	截至 2013 年，对口支援为三峡库区引进各类资金 1500 亿元，三峡办明确将把移民小区帮扶作为三峡后续工作的重要内容
2014 年 6 月	长江三峡工程整体竣工验收委员会召开第一次全体会议
2014 年 8 月	《全国对口支援三峡库区合作规划（2014～2020 年）》印发
2015 年 1 月 1 日	截至 2014 年 12 月 31 日，三峡电站全年发电量达 988 亿 kW·h，首次居全球首位
2015 年 5 月	召开三峡水利枢纽工程验收启动会

随着三峡工程建设的推进，三峡库区的发展规划也有所调整。

在 1995 年农业部规划设计研究院开展的三峡库区近、中期农业和农村经济发展总体规划工作中指出，三峡库区农业和农村经济的发展，历来就以长江为依托，形成沿江布局的经济格局。总体上，为便于近、中期农村经济发展的地区控制，进行了规划分区，以突出重点，分区指导与扶持，因此把三峡库区划分为库首区、库腹区和库尾区 3 个发展规划区①（表 1.3）。在总体规划构想中，贯彻以粮食为主，立体生态农业开发；以养猪为主，加大食草畜禽开发；以林果为主，名、优、特产品深开发；以养殖为主，水产品广度开发和以效益为主的乡镇企业重点开发，以及加大科技服务载体作用的建设，形成库区高产、优质、高效农业系列化的综合开发规划方案②。

表 1.3　1995 年三峡库区近、中期农业和农村经济发展总体规划

区域	所辖区县	基本情况	定位	展望
库首区	宜昌县、兴山县、秭归县、巴东县和宜昌市区	面积 1.18 万 km²，人口 214.39 万人	超前全面经济发展首要地区	促进三大产业的发展，将成为水电、工业、水陆运输、旅游等的集中地
库腹区	巫山县、巫溪县、奉节县、云阳县、龙宝区、天城区、五桥区、开县、忠县、武隆县、涪陵市、石柱县	面积 3.9 万 km²，占库区总面积的 68.7%，人口 982.16 万人，占库区总人口的 67%	经济以农业为主，是库区贫困农村的集中地区	以万县市和涪陵市为中心，形成沿江库腹城镇带布局，向城乡一体化发展，服务大三峡，反馈发展地区经济

---

① 该区域的划分亦是按照区县的地理位置进行的

② 《三峡库区近、中期农业和农村经济发展总体规划（1995～2010 年）》节选

续表

区域	所辖区县	基本情况	定位	展望
库尾区	长寿县、江北县、巴县及重庆市和江津市	面积 0.91 万 km², 人口 764.19 万人	重庆市巨大综合经济功能区	辐射于三县城匹配建设水陆联网，做好城市生活保障基地建设和专业化较强的中心企业建设

注：1995 年三峡库区的库腹区和库尾区都属于四川省，区县的名称与当前名称有出入，如现在的万州区是含 1995 年的龙宝区、天城区和五桥区

到 2002 年，三峡库区实现国内生产总值 800 亿元，财政收入 58.2 亿元，按当年价计算，分别比 1993 年三峡工程开工时增长 3.4 倍和 3.3 倍；三次产业结构由 1993 年的 39∶35∶26 调整为 2002 年的 22∶44∶34；2002 年城镇居民人均可支配收入和农民人均纯收入分别比 1993 年提高了 2.0 倍和 2.1 倍。截至 2003 年年底，共搬迁移民 84.65 万人，完成规划移民总数的 74.9%。迁建城镇面貌发生了根本性变化，移民的居住环境明显改善。2004 年 9 月 21 日，国家发展和改革委员会编制了《三峡库区经济社会发展规划》，对于进一步改善库区投资环境，加快产业培育，增加就业机会，实现库区百万移民的安稳致富和经济社会的持续发展，具有十分重要的意义。发展规划中提出了 2010 年的发展目标，见表 1.4。

表 1.4　三峡库区经济社会发展规划中提出的 2010 年发展目标

序号	主要目标
1	人均生产总值达到西部地区平均水平，城乡居民人均收入接近全国平均水平，国家扶贫工作重点县和其他贫困地区基本消除贫困
2	就业率力争高于西部地区平均水平，实现移民的稳定安置，建立比较完善的社会保障体系
3	基础设施和投资环境得到明显改善，初步形成有市场竞争力的特色产业体系
4	建立健全比较完善的基础教育、科学研究和公共卫生体系，完成"双基"教育目标，科学研究和医疗卫生设施达到全国平均水平
5	生态环境建设取得显著进展，建设青山绿水秀美库区，森林覆盖率达到 40% 以上；城镇污水处理率达到 95%；城镇垃圾无害化处理率达到 98%。移民搬迁区内地质灾害和受蓄水影响的崩塌、滑坡、塌陷等地质灾害得到有效防治和监控

到 2012 年，三峡库区实现国内生产总值 8642 亿元，2012 年城镇居民人均可支配收入和农民人均纯收入分别为 20 127 元和 7926 元。在深入贯彻党的十八大精神，立足重庆市实际，在"一圈两翼"区域发展战略基础上，2013 年 9 月重庆市委四届三次全会审议通过的《中共重庆市委、重庆市人民政府关于科学划分功能区域、加快建设五大功能区的意见》，把全市划分为五大功能区，这对区域和

城乡功能布局的进一步优化、对区县功能定位的进一步明确有着非常重要的现实意义。在此次规划中，三峡库区重庆段的渝东北部分区县全部纳入生态涵养发展区。表 1.5 给出了区域未来发展目标。

表 1.5　2013 年重庆市渝东北生态涵养发展功能区的发展目标

序号	发展目标
1	构建重庆万州作为重点开发区加快建设带动形成万开云特色产业板块
2	构建重庆垫江—重庆梁平—重庆丰都—重庆忠县农产品特色经济板块
3	构建重庆奉节—重庆巫山—重庆巫溪—重庆城口特色旅游经济带

资料来源：2013 年重庆市委、市政府《关于科学划分功能区域、加快建设五大功能区的意见》

1.3　三峡库区行政区划调整

自三峡库区形成至 2016 年，其 26 个区县的部分行政区域经历了重新归并和调整，下面逐一进行说明。

重庆市行政区划最大的调整是 1997 年 3 月 14 日重庆直辖市的批准设立，撤销原重庆市。重庆直辖市辖原重庆市、万县市、涪陵市和黔江地区。

1.3.1　重庆市主城 9 区

重庆市主城 9 区是渝中区、大渡口区、江北区、沙坪坝区、九龙坡区、南岸区、北碚区、渝北区、巴南区[①]。1995 年四川省人民政府《关于同意调整重庆市行政区划的批复》中对重庆市行政区划进行了调整，具体内容如下。

渝中区辖原市中区的七星岗、较场口、解放碑、朝天门、望龙门、南纪门、菜园坝、两路口、王家坡、上清寺、大溪沟 11 个街道办事处和从沙坪坝区划入的大坪、化龙桥 2 个街道办事处。从九龙坡区划出的石桥镇和红岩村归渝中区化龙桥街道办事处。

江北区辖华新、石马河、大石坝、观音桥、五里店、寸滩、江北城 7 个街道办事处和唐家沱镇，从南岸区划入的郭家沱街道办事处，从江北县划入的鱼嘴镇、复盛镇、五宝乡。渝北区龙溪镇龙山村十七社、松桥村一社，划入江北区石马河街道。南桥寺村双埝塘社和观音桥街道观音桥村瓦房湾社的两处飞地，划归江北区管辖。渝北区龙溪镇新五人路以南、洋河体育场片区规划 A 线以西工农村三

[①] 部分文献资料称为主城 7 区，其中渝北区和巴南区未纳入主城区。本书中将其纳入主城区并称为主城 9 区

社、一社和四社的一部分，约 160 亩①划归江北区管辖，并入江北区观音桥街道办事处。南岸区峡口镇郭家沱村划归江北区管理，并入郭家沱街道办事处。

南岸区辖南坪、龙门浩、海棠溪、玄坛庙、弹子石、大佛段、铜元局、花园路 8 个街道办事处和南坪、南山、峡口、涂山、鸡冠石、黄桷垭 6 个镇，从巴县划入的长生桥、迎龙、广阳 3 个镇。从巴南区划出花溪镇的二塘村并入南岸区南坪镇。

沙坪坝区辖小龙坎、沙坪坝、磁器口、井口、詹家溪、石井坡、童家桥、渝碚路、天星桥、土湾、新桥、山洞、歌乐山 13 个街道办事处和覃家岗、歌乐山、井口 3 个镇，从巴县划入的陈家桥、曾家、虎溪、西永、土主、青木关、凤凰、回龙坝 8 个镇和中梁乡。九龙坡区石桥镇的联芳村划归沙坪坝区小龙坎街道办事处。

大渡口区辖新山村、跃进村、九宫庙 3 个街道办事处，从九龙坡区划入的茄子溪街道办事处和八桥、建胜 2 个镇，从巴县划入的跳蹬镇。

九龙坡区辖杨家坪、谢家湾、石坪桥、黄桷坪、中梁山 5 个街道办事处和九龙、华岩 2 个镇，从沙坪坝区划入的石桥铺街道办事处、石桥镇，从巴县划入的西彭铜罐驿、陶家、白市驿、巴福、走马、金凤、含谷 7 个镇和石板乡。

北碚区辖天生、朝阳 2 个街道办事处的歇马、龙凤桥、天府、童家溪、澄江、蔡家岗、东阳、北温泉、施家梁 9 个镇，从江北县划入的水土、复兴、静观、柳荫、三圣、偏岩 6 个镇和皮家山、石坝 2 个乡。

渝北区辖原江北县的两路、沙坪、回兴、石坪、龙溪、人和、大竹林、礼嘉、鸳鸯、木耳、王家、兴隆、茨竹、大湾、中河、龙兴、洛碛、石船、麻柳沱、统景、大盛 21 个镇和古路、高嘴、永庆、石鞋、华秦、天堡寨、舒家、关兴、张关、明月、龙安、白岩、黄印、悦来 14 个乡。北碚区水土镇的清南村、十字村划归渝北区悦来乡。沙坪坝区詹家溪街道办事处在渝北区大竹林镇境内的十二居委会等地，划归渝北区大竹林镇。江北区观音桥街道观音桥村瓦房湾社、石马河街道石子山村吴家湾社、寸滩街道头塘村塘湾社，分别划入渝北区龙溪镇。

巴南区辖原巴县的鱼洞、鹿角、惠民、林洞、青山、丰盛、双河口、麻柳嘴、二圣、五布、乐泉、姜家、天星寺、天赐、接龙、小观、花石、石龙、石滩、一品、安澜、跳石、圣灯山、百节、界石、南彭、公平 27 个镇和清溪、清和、白鹤塘、凉水、双新、和平桥、龙岗、陈家、仁流、南龙、忠兴、石岗 12 个乡，从九龙坡区划入的李家沱、土桥 2 个街道办事处和花溪、南泉 2 个镇。

1.3.2　重庆市其他 13 区县

作为渝东北翼地区的核心区万州区，其行政区域变迁是较多的。

---

① 1 亩≈666.7m²，下同

1992 年 12 月 11 日，国务院批准（国函[1992]194 号）：撤销万县地区、万县市、万县，设立万县市（地级），辖原万县地区的开县、忠县、梁平、云阳、奉节、巫山、巫溪、城口 8 个县，全市面积为 29 485km^2。万县市新设立 3 个市辖区：龙宝区、天城区、五桥区。龙宝区辖龙宝镇、武陵镇、19 个乡、3 个街道办事处，区人民政府驻龙宝镇；天城区辖天城乡等 31 个乡、3 个镇、1 个街道办事处，区人民政府驻天城乡；五桥区辖五桥镇等 5 个镇、43 个乡，区人民政府驻五桥镇。万县市人民政府驻龙宝区的高笋塘。

1997 年 12 月 20 日，中共中央办公厅、国务院办公厅批复，撤销万县市及其所辖的龙宝区、天城区、五桥区，设立重庆市万县移民开发区和重庆市万县区，龙宝区、天城区、五桥区改为龙宝管理委员会、天城管理委员会、五桥管理委员会。万县区辖龙宝、天城、五桥 3 个管理委员会。万县移民开发区受重庆市委、市政府的委托，代管开县、忠县、云阳县、奉节县、巫山县、巫溪县。

1998 年 5 月 22 日，经中共中央办公厅、国务院办公厅批准（国函[1998]37 号），将重庆市万县区更名为万州区，万县移民开发区更名为万州移民开发区。万州区辖龙宝管委会、五桥管委会、天城管委会。

2000 年 6 月 25 日，中共中央办公厅、国务院办公厅批准，撤销重庆市万州移民开发区，原万州移民开发区代管的奉节县、开县、云阳县、忠县、巫溪县和巫山县由重庆市直辖。龙宝管委会、五桥管委会、天城管委会更名为龙宝移民开发区、五桥移民开发区、天城移民开发区，由万州区管辖，共 32 镇，45 个乡，14 个街道办事处，1277 个居委会、村委会。2004 年，万州对镇乡（街道）区划作了调整，由原来的 92 个镇、乡、街道减少到 53 个；2005 年 4 月，重庆市委、市政府决定撤销龙宝、天城、五桥移民开发区，由万州区直接管理镇乡、街道，辖 14 个乡、28 个镇、11 个街道办事处。

涪陵区在 1988 年时为涪陵地区，辖涪陵市、南川县、丰都县（1958 年由鄷都县更名）、垫江县和武隆县。1994 年，撤南川县，设南川市。经国务院批准（国函[1995]106 号，1995 年 11 月 5 日），1996 年 1 月，撤涪陵市，设枳城区、李渡区；1996 年 3 月，撤涪陵地区，设地级涪陵市，下辖枳城区、李渡区、南川市、垫江县、丰都县、武隆县。1996 年 9 月 15 日，经党中央、国务院批复同意，涪陵市划归重庆市代管。1997 年 3 月 14 日，全国人民代表大会五届五次会议审议通过国务院关于提请审议设立重庆直辖市的议案，涪陵市正式改隶重庆直辖市。1997 年 12 月 20 日，经中共中央办公厅和国务院办公厅批准，撤销原地级涪陵市和枳城区、李渡区，设立重庆市涪陵区，重庆市涪陵区辖原枳城区、李渡区的行政区域。原涪陵市所辖（代管）的南川市、武隆县、丰都县、垫江县改归重庆市直接管辖。

长寿区原为长寿县，2001 年撤销长寿县，设立重庆市长寿区。

江津区原为江津市，2006 年 10 月 22 日设立重庆市江津区，以原江津市的行政区域为江津区的行政局域。

自三峡库区成库以来，其他区县在名称和所辖范围上无调整。

1.3.3 湖北 4 区县

2001 年 3 月，国务院同意湖北省人民政府撤销宜昌县，设立宜昌市夷陵区，以原宜昌县的行政区域（不包括土城乡、桥边镇、艾家镇）为夷陵区的行政区域。原宜昌县的土城乡、桥边镇、艾家镇划归宜昌市点军区管辖。

巴东县、秭归县和兴山县在库区成库至今，均无行政区域调整。

1.4 三峡库区独特地理单元特点

三峡库区作为一个因水利枢纽工程建设而出现的特殊区域，自 1994 年开工建设以来已经经历了多年的工程建设、移民安置、城镇迁建、环境整治。在建设任务如期完成，防洪、发电、航运、水资源利用等全面发挥巨大综合效益的同时，移民安稳致富、生态环境保护、地质灾害防治等方面还存在一些急需解决的问题。从地理位置上来看，三峡库区是在强烈的造山运动所引起的海陆变迁和江水下切的条件下，由独特峡谷地貌构成的相对独立的地理单元，是四川盆地与长江中下游平原的结合部。

1.4.1 独特的自然环境

三峡工程蓄水后，库区干流水质总体以Ⅱ、Ⅲ类为主，水质状况良好，但局部存在总磷、总氮、石油类、铅等指标超标现象，部分支流、支流回水区和库湾水质下降，局部水域水华频发，部分干支流饮用水水源地面临污染的威胁。

三峡库区生物多样性丰富，是流域乃至全国生物多样性保护备受关注的地区之一。库区维管束植物种类约占全国的 20%，列为国家一级保护植物的有 9 种、国家二级保护植物的有 10 种；脊椎动物中，哺乳动物有 139 种、鸟类有 402 种、爬行类有 60 种、两栖类有 50 种，列为国家一级保护动物的有 8 种、二级保护动物的有 16 种；三峡库区江段分布鱼类约为 127 种，包括 47 种长江上游特有种，列为国家一级保护野生动物的有中华鲟、白鲟、达氏鲟，国家二级保护野生动物的有胭脂鱼、大鲵、水獭等。

国家在三峡库区实施退耕还林还草工程、天然林保护工程、长江上中游水土流失重点防治工程、长江防护林工程等，促进了库区生态环境建设，逐步恢复了森林植被，且一定程度控制了水土流失。

据多级环境监测网的监测，三峡工程自建设以来，工程施工区和移民安置区环境质量总体良好，水土流失逐步得到治理；库区长江干流水质总体稳定，总体以Ⅱ、Ⅲ类为主；水库诱发地震维持在论证预期的低强度水平；库区生物多样性保护取得一定成效。

三峡库区区内地层岩性跨度很大，地表、地下喀斯特地貌发育，不仅地表缺水，而且土层瘠薄，生态环境十分脆弱，一旦植被遭到破坏或因过度垦殖，土层剥蚀，生态环境将彻底遭到破坏直至无法利用；地貌特征以山地、丘陵为主，地貌发育以流水作用为主，区内地形高低悬殊，地貌结构复杂，为坡面流水和重力侵蚀创造了良好的条件，加上越来越强烈的人类地貌活动，大大加速了地表坡面片蚀、沟蚀，以及滑坡、崩塌、泥石流等现代重力侵蚀作用；三峡库区是我国暴雨中心之一，强烈的降水过程导致水土强烈流失并伴有崩塌、滑坡、泥石流等重力侵蚀的产生；库区江河纵横，长江河谷深切，水系发育，由于受亚热带湿润季风的影响，库区降水比较集中，大部分河流具有流域范围内降水丰沛且多暴雨、河谷切割深、谷坡陡峻、天然落差大、滩多水急、陡涨陡落等山区河流的特点，是区内产生水土流失的重要因素之一；库区由于人为破坏，原有森林植被大幅度减少，致使库区森林覆盖率低，生态系统退化，库区森林林种结构不合理，生态效果不理想，自然生态呈现森林→疏林→灌木→草地→裸露荒山的逆向更替；区内土壤类型丰富，中山、高山区土壤土质瘠薄，有效土层浅薄，极不耐干旱。

1.4.2 独特的资源条件

三峡库区植物种类繁多，林果种类齐全，据统计，经济植物超过 2000 种，其中药用植物有 1000 余种。库区农、林、土特产资源丰富，其中柑橘、榨菜、桐油、生漆、茶叶、中药材等在国内外享有盛名。

三峡库区已发现矿产 75 种，其中已探明储量的有 39 种，主要矿产有天然气、煤、磷、岩盐、石灰岩等。

三峡库区土壤类型多样，主要类型有黄壤、黄棕壤、紫色土、水稻土、石灰土等。库区农业用地约为 2843 万亩，占库区土地总面积的 32.8%；林业用地约为 4242 万亩，占 49%；其他用地约为 1571 万亩，占 18.2%。在农业用地中耕地约为 2217 万亩，占农业用地面积的 78%，多分布在长江干、支流两岸。

三峡库区历史文化悠久，山川景色秀丽，尤以山、水、峡、洞著名。区内有闻名遐迩的三峡风景、九畹溪、香溪河、神农溪、小三峡、仙女山等自然风光，也有秭归屈原祠、兴山昭君故里、奉节白帝城、云阳张飞庙、忠县石宝寨、涪陵白鹤梁、丰都鬼城等人文景观，更有体现三峡地区人与自然关系的峡江文化。三峡水库蓄水后，改变了库周风貌和旅游资源的分布格局，为旅游资源的开发利用带来了更广阔的空间。

三峡库区土地资源平地少，坡地多；土地资源总量多，人均占有量少；农业用地比重高，大农业特色明显。降水量分布不均，中东部多，其他地区少；地表水资源分布不均，过境水资源丰富；水资源污染情况较为严重。受第四纪大陆冰川影响甚微，物种资源丰富。库区山地丘陵多，地形地貌复杂，云雾多，日照少。三峡库区矿产资源种类繁多，资源丰富。

1.4.3 独特的社会经济状况

三峡库区人口密集，人口密度接近全国平均水平的 3 倍；经济发展不平衡，区内的经济发展水平差异大；区内山地多，可利用土地面积少，加剧了人地矛盾，土地利用存在的问题越来越突出；区内交通不便，基础设施建设相对滞后；库区移民上百万人，大部分实行就地后靠安置，造成土地开垦过度，对本已十分脆弱的库区生态环境是雪上加霜。2008 年，三峡库区移民安置涉及 266 个乡镇、1753 个村、7894 个村民小组。三峡库区移民安置任务重点区县共 12 个，为湖北省夷陵区、秭归县、兴山县、巴东县，重庆市巫山县、奉节县、云阳县、万州区、开县、忠县、丰都县、涪陵区。

三峡库区有 11 个区县为国家级扶贫重点县，是我国连片贫困区之一。随着三峡工程建设移民资金和对口支援资金在库区的大量投入，以及库区人民的自力更生、艰苦奋斗，近年来库区经济社会得到较快发展，城镇化进程加快，产业结构不断优化，初步形成资源开采及加工、轻工制造、高新技术、农产品深加工四大主导产业，人民生活水平不断提高，缩小了与全国平均水平的差距。

1.4.4 独特的后三峡时期现象

三峡水利工程建设完成后，三峡库区进入后移民时期。后移民时期是指工程完工后三峡库区应对经济、社会发展中的新问题和解决移民历史遗留问题的时期[①]。这个时期，三峡工程在发挥巨大综合效益的同时，在移民安稳致富、生态环境建设与保护、地质灾害防治、流域管理与可持续发展等方面还存在一些急需解决的问题。这些问题集中表现为以下几点。

---

① 孙元明. 2010. 三峡库区后移民时期重大社会问题前瞻研究. 科学咨询（决策管理），5: 33-34

一是库区移民安稳致富问题。2009年移民搬迁任务基本完成后，三峡库区进入后移民时代，"稳得住与能致富"成为当前移民工作的重中之重，它不仅涉及移民生产生活的改善，也涉及产业结构调整、环境保护、科教文卫发展与社会保障等诸多方面，是国家实施统筹城乡发展的重要工作。

二是生态环境保护问题。三峡库区人地矛盾突出，人均耕地仅有0.84亩，比全国农村人均耕地少0.55亩左右，垦殖系数已高达38.18%，植被覆盖率低，水土流失严重[1]。一直以来，该区域生态环境都比较脆弱。三峡水利工程建成后，移民迁建及安置、新水库的形成又给地区生态环境施加了新的压力，特别是在库区内将形成一个落差达30m、面积达300多平方千米的消落区，是生态极脆弱地带，其治理在当下尚未形成系统完备的方案。

三是库区地质灾害问题。库区是全国地质灾害最严重的地区之一。据勘查，三峡库区各类崩滑体1190处，崩塌滑坡总体积达28.45亿 m^3。而万州城（原万县市）就坐落在一个滑坡群体上；另外，库区泥石流现象严重，主要集中分布在巴东、巫山、奉节、云阳等县约200km长的沿江地段，占泥石流沟总量的94%，占库周山地各支流中泥石流总数的86%。水库蓄水加剧了库区地质灾害，可能诱发滑坡与库岸坍塌，库区人为活动干扰了地质环境原有的平衡状态，加大了地质灾害发生的可能性和频率。三峡库区作为长江中下游地区的生态屏障，其生态环境质量的好坏将直接影响到中下游地区的经济和社会发展。

四是流域管理与可持续发展问题。早在20世纪80年代，就有学者指出三峡大坝的建立不是解决长江流域问题的唯一办法，长江流域及中国其他主要水系因管理不善而造成的日益严重的水患和土壤腐蚀问题急需正确的流域管理方案[2]。蓄水后，由于库区水体的自净能力降低，水环境状况呈逐渐恶化的趋势，水环境安全问题成为库区流域管理的关键问题。此外，如农业水土肥资源的高效利用、农业面源污染物大量排放、城镇生活垃圾排放、工业废水肥料的排放等引起的生态环境问题，直接影响到库区经济社会的可持续发展，影响到三峡工程效益的可持续发挥，因此迫切需要建立科学的、系统的流域管理制度。

---

[1] 王顺克. 2000. 建立三峡库区生态经济区的战略思考. 重庆三峡学院学报，5：33-34
[2] 印铁林. 1988. 从流域管理角度探讨三峡工程. 科技导报，6：21-23

2 资源与生态环境概况

合理利用资源、保护生态环境是区域经济可持续发展的根本。加强长江三峡工程库区生态环境建设与保护，对于全面贯彻落实以人为本、科学发展观和构建和谐社会理念，统筹人与自然和谐发展，促进三峡库区移民、经济、社会及环境协调可持续发展，建设一个经济繁荣、环境优美、居民安居乐业、社会和谐的新型库区有着极其深远的现实意义。本章着重对三峡库区资源与生态环境现状进行说明。

2.1 三峡库区资源现状

2.1.1 物种资源

2.1.1.1 陆生生物

（1）陆生植物

三峡库区虽然生态系统较为脆弱，但却拥有着丰富的陆生植物资源。根据野生植物资源调查及所采集的植物标本，并参考《中国植物志》等资料，统计表明，三峡库区的维管束植物有 6088 种，其中包括种以下等级（亚种、变种、变型）1100多个，分属于 208 科，1428 属，约占全国植物总数的 20.8%；其中种子植物有 5688 种，占全国种子植物总数的 20.7%。

从表 2.1 可以看出，三峡植物科数占全国植物科数的 50% 以上，属的种类占 40% 以上，物种数也高达 20% 以上，植物种类相当丰富。

表 2.1　三峡库区维管植物区系统计表

项目	蕨类植物	裸子植物	被子植物	合计
三峡库区科数	38	9	161	208
中国科数	63	10	291	364
三峡库区科数占中国科数（%）	60	90	55	57
三峡库区属数	100	30	1 298	1 428
中国属数	227	34	3 135	3 396
三峡库区属数占中国属数（%）	44	88	41	42
三峡库区种数	400	88	5 600	6 088
中国种数	2 200	193	26 881	29 274
三峡库区种数占中国种数（%）	18	46	20.8	20.8

资料来源：程瑞梅，2008

但是，三峡工程的完工与运行对库区陆生植物产生了影响，使库区陆生植物多样性有所变化。2010 年，在对三峡库区 370 个固定样地的植被状况调查中，共调查到高等植物 1222 种，比 2005 年减少 82 种。其中，蕨类植物 73 种，比 2005 年减少 6 种；种子植物 1149 种，分属于 128 科，比 2005 年减少 6 科。导致调查的物种数量减少的原因有多种。其中，因水库蓄水引起样地被淹和土地利用变化导致样地被毁等因素使物种减少了 37 种；因砍伐、放牧和旅游等导致样地破坏使物种减少了 24 种；因自然演替和其他不确定因素使物种减少了 21 种。

种子植物中，种类大于 10 种的科共 30 个，具体见表 2.2。

表 2.2　三峡库区植物种类

科名	数量（种）	科名	数量（种）	科名	数量（种）
蔷薇科	79	山茶科	22	荨麻科	15
菊科	77	唇形科	22	杨柳科	15
禾本科	62	毛茛科	20	卫矛科	14
豆科	55	虎耳草科	20	槭树科	14
百合科	45	芸香科	19	冬青科	14
樟科	39	伞形科	18	桑科	13
壳斗科	35	大戟科	18	鼠李科	12
莎草科	28	木犀科	17	桦木科	12
忍冬科	27	蓼科	17	小檗科	12
杜鹃花科	25	茜草科	16	葡萄科	11

资料来源：2011 年长江三峡工程生态与环境监测公报

按生活型划分，高等植物包括乔木 368 种、灌木 239 种、草本 501 种、藤本植物（包括木质藤本和草质藤本）114 种，比 2005 年分别减少 33 种、36 种、7 种和 6 种，木本植物减少幅度大于草本植物。

在复查的 340 个固定样地中，有植被类型 100 种，较 2005 年有所减少，主要原因是一些样地被破坏或无法到达。其中，森林植被类型 60 种，灌丛植被类型 20 种，草丛植被类型 20 种。与 2005 年相比，森林植被乔木层树种有所减少，而灌木层和草本层物种有所增加。具体增减情况见表 2.3。

表 2.3   三峡库区成库前后固定调查样地森林植被物种变化

乔木层		灌木层		草本层	
林种	减少数量（种）	林种	增加数量（种）	林种	增加数量（种）
领春木林	18	交让木林	48	川陕鹅耳枥林	46
金钱槭林	16	楠木林	35	交让木林	31
交让木林	10	马尾松林	33	楠木林	24
化香林	10	川陕鹅耳枥林	27	润楠林	23
扁刺锥林	9	柏木林	18	崖柏林	18
硬壳柯林	8	崖柏林	16	柏木林	16
木荷林	8	枫香树林	15	小叶青冈林	16
		锐齿槲栎林	14	南酸枣林	14
		宜昌润楠林	14	马尾松林	14
		茅栗林	13	锈毛稠李-曼青冈林	11
		领春木林	12	漆树林	11
		栲树林	12		
		小叶青冈林	11		

资料来源：2011 年长江三峡工程生态与环境监测公报

与 2005 年相比，灌丛植被类型物种数量变化相对较小，具体增减情况见表 2.4。

表 2.4   三峡库区成库前后固定调查样地灌丛植被物种变化

灌木层				草本层			
类型	增加数量（种）	类型	减少数量（种）	类型	增加数量（种）	类型	减少数量（种）
小叶黄杨灌丛	5	中华绣线菊灌丛	8	小梾木灌丛	9	紫弹树灌丛	7
糯米条灌丛	4	香叶子灌丛	6	马桑灌丛	7	枫杨灌丛	5
马桑灌丛	4	紫弹树灌丛	5				
		雀梅藤灌丛	4				

资料来源：2011 年长江三峡工程生态与环境监测公报

与 2005 年相比，草丛植被类型物种数量变化较大，具体增减情况见表 2.5。

表 2.5　三峡库区成库前后固定调查样地草丛植被物种变化

类型	荻草丛	瘦瘠伪针矛草丛	凤眼莲草丛	火炭母草丛	双穗雀稗草丛	芦苇草丛	狗尾草草丛	白茅草丛
增加数量（种）	14	13	11	9	7	5	7	5

资料来源：2011 年长江三峡工程生态与环境监测公报

（2）陆生动物

截至 2011 年年初，三峡库区陆栖野生脊椎动物共有 4 纲 30 目 109 科 335 属 692 种。其中，哺乳纲 8 目 25 科 74 属 112 种，鸟纲 18 目 64 科 209 属 485 种，爬行纲 2 目 11 科 35 属 51 种，两栖纲 2 目 9 科 17 属 44 种。国家级重点保护野生动物 93 种，其中 I 级重点保护野生动物 15 种，II 级重点保护野生动物 78 种。

陆栖野生脊椎动物总体数量、群落结构未见显著变化，但个别种类数量变化较大，如国家重点保护动物鸳鸯、水禽中的优势种小鸊鷉和绿头鸭等。根据 2011 年的长江三峡工程生态与环境监测公报的调查显示，在库区长江支流越冬的鸳鸯数量有逐渐增加的趋势。冬季水禽调查统计发现小鸊鷉有 591 只，最大群体达 29 只；绿头鸭有 3033 只，最大群体规模达 880 只。库区已成为水禽的重要越冬区，其中小鸊鷉主要分布于长江各支流；绿头鸭则主要分布于长江干流。另外，小鸊鷉、绿头鸭等水禽分布区均向上游移动。在调查中，未见到褐河乌、白顶溪鸲等对环境变化较为敏感的指示物种，且已连续 3 年未能找到赤腹鹰繁殖巢[①]。

2.1.1.2　水生生物

由于三峡水库的蓄水，区域内水域形成了类似于深水湖泊的湖库生境，浮游动植物及底栖动物数量和种类大量增加，而鱼类则表现为明显减少后缓慢增长的趋势。

（1）浮游植物

三峡库区蓄水后，库区水体流速减慢，自净能力下降，造成了富营养化现象的出现，藻类群落也随之发生了根本性改变。一些适应急流的藻类，逐渐消失，而某些珍稀浮游藻类将会增加。以湖北库区干支流为例，三峡库区湖北段干支流蓄水前共鉴定藻类 7 门 66 属 79 种，蓄水后，藻类种类数增至 151 种。具体藻类

---

① 2011 年长江三峡工程生态与环境监测公报

比例如图 2.1 所示。干流和支流（香溪河库湾）分别增加了 72 种和 60 种，其中物种数增加最多的是绿藻门，干支流分别增加了 43 种和 48 种,具体情况见表 2.6。三峡库区蓄水后影响了库区水生态系统中藻类的种群结构，藻类密度和生物量明显增加，特别是对支流的影响更加明显。

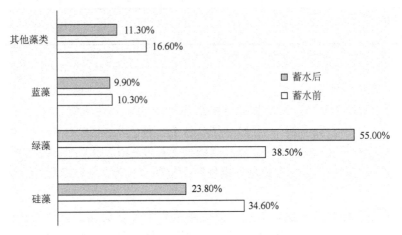

图 2.1　湖北库区藻类蓄水前后对比图

表 2.6　三峡水库湖北库区蓄水前后浮游植物种类组成比较　　　（单位：种）

水域	时段	硅藻	绿藻	蓝藻	甲藻	裸藻	隐藻	金藻	黄藻	总计
干流	蓄水前	20	18	4	—	—	—	2	—	44
	蓄水后	35	61	8	4	3	2	1	2	116
香溪	蓄水前	28	27	7	4	5	1	—	—	72
	蓄水后	29	75	12	5	5	2	1	3	132

资料来源：王波，2009

（2）浮游动物

浮游动物适合在水流缓慢的江段生存，而三峡江段在蓄水前水流较急，不适合浮游动物的栖息，有监测数据显示，仅在水流相对较缓的岸边采集到 2 种；蓄水一年后共采集到 20 种，并存在明显的季节变化。三峡工程的蓄水，增加了三峡江段浮游动物的种类，促进了库区浮游动物的栖息。

（3）底栖动物

三峡水库蓄水后，在水库干流和香溪河库湾蓄水后底栖动物的群落发生了显著变化，密度和生物量显著增加。2010 年 4 月对三峡库区 26 条主要支流的底栖动物进行了调查，经鉴定共检出 94 种；其中，水生昆虫 78 种、软体动物 10 种、寡毛纲 6 种。常见的种类为蜉蝣科、小蜉科、四节蜉属、细蜉属、宽基蜉属、扁蚴蜉属稚虫及直突摇蚊属、斑特突摇蚊属幼虫，平均密度为 673.22 个/m²[①]，平均生物量为 9.9398g/m²[①]。三峡工程蓄水，对底栖生物具有显著的正效益。

（4）鱼类物种资源

三峡工程的修建及蓄水，对库区鱼类繁殖生长产生了极大的影响，有的鱼类生活于流水中，产卵时到静水处；有的则在静水中生活，产卵时到流水中去。然而，三峡库区蓄水使得三峡江段的水流极缓，破坏了鱼类繁殖与生存的环境，导致许多洄游性鱼类从数量上发生了重大变化。对于三峡库区，20 世纪 80 年代库区共有鱼类 196 种（以此数作为鱼类常年值），但是工程蓄水以后，库区形成的新深水湖库，对于鱼类的栖息繁殖产生了重大影响，库区鱼类明显下降。工程建设期间，库区鱼类种类维持着较低的水平，2003 年蓄水最低时鱼类种类仅为 63 种。从鱼类种类上分析，2003 年以前，鱼的种类波动较不稳定，没有明显的规律性。2003~2010 年总体上呈增加趋势。但与鱼类常年值（196 种）比较，仍明显低于常年值[②]。到 2010 年，在宜宾至宜昌江段共调查到 119 种鱼类，其中包括长江上游特有鱼类 23 种，外来鱼类 6 种[③]。

2.1.2 森林资源

根据中国古地理研究，三峡库区历史上是一片茂密的亚热带森林，天然植被在较长时期内保持稳定，直到元代才发生较大变迁，三峡库区是我国各地古代天然植被变化较晚的地区之一。随着社会的不断进步和发展，长江流域人口不断增加，随之而来的毁林开荒、刀耕火种，使森林遭到不断破坏，这一现象几乎一直延续到 20 世纪 80 年代初[④]。

植被是地球生态系统和景观的重要组成部分，而三峡库区的植被，特别是森林资源，是保障三峡大坝安全作业的一道绿色屏障，系关周边居民日常生产和生活，研究三峡库区森林资源的数量和质量变化、时空分异特征、监测预警评估手段，以及影响因素具有改善生态环境、提高发展质量的重大现实意义。

2.1.2.1 森林资源现状

2010 年，三峡库区森林面积为 25 086km²，森林覆盖率为 43.50%。其中，重庆库区森林面积为 17 149km²，森林覆盖率为 37.03%，湖北库区森林面积 7937km²，森林覆盖率 69.89%。森林面积中，各林地具体资源情况见表 2.7。库区活立木总

---

① 池仕运，胡菊香，陈胜，等.2011.三峡库区支流底栖动物群落结构研究.水生生态学杂志，（4）：24-30
② 王波.2009.三峡工程对库区生态环境影响的综合评价.北京：北京林业大学博士学位论文
③ 2011 年长江三峡工程生态与环境监测公报
④ 中国科学院《中国自然地理》编辑委员会.1984.中国自然地理——古地理（上册）.北京：科学出版社

蓄积为 12 505.18 万 m³，具体见表 2.8。

表 2.7　三峡库区林地资源

类型	面积（km²）	比例（%）
有林地	21 967	87.57
国家特别规定灌木林地	3 119	12.43
总计	25 086	100

资料来源：2011 年长江三峡工程生态与环境监测公报

表 2.8　三峡库区活立木蓄积量

类型	库区	蓄积量（万 m³）	小计（万 m³）	比例（%）	总计（万 m³）
森林蓄积	重庆库区	8 930.77	11 836.59	94.65	12 505.18
	湖北库区	2 905.82			
疏林、散生木和四旁树蓄积	重庆库区	613.85	668.59	5.35	
	湖北库区	54.74			

资料来源：2011 年长江三峡工程生态与环境监测公报

不同划分类型林地资源情况见表 2.9～表 2.10。

表 2.9　不同类型的三峡库区林地资源 I

类型	面积（km²）	面积比（%）	蓄积量（万 m³）	蓄积量比（%）
天然林	14 418	65.63	8 728.49	73.74
人工林	7 549	34.37	3 108.10	26.26
总计	21 967	100	11 836.59	100

资料来源：2011 年长江三峡工程生态与环境监测公报

表 2.10　不同类型的三峡库区林地资源 II

类型	面积（km²）	面积比（%）	蓄积量（万 m³）	蓄积量比（%）
防护林	15 818	72.01	8 878.60	75.01
特用林	951	4.33	767.45	6.48
用材林	3 521	16.03	2 154.11	18.20
薪炭林	108	0.49	36.43	0.31
经济林	1 569	7.14	—	—
总计	21 967	100	11 836.59	100

资料来源：2011 年长江三峡工程生态与环境监测公报

乔木林面积为 20 358km²，乔木林蓄积量为 11 836.59 万 m³。乔木林以幼中龄林为主，所占面积、蓄积量分别达到 89.07% 和 82.77%，具体情况见表 2.11。

表 2.11　三峡库区乔木林地资源

类型	面积（km²）	面积比（%）	蓄积量（万 m³）	蓄积量比（%）
幼龄林	9 575	47.03	3 888.23	32.85
中龄林	8 558	42.04	5 908.88	49.92
近熟林	1 645	8.08	1 373.08	11.60
成熟林	483	2.37	550.25	4.65
过熟林	97	0.48	116.15	0.98
总计	20 358	100	11 836.59	100

资料来源：2011 年长江三峡工程生态与环境监测公报

2009～2010 年，库区造林面积为 3588km²，库区森林遭受灾害面积为 1082km²，占库区森林面积的 4.31%，具体情况见表 2.12。

表 2.12　三峡库区林地面积变化

项目	造林面积				受灾面积	
	2009 年	成活率达 85% 以上	2010 年	成活率达 85% 以上	火灾	虫灾
面积（km²）	1839	1801	1749	1721	131	951
比例（%）	—	97.93	—	98.40	12.11	87.89

资料来源：2011 年长江三峡工程生态与环境监测公报

2.1.2.2　森林资源分布的时间维度差异

从整体趋势来讲，随着时间的推移，森林覆盖率处于上升的趋势，1986～2014 年，森林覆盖率从 17.91% 上升到 46.2%。

从阶段特征上来讲，不同时期森林覆盖率存在差异，1985～1995 年，比例下降，主要原因是这一时期三峡大坝逐渐蓄水，沿江沿库淹没了众多森林资源；后期也相继出现几个下降阶段；2005 年以后，比例上升最为明显，这一时期逐渐认识到森林资源的重要性，从学界到政界、从居民到企业、从中央到地方逐渐开展了人工绿化工程，为三峡库区的安稳致富创造了极大的有利条件。森林覆盖率的时间变化情况，见表 2.13。

表 2.13　三峡库区森林覆盖率变化

年份	1986	1995	1996	1997	2000	2005	2008	2010	2012	2014
森林覆盖率（%）	17.91	16.96	27.30	21.90	27.30	21.70	37.00	43.50	46.57	46.20

资料来源：根据历年长江三峡工程生态与环境监测公报和相关报刊整理

重庆库区是三峡库区极为重要的组成部分,其植被覆盖变化对整个三峡库区会产生重大影响。马骏等(2014)通过研究三峡库区重庆段植被覆盖变化,发现植被覆盖变化总体呈现良性变化趋势,植被覆盖级别由过去低级别向高级别演进,并认为产生这一重大变化与政府近来主导的实施生态建设和生态恢复密切相关,包括长江防护林、天然林保护及森林重庆等[1]。

此外,短期生长季内,7月植被覆盖率最高,长势最好,而3月覆盖率最低,长势最差。而且NDVI的季节变化研究表明,NDVI极差呈逐年下降趋势,说明三峡库区的植被覆盖率越来越高[2]。

在森林景观破碎化演变方面,基于三峡库区遥感解译的1990年、2002年、2011年3期森林分布数据,研究证实,森林景观聚集度、优势度升高,团聚性不断增强,破碎化程度明显改善,森林生态系统稳定性增强,因而从侧面印证了人工林的重要作用[3]。

2.1.2.3 森林资源分布的空间维度差异

森林资源分布不仅在时间上存在差异,而且地域特征明显,不同的植物对其生长的环境要求也有所不同,且生长形态与密度也有差异。不同海拔、不同坡度、不同坡向其森林形态都会有差异,尤其体现在地区水平维度和地形地势及坡度等垂直维度上。

三峡库区重庆段森林景观的样区森林景观格局演化在空间分布上具有强异质性,与资源分布相对应,原始林到退化原始林、原始林到次生林、次生林到退化林地主要分布在东部方斗山及其下缘区,退化原始林到次生林集中分布于中部区,退化林地到次生林大多出现在中西部区,尤其是长江主干及其支流所围成的区域,在此验证了森林资源空间分布的分异化特征[4]。

(1)库区森林地区分布水平维度差异

三峡库区森林覆盖率地区分布也是不均衡的,体现在重庆地区与湖北地区两地的差异,重庆地区与湖北地区内部上的差异及库首、库腹和库尾的差异。2011年长江三峡工程生态与环境监测公报显示,2010年三峡库区森林面积为25 086km²,森林覆盖率为43.50%。其中,重庆库区森林面积为17 149km²,森林覆盖率为

---

① 马骏,马朋,李昌晓,等. 2014. 2000~2011年三峡库区重庆段植被覆盖景观格局变化. 西南大学学报(自然科学版),(12):141-146

② 张思诗,杜晓初. 2012. 基于NDVI的三峡库区植被时空变化规律研究. 湖北大学学报(自然科学版),(3):317-319

③ 张煜星,严恩萍,夏朝宗,等. 2013. 基于多期遥感的三峡库区森林景观破碎化演变研究. 中南林业科技大学学报,(7):1-7

④ 邵景安,郭跃,陈勇,等. 2014. 近20年三峡库区(重庆段)森林景观退化特征. 西南大学学报(自然科学版),(11):1-10

37.03%，湖北库区森林面积为 7937km^2，森林覆盖率为 69.89%。尽管地区上分布不均衡，但通过对 2001~2008 年 NDVI 时空分布特征分析可以发现，三峡库区内植被覆盖度有逐渐达到区域内均匀分布的趋势[①]。

（2）库区森林海拔分异

三峡库区森林面积在不同海拔上表现出来的差异十分明显。总体呈现出随着海拔的上升，土地面积缩小（除 400m 以下区间外），森林覆盖率上升的趋势，但其森林面积占库区总森林面积的比例是减少的，这与其不同海拔土地面积数量的多少密切相关。其中，海拔 400m 以下区域的森林覆盖率最低，仅为 21.92%，主要原因为库区蓄水后淹没了大量的土地，海拔 400m 以下也是人口集中居住的区域，人类活动对植被的生长产生了极大的破坏。不同坡度上森林分布也存在着明显的特征，随着坡度的增大，土地面积逐渐减少，森林覆盖率增大，这与不同海拔上森林的分布有着相似的特征。不同坡向森林面积的分布则无明显的特征[②]。此外，基于第六次和第七次森林资源一类清查样地数据等，库区森林存在海拔、坡度和坡向的分异，两期森林蓄积量集中分布在海拔 400~1600m 和坡度 5°~44° 的地方，高于或低于该海拔区域水平的蓄积量沿两个方向逐渐降低，在平坡和险坡上，蓄积量分布较少，而在坡向上较为均匀[③]。

不同植被类型对海拔、坡度和坡向的要求有所不同，在不同海拔、不同坡度和不同坡向比例，植被类型也是有差异的。海拔由低到高出现峰值的森林类型依次为竹林、经济林和柏木林（800m 以下）、暖温性针叶林（1600m 以下）、针叶混交林和针阔叶混交林（400~1600m）、阔叶林（800~2000m）、温性针叶林（1200~2000m）。柏木林、马尾松林、杉木林、温性松林、针叶混交林及针阔混交林主要分布在坡度低于 35° 的区域，竹林和经济林主要分布在坡度小于 25° 的区域。在坡度低于 5°、6°~15° 和 16°~25° 的区域，马尾松面积最大，在坡度为 26° 以上的区域，灌木林分布面积最大；各类植被类型在各个坡向上分布面积变化不大。

2.1.2.4 森林资源变化的主要影响因素

自人类社会存在以来，森林的生态保护与经济开发之间就存在矛盾，在人为干扰和自然因素长期协同作用下，森林资源逐渐发生大大小小的变化。下面从正向促进机制和负向抑制出发，系统总结影响森林资源的几个重要因素。

正向促进三峡库区森林资源的因素。从自然角度上讲，森林植被天然内生性

---

① 蒋昭侠. 1999. 三峡库区资源开发及可持续发展管见. 资源科学，(4)：22-25

② 王鹏程，姚婧，肖文发，等. 2009. 三峡库区森林植被分布的地形分异特征. 长江流域资源与环境，(6)：529-534

③ 张超，彭道黎. 2013. 三峡库区森林蓄积量遥感监测及其动态变化分析. 东北林业大学学报，(11)：46-49

是最为重要的因素。从人为角度上讲，重大变化与政府近来主导的实施生态建设和生态恢复密切相关，包括长江流域防护林工程、天然林资源保护工程、退耕还林工程、库周绿化带工程、长江两岸森林工程，以及森林重庆工程等的实施，形成了以森林为主体，林草相结合的格局。

然而，与人工绿化手段相抵触的自然因素、人文因素也一直存在，蓄水量的时常性变化、暖干化的气候趋势、频发的地质灾害，以及城镇化的快速推进都在或多或少地减少森林资源。森林火灾、无秩序砍伐也一直是三峡库区森林植被的潜在威胁。

值得一提的是，树种结构也是影响森林资源的一个重要的自然因素，三峡库区的森林资源面临树种结构不合理的问题，长期以来石漠化林地比重大，人工地、灌木林地较多，而对保护生态环境极为重要的天然林比重偏小，生态功能较弱，防护效益低；森林林分质量不高，林种、树种结构比较单一，50%左右均为马尾松，植物多样性未能得到很好保护，生态系统稳定性仍差，森林病虫害发生日趋频繁[①]。

继续做好森林植被的保护性工作，大力开展防护林建设，继续改善坡地耕改作业的方式，继续探索森林生态保护的补偿机制和法规建设，将是库区未来森林资源保护的主要方向。

2.1.2.5 森林资源探测手段

森林资源研究测度涉及众多学科，需要用到多种手段。随着科技的进步，目前这些手段正在发生新的变化，从原来的理论推导到情景模拟再到后来的数量分析，除了日益积累的相关知识外，更重要的是得益于遥感、地理信息系统、全球定位系统等科技的进步，精密的测量工具提高了研究结果的准确性和实时性，这些手段的创新进步为森林资源的研究实现了从定性到定量、从室内到室外、从短期到长期、从局部到整体的历史性突破。

这些进步相对形成了一系列明显的特点：手段高端科学化、研究内容丰富化、研究平台多样化、成果展现实时化等。

2.1.3 矿产资源

三峡库区矿产资源种类繁多，资源丰富。现已查明的有煤、铁、天然气、岩盐、灰岩、砂岩等几十种。其中，保有储量较高的矿产有陶瓷用砂岩、水泥配料

---

① 范远江，杨勇. 2010. 扩大森林资源是发展低碳经济的新路径——以三峡库区为例. 华东经济管理，(2)：20-23

用泥岩、汞矿、砖瓦用砂岩、天然气、锶矿、铸型用砂、锰矿、滑石、玻璃用砂岩、铝土矿、砖瓦用黏土、重晶石及岩盐等。在发现的矿种中，具有现实资源优势并在国民经济中具有重要地位的矿产有：天然气、锶矿、锰矿、水泥用灰岩、煤炭等；矿产主要集中在库区北部、中部和东部，尤其是东部矿产种类分布明显较多。天然气、煤层气、煤炭、石灰岩等分布较普遍。重庆市三峡库区矿产资源开发力度较大，开发利用较好的金属矿产有锶矿、锰矿等少数矿种。非金属矿产资源开发利用较好，主要有水泥用灰岩、建筑用灰岩、砖瓦用页岩、岩盐、冶金辅助矿产、玻璃陶瓷矿产、煤、天然气等[①]。三峡库区矿产资源有三大特点：一是矿种多、储量大、品位好，并有许多伴生矿种，有利于综合开发利用；二是矿床出露线长，为大中小矿一起上创造了条件；三是地形奇特、切割深，适宜用现代化方式开采。这些特点有利于采掘、加工等重化工业的科学发展[②]。但矿产资源合理化开发利用不够、回采率低、管理不善、资金不足、规模太小、浪费严重等问题依然严峻，资源优势还有待科学管理。

2.1.4 农业资源

三峡库区有大量的土地，但是库区耕地面积少且坡耕地居多，重庆市三峡库区土地资源面积为 46 158.53km²。其中，耕地共有 22 959.40km²，占土地资源总面积的 49.7%（旱地 16 581.22km²，占土地资源总面积的 35.9%，旱地中坡度大于 25° 的面积为 3639.79km²，占旱地面积的 22%）。三峡库区有 4000 多种植物资源和 500 多种动物资源，形成了以桐油、生漆、柑橘为代表的一大批优质农林特产品，库区农作物、水果、中草药、畜牧产品、水产等农副产品丰富。其中，果业经济发展最为迅速，柑橘产业已经成为库区农业经济发展的支柱，现形成一批柑橘生产、加工、科研和旅游基地，如全国农业旅游示范点——忠县"中国柑橘城"，是我国高效生态特色农业的典范。另外，如奉节的脐橙基地、涪陵南沱镇的"高标准化柑橘示范基园"、睦和村的"龙眼基地"、白涛的"台湾精致水果园"都生产具有特色的农产品。除此之外，三峡库区也拥有武隆高山蔬菜和涪陵榨菜生产基地、巫山 5000 亩雨雾茶叶和 5 万亩巴南银针基地、畜牧养殖基地（涪陵、忠县、万州、云阳等）、中草药（党参、佛手、红豆杉等）生产基地和花卉基地（涪陵"大木花谷"）[③]。三峡库区林特资源储量大、品位高，但长期以来开发利用程度很低，绝大多数的淀粉植物、油脂植物、纤维植物、芳香植物、观赏植物、药用植物等，

---

① 李月臣，刘春霞. 2011. 三峡库区水土流失研究. 北京：科学出版社
② 蒋昭侠. 1999. 三峡库区资源开发及可持续发展管见. 资源科学，（4）：22-25
③ 陈飞. 2010. 三峡重庆库区农业旅游发展对策研究. 重庆：西南大学硕士学位论文

都未被开发利用，大量的植物资源处于初级开发状态^①。

2.1.5 旅游资源

三峡库区山水多姿，风光秀丽，人文历史深厚，名胜古迹较多，拥有丰富的旅游资源，表 2.14 从进出长江三峡旅游线的西门户重庆开始，可将三峡库区的旅游资源大致分为自然旅游资源、人文旅游资源、科考与探险资源。

表 2.14 2004 年三峡库区旅游风景资源统计

类别		数量	占重庆总量比（%）	类别		数量	占重庆总量比（%）
风景名胜区	国家级	4	80.0	A 级旅游区	AAAA	14	77.8
	省级	15	68.2		AAA	3	100.0
	县级	6	40.0		AA	11	68.8
重点文物保护单位	古遗址	10	100.0		A	2	66.7
	古墓葬	9	52.9	国家森林公园		12	57.1
	古建筑	5	55.6	国家地质公园		2	66.7
自然保护区	国家级	1	33.3	农业旅游示范点		2	33.3
	省级	12	85.7	工业旅游示范点		2	100.0
	县级	18	66.7	优秀旅游城市		1	100.0

资料来源：秦远好，2006

（1）自然旅游资源

峡谷旅游资源，库区可开发的峡谷景点多达 61 处，其中国家级 11 处，省市级 21 处，以长江三峡和大宁河小三峡最为著名，被评为中国旅游四十佳；溶洞旅游资源，库区可开发的溶洞景点有 63 个，其中国家级 6 个，省市级 20 个，以武隆芙蓉洞、巫溪双溪溶洞、世界奇观红池坝夏冰洞、宜昌三游洞最为著名；水景旅游资源，共有 22 处，其中国家级 4 处，省市级 15 处，最为著名的是万州青龙瀑布、巫溪白龙过江瀑布；森林草场旅游资源，有 14 处，国家级 3 处，省市级 6 处；野生动植物资源，十分丰富，特别是神农架生态旅游资源为世界罕见。

（2）人文旅游资源

三峡库区悠久的历史、古老的文化，造就和遗留了丰富的文物古迹。库区内有人文古迹 1500 余处，具有旅游开发价值的有 65 处，石宝寨、张飞庙、白帝城、

---

① 蒋昭侠. 1999. 三峡库区资源开发及可持续发展管见. 资源科学，（4）：22-25

双桂堂、文峰塔等一批古建筑闻名遐迩。

（3）科考与探险资源

这类资源非常丰富，如神农架原始森林、大小三峡悬棺、古栈道、绝世奇观天坑地缝等。不少资源已被国家列入重点项目纳入西部大开发中[①]。

2.2　生态系统现状、退化与保护

生态系统的概念最初是由英国生态学家 A.G.Tansley 于 1936 年提出的，他认为生物和非生物环境是相互作用、彼此依赖的统一体，强调一定区域内各种生物相互之间，它们与环境之间功能上的统一性。普通生态学认为，生态系统是指在一定空间内生物和非生物成分，通过物质循环和能量流动相互作用、相互依存，形成一个生态学单元，是生命系统和环境系统特定空间的组合[②]。现代生态学将生态系统简单概括为生命系统和环境系统在特定空间的组合[③]。生态系统包括生物群落及其无机环境，它强调的是系统中各个成员间的相互作用，是几乎无所不包的生态网络，而且各种系统相互作用、相互依存，是典型的复合系统和开放系统。

生态系统主要包括 4 种成分（图 2.2）：①非生物环境，包括碳、氧、氮等无机物，联系生物和非生物成分的有机物质，以及气候、温度、光等生活条件；②生产者，是能以简单的无机物制造食物的自养生物，主要包括陆地植物和水生植物；③消费者，直接依赖于生产者所制造的有机物质，属于异养生物；④分解

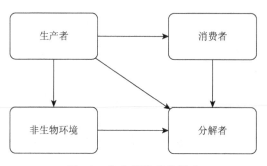

图 2.2　生态系统成分组成

① 卞彬主. 2001. 三峡库区旅游产业发展战略研究. 重庆：重庆出版社

② 李佩成，张林，段联合，等. 2001. 关于西部大开发的哲学思考. 地球信息科学，2：66-71；叶守泽，夏军. 1989. 水文系统识别. 北京：水利电力出版社；郑师章. 1994. 普通生态学——原理，方法和应用. 上海：复旦大学出版社；涂长晨. 1981. 生态系统. 中国大百科全书. 环境科学. 北京：中国大百科全书出版社

③ 马世俊. 1990. 现代生态学透视. 北京：科学出版社

者，也属于异养生物，其作用是把动植物残体、复杂的有机物分解为简单的无机物，并释放出能量。分解作用不是一类生物所能维持的，往往要经过一系列复杂的过程，各个阶段由不同的生物去完成。例如，湖泊中的分解者主要有两类：一类是细菌和真菌；另一类是蟹、贝、软体动物等无脊椎动物。分解者在生态系统中的作用是极其重要的，是构成整个生态系统物质循环的桥梁和纽带。

生态系统中的生产者、消费者、分解者构成了生态系统中的食物链和生态链，非生物环境则是生态系统能量供给者和动植物生存的载体。上述 4 个环节之间维持的动态平衡，是保持生态系统稳定和生物多样性的先决条件，缺少或削弱任何一个环境都将引起生态系统的退化①。

2.2.1 生态系统现状

2.2.1.1 非生物环境

三峡库区地处中纬度亚热带，库周有秦岭、大巴山和巫山等山脉，可阻挡西北冬季的寒冷气流。三峡大坝建成后库区水位上升，水面面积也大幅增加，库区下垫面发生变化，导致局地气候变化具有较强的地域特征。表 2.15 给出了三峡库区各年代气候要素的距平变化值。

表 2.15 三峡库区各年代气候要素年值的距平变化

气候要素	参数	60 年代	70 年代	80 年代	90 年代	2001~2008 年
气温（℃）	平均气温	0.2	0.1	−0.2	0.0	0.5
	平均最高气温	0.3	0.2	−0.3	0.1	0.8
	平均最低气温	−0.1	0.0	−0.1	0.1	0.6
降水（mm）	降水量	−0.9	4.9	5.1	−10.0	−53.6
	降水日数	1.0	−1.2	1.2	0.0	−8.5
雨日（d）	小雨日数	0.6	−1.9	1.0	0.9	−7.5
	中雨日数	0.9	0.4	0.6	−1.0	−0.6
	大雨日数	−0.2	0.3	−0.6	0.3	0.0
	暴雨以上日数	−0.3	0.0	0.1	−0.1	−0.4
高温日数（d）	≥35℃	4.3	3.8	−2.5	−1.3	5.9
	≥37℃	2.0	2.7	−2.0	−0.7	3.2
	≥40℃	0.2	0.2	−0.4	0.2	0.7

---

① 白峰青. 2004. 湖泊生态系统退化机理及修复理论与技术研究——以太湖生态系统为例. 西安: 长安大学博士学位论文

续表

气候要素	参数	60 年代	70 年代	80 年代	90 年代	2001～2008 年
日照（h）	年日照时数	138.2	109.4	−63.6	−45.8	8.8
相对湿度（%）	年平均相对湿度	−2.3	−1.4	0.5	0.9	−1.2
风速（m/s）	年平均风速	0.1	0.2	0.0	−0.1	−0.1

资料来源：张天宇等，2010

注：距平是某一系列数值中的某一个数值与平均值的差，分正距平和负距平。平均气温距平就是一系列平均气温（日平均气温、月平均气温等）与总平均气温的差值。平均气温距平增高就说明这个差值增大了，相应时间段内的温度出现了异常。表中参照时段为 1971～2000 年

（1）气温

三峡库区气候属中亚热带湿润季风气候，地形起伏剧烈，导致气候垂直变化显著。气候具有冬暖、夏热、春早、秋凉、多雨、霜少、湿度大、云雾多、风力小等特点，年平均气温为 12～19℃，海拔 500m 以下河谷地带大于 10℃积温达 5200～6000℃，无霜期达 290～340d，年降水量为 1000～1200mm，但季节分配不均，4～10 月为雨季，春末夏初多雨。冬夏季风交替明显，夏季炎热，极端最高气温可达 44℃，长达 140～150d，雨水充沛，空气湿润；冬季寒冷，极端最低气温为−4℃，有 60～70d，雨水较少。自中部河谷向两侧外围山地，地面高程每上升 100m，年降水量约增加 55mm，气温下降 0.4～0.6℃，除 6～8 月蒸发量较大外，大多数时间降水基本能满足作物需要。但由于降水时空分布不均，山洪与伏旱等自然灾害时有发生，主要表现在夏秋暴雨成灾，7～8 月连晴高温，伏旱常有发生[1]。

三峡库区及周边 32 个气象站点（其中，库区境内有 21 个台站）[2]1960～2006 年的气温资料显示，三峡库区气温变化总体上经历了高—低—高的过程，增温率为 0.13℃/10a。20 世纪 60 年代初气温偏高，然后气温在波动中降低，到 80 年代中后期达到最低，随后开始回升，至 21 世纪后气温持续攀升。库区增温主要从 20 世纪 90 年代开始，且有加快趋势。秋季的平均最高气温增温显著，冬季平均最低气温升温显著。

20 世纪 90 年代以来，三峡库区平均气温总体上呈现上升趋势，水库蓄水后对库区附近气温产生调节作用[3]。对库首秭归典型区 2001～2012 年 10 年期间局地

---

[1] 林德生，吴昌广，周志翔，等.2010. 三峡库区近 50 年来的气温变化趋势. 长江流域资源与环境，19（9）：1037-1043

[2] 32 个气象站点分别是泸州、习水、合川、璧山、永川、北碚、綦江、彭水、城口、恩施、五峰、北碚、巴南、江津、南川、长寿、涪陵、武隆、丰都、垫江、石柱、忠县、梁平、万州、云阳、开县、奉节、巫山、巫溪、巴东、绿葱、宜昌。

[3] 陈鲜艳，宋连春，郭万峰，等.2013. 长江三峡库区和上游气候变化特点及其影响. 长江流域资源与环境，11：1466，1471

气象因子连续观察的结果显示，蓄水前后的气温并没有发生较显著变化①。蓄水后的 4 月、5 月和 12 月平均气温都有一定程度的提高。表 2.16 和表 2.17 为部分年份的逐月极端气温统计表。三峡库区的局地气候变化是一个复杂和长期的过程，需要更长时期的观察和综合分析。

表 2.16　2001～2010 年逐月秭归典型地区极端最高气温统计表　　（单位：℃）

月份	2001 年	2002 年	2003 年	2004 年	2005 年	2006 年	2007 年	2008 年	2009 年	2010 年
1	16.2	17.2	18.2	15.6	13.6	17.2	20.1	16.8	16.7	16.9
2	21.4	22.5	21.5	22.0	19.4	19.2	21.4	20.7	26	19.3
3	28.3	28.5	33.0	30.1	27.3	26.4	33.4	28.8	29.8	30.8
4	31.5	32.8	30.8	39.5	37.2	32.1	32.8	32.4	33.7	30.9
5	37.6	36.3	34.8	37.2	32.3	35.1	35.3	34.7	33.2	35.9
6	37.1	38.1	37.7	39.6	39.5	40.5	37.4	38.1	39.4	38.3
7	41.1	42.5	41.3	40.4	38.8	40.3	35.2	37.6	39.8	40.5
8	42.9	41.3	41.8	40.3	39.2	40.4	38.0	38.2	38.9	39.8
9	38.1	39.4	41.0	36.6	35.1	38.2	34.1	35.5	37.8	36.4
10	30.2	34.1	30.1	28.0	29.3	30.6	33.4	27.8	31.2	32.3
11	23.8	25.8	27.7	24.8	24.0	25.8	25.4	22.8	24.2	22.9
12	16.5	18.3	14.8	17.2	15.6	15.3	17.1	20.7	16.3	19.4

表 2.17　2001～2010 年逐月秭归典型地区极端最低气温统计表　　（单位：℃）

月份	2001 年	2002 年	2003 年	2004 年	2005 年	2006 年	2007 年	2008 年	2009 年	2010 年
1	-0.5	-0.2	-1.9	-1.4	-2.7	-1.4	-0.1	-2.6	-1.5	0.2
2	1.1	1.1	0.4	0.6	-0.8	0	1.0	-1.9	3.5	-0.1
3	2.8	1.9	-0.2	3.6	0.5	0.4	0.3	4.3	3.1	0.9
4	6.6	6.6	7.8	6.8	8.3	7.3	6.8	7.1	4.5	2.4
5	12.4	13.6	12.5	10.6	12.3	12.9	13.3	14.9	13.6	13.1
6	17.7	19.0	16.7	16.3	18.4	19.5	18.3	18.5	17.2	14.5
7	22.2	20.5	18.1	19.9	21.5	21.4	20.5	21.1	19.2	22.1
8	21.0	18.7	15.0	20.9	17.1	21.9	20.1	19.1	17.1	20.1
9	17.7	13.7	17.1	15.5	17.6	14.1	17.0	15.5	16.0	15.6
10	11.1	10.5	10.0	9.9	8.7	12.0	10.5	10.7	11.1	8.1
11	4.1	4.2	3.8	4.2	5.1	7.1	4.0	2.5	2.9	6.2
12	-1.6	-1.1	-0.5	-3.0	-1.8	2.4	2.9	0.2	0.9	-0.4

---

① 韩庆忠，向峰，马力，等. 2012. 三峡库首典型区 2001～2012 年局地气象因子变化趋势分析. 土壤，44（6）：1029-1034

（2）降水

三峡库区北靠大巴山，南依云贵高原，影响库区汛期降水的主要环流系统有高层的南亚高压、中层中高纬度环流与冷空气，以及西太平洋副热带高压，低层热带季风涌及其输送的暖湿气流[①]。年降水量整体上表现为弱的减少趋势，秋季减少趋势显著。1961～2008年库区内各测站年降水量超过1000mm，三峡库区年降水量为1135.5mm。1998年为历年最多，达到1419.9mm，1998年长江全流域发生了特大洪涝灾害，2001年为历年最少，达到808.2mm。

从地域上看，由于库区范围广，地势差异大，降水分布不均匀，有明显的区域差异等特征，可以将库区分为三个少降水中心和一个多降水中心：北碚、南岸区、巴南区以西的少降水中心，降水量为1100mm以下；以涪陵、丰都、武隆为主的少降水中心，降水量为1100～1120mm；以巫溪东部和巫山为主的少降水中心，年平均降水量为1110mm以下，其中巫山是全区多年平均降水量最少的地区；以开县、万州、云阳西部和南部、奉节南部、巫溪的西部小片区域，以及忠县和石柱的东部地区为主的多降水中心，多年平均降水量较多，在1200mm以上。

从季节降水的贡献来看，全区降水量表现出明显的年、季变化，全年降水量以夏季最多，占全年降水总量40%左右；春、秋季各占27%左右；冬季最少，不足5%，年降水量相对变率为11%～16%。近年来，年降水日数、小雨日数和中雨日数均呈线性减少趋势，大雨和暴雨日数无明显变化趋势。

三峡库区是我国洪涝灾害严重的地区之一，特别是受东亚夏季风的影响，资料分析和数值模拟表明，该流域夏季洪水发生频率高，且每次洪水都是由暴雨造成的[②]。根据三峡库区及其周围35个气象站1961～2009年的逐日降水资料可以发现，年均暴雨日数为3.4次，暴雨日数呈现出沿长江向南北增加的分布特征。库区暴雨事件具有显著的年代际变化和区域差异，年平均暴雨日数在空间分布型态上比较一致。在这49年中，三峡库区暴雨日数变化趋势存在明显的地域性差异，表现为东部与西部增多，中部减少的变化趋势[③]。库区累计日降水量≥25mm（大雨）的次数为9～15次/a，≥50mm（暴雨）的次数为2～5次/a，暴雨都主要出现在4～9月。洪涝2～4次/10a，主要出现在4～10月，暴雨洪涝以库区东段较多，发生频率为85%，年降水量为1350～2000mm[④]。

此外，库区的河流众多，库区境内河流众多，流域面积大于50km²的河流有

① 鲍名，黄荣辉. 2006. 近40年我国暴雨的年际变化特征. 地球科学进展，30（6）：1057-1067

② 黄丹青，钱永甫. 2007. Community climate model 3模拟夏季极端降水的初步分析. 南京大学学报（自然科学），43（3）：238-247

③ 根据气象业务部分的标准，日降水≥50mm的降水称为暴雨降水. 参见：郭渠，龙中亚，程炳岩，等. 2011. 我国三峡库区近49年暴雨气候特征分析. 水文，31（6）：87-92

④ 李月臣，刘春霞. 2011. 三峡库区水土流失研究. 北京：科学出版社

433 条，其中大于 500km^2 的也有 41 条，均属长江水系。水能资源丰富，理论蕴藏量为 765.68 万 kW，可开发系数为 0.559。2009 年三峡工程竣工，形成 400 亿 m^3 储量的巨大水库[①]，库区水力资源十分丰富。

（3）雾

三峡库区年平均雾日数具有明显的自东向西减少的分布特征，这种分布趋势与地形关系极大[②]。库区西段水汽充沛，风力小，极易形成雾，如涪陵雾日数最多，年平均雾日数可达 78.9d，其次是万州，年平均雾日数可达 45d 以上。从万州以东，进入峡谷地段，江面变窄，风速增大，不利于雾的生产，所以雾日数明显减少。继续往东，过了巫峡到巴东，江面变宽，水汽增加，雾日数明显增多。再往东，到了兴山，海拔显著下降，不利于雾的形成，因此兴山地区雾日数很少。三峡库区西段年平均雾日数在蓄水后有明显减少的趋势，东段略有增加，持续 12h 以上的极端大雾年平均日数在蓄水前后变化不大，连续 3d 的极端大雾年平均日数在蓄水后明显减少。

（4）日照、相对湿度和风速

重庆市三峡库区年日照时数为 1100～1550h，东段的忠县、万州、开县、云阳、奉节、巫山、巫溪等地为日照相对高值区，年日照时数为 1300h 以上，忠县以西的西段为日照相对低值区，年日照时数不足 1300h；库区日照时数的年际变幅大多为 400～800h，日照相对高值区的年际变幅较大，相对低值区的年际变幅较小。日照时数的季节分配与太阳辐射的分布相一致，夏季的日照最多，占全年的 42%～46%，春季次之，占 21%～30%，秋季再次之，占 17%～22%，冬季最少，占 9%～11%；另外，整个暖季（5～9 月）的日照时数约占全年总日照时数的 65%。库区 17 个气象站 1961～2008 年气象要素的资料显示[③]，三峡库区日照时数呈显著减少趋势，变化速率为 –44.8h/10a。从逐年代变化来看，20 世纪 60～70 年代偏多，均超过 100h，2001～2008 年略多，80 和 90 年代日照时数均偏少。库区春季和秋季日照时数的线性趋势几乎无变化，冬季和夏季日照时数均显著减少，变化速率分别为 –29.5h/10a 和 –11.2h/10a。

空气湿度表示空气中水汽含量的多少或空气干湿的程度，通常用相对湿度来表示。库区年平均相对湿度为显著增加趋势，增加率为 0.5%/10a。从逐年代变化来看，20 世纪 60～70 年代和 2001～2008 年均偏小，其中 60 年代最小。80 和 90

---

① 吴希平，陈炯，余可．2000．三峡库区资源环境保护与税收政策研究．改革，（3）：66-72

② 黄治勇，牛奔，叶丽梅，等．2012．长江三峡库区极端大雾天气的气候变化特征．长江流域资源与环境，21（5）：646-652

③ 17 个气象站：沙坪坝、南川、长寿、涪陵、武隆、垫江、梁平、万州、忠县、石柱、丰都、云阳、奉节、巫山、巴东、兴山、宜昌；参见：张天宇，范莉，孙杰，等．2010．1961-2008 年三峡库区气候变化特征分析．长江流域资源与环境，19（1）：52-61

年代均偏大，90 年代最大。夏季和冬季平均相对湿度增加趋势显著，增加率分别为 0.9%/10a 和 0.6%/10a。重庆市三峡库区年平均相对湿度为 67%～82%，东段中的云阳、奉节、巫山、巫溪等地较低，在 75% 以下，其他区域在 78% 以上。另外，空气湿度随高度增加。相对湿度在季节分布上以秋、冬季较大，平均为 80%～90%，夏季和春季的相对湿度较低，平均为 60%～80%[①]。

三峡库区年平均风速呈显著减少趋势，变化速率为 -0.07m/（s·10a）。以 1982年为节点，之前平均风速偏大，之后逐年偏小。四季平均风速减少速率：春季为 -0.08m/（s·10a），夏季和秋季均为 -0.06m/（s·10a），冬季为 -0.07m/（s·10a）。

2.2.1.2 生产者

三峡库区这个独特地理单元中的生产者主要包括水生植物和陆生植物。水生植物主要是藻类，在三峡库区生态系统中藻类植物有 151 种，硅藻、绿藻、蓝藻所占比例依次为 23.8%、55.0% 和 9.9%，其余藻类合计 11.3%。陆生植物的种类远大于水生植物的种类，2010 年三峡库区高等植物有 1222 种。其中，蕨类植物有 73 种，种子植物有 1149 种，分属于 128 科。更具体的在本章第 1 节的陆生生物中有阐述。

2.2.1.3 消费者

消费者是指以活的动植物为食的动物。直接吃植物的动物叫做植食动物，又叫一级消费者；以植食动物为食的动物叫肉食动物，也叫二级消费者；以后还有三级消费者、四级消费者，直到顶级肉食动物。消费者还包括一些杂食动物、寄生虫。在三峡库区这个独特的地理单元中消费者主要包括各种鱼类和动物，还有人。截至 2011 年年初，三峡库区陆栖野生脊椎动物共有 4 纲 30 目 109 科 335 属 692 种。其中，哺乳纲有 8 目 25 科 74 属 112 种，鸟纲有 18 目 64 科 209 属 485种，爬行纲有 2 目 11 科 35 属 51 种，两栖纲有 2 目 9 科 17 属 44 种。国家级重点保护野生动物有 93 种，其中Ⅰ级重点保护野生动物有 15 种，Ⅱ级重点保护野生动物有 78 种。2010 年，在宜宾至宜昌江段共有 119 种鱼类，其中包括长江上游特有鱼类 23 种，外来鱼类 6 种，还有一些珍稀水生动物。截至 2012 年，三峡库区年末户籍人口为 2125.46 万人。

2.2.1.4 分解者

分解者的基本功能是把动物死亡后的残体分解为比较简单的化合物，最终分解为最简单的无机物并把它们释放到环境中去，供生产者重新吸收和利用。三峡库区是一个水陆结合的生态系统，其分解者可按照所处的环境分为两类：一类是

---

① 王裕文，高阳华，胡怀林. 2001. 重庆市三峡库区气候资源开发利用. 山区开发，12: 12-20

在水体中的，包括细菌、真菌、蟹、贝、软体动物等无脊椎动物；另一类是在陆地上的，包括细菌、真菌、以动植物残体和腐殖质为食的动物，如兀鹫、甲虫、白蚁、皮蠹、粪金龟子、蚯蚓和软体动物。

2.2.2 生态系统退化

2.2.2.1 森林生态系统

三峡库区是一个人多地少的山区，其生态系统较为脆弱。虽然森林覆盖率呈逐年增加趋势，已由 1996 年的 26.90%上升至 2000 年的 27.30%。但 2011 年环境保护部发布的《长江三峡工程生态与环境监测公报》中的监测结果表明，库区森林系统整体上仍处于退化状态。其主要表现为林分结构不合理，防护林面积为 15 818km^2，占林分总面积的 72.01%；用材林面积为 3521km^2，占林分总面积的 16.03%；林龄比例不协调，中幼龄比例高，成熟林比例极低，三峡库区中中幼龄占了相当大的一部分，中幼龄面积共有 18 133km^2，占 89.07%；林种比例失调，针叶林多以马尾松为主，阔叶林少。这种单一的林种极易受到森林火灾、病虫灾害的影响。

2.2.2.2 草地生态系统

从草地的面积来看，草地面积缩减，三峡库区草地面积从 1981 年的 104.30 万 hm^2 减少到 2000 年的 53.50 万 hm^2，约减少了 50 万 hm^2。三峡库区草群逐渐变稀且变矮，如云阳县千峰草场 1998 年草高平均为 45～60cm，草群覆盖度为 90%以上；2001 年草高平均为 15～20cm，草群覆盖度为 45%。1981～2001 年武隆仙女山大草原草层高度由 50～60cm 降到 10～20cm，退化严重者仅为 5～10cm，覆盖度由原来的 90%降到 50%。巫溪红池坝草场 1985 年测定草层高度为 65cm，覆盖度为 90%；2000 年 5 月抽样测草群高度为 20cm，覆盖度为 50%，个别鼠害严重的地方覆盖度仅为 10%。再加上一些中低山区域，受到较多人类活动的影响，草地退化十分严重。草地结构正在发生变化，而且有退化的趋势。

2.2.2.3 水生生态系统

三峡水库全部建成后，将成为长江上游主干道最大的水库人工湿地，也将成为中国最大的人工湿地。因此，生态环境因子的变化直接或间接地影响着库区鸟类区系的组成和数量，尤其是在淹没区及其邻接地带。库区 11 种傍水栖息类型鸟类总体数量在蓄水前后出现急剧变动，下降明显；而对三峡蓄水 139m 前后的冬季鸟类的调查结果表明，水禽中以雁鸭类为主的游禽类总体计数差别不大，涉禽类数量出现非常明显的变动①。三峡水库蓄水前后湖北库区干流江段及主要支流（香溪河）藻类的种群结构和细胞密度存在明显差异，蓄水前共鉴定藻类 7 门 66 属 79 种，硅藻、绿藻、蓝藻分别占 34.60%、38.50%和 10.30%，其余藻类合计 16.60%；蓄水后，藻类的总种类数增至 151 种，硅藻、绿藻、蓝藻所占比例依次为 23.80%、55.0%和 9.9%，其余藻类合计 11.3%。藻类的细胞密度，蓄水前干流平均为 272.6 万 cell/L，支流平均为 1042 万 cell/L；蓄水后干、支流的平均细胞密度分别达 384.8 万 cell/L 和 2006.7 万 cell/L，较蓄水前增加 41.20%和 92.60%，说明三峡成库过程对库区水生生态系统中的藻类种群结构产生了影响，尤其对支流中的影响更为明显②。比较蓄水前后同期数据，蓄水后三峡水库营养盐浓度虽有所下降，但由于流速减缓的影响，藻类得到更适宜的生存条件，富营养化征兆更加明显。与水库主体部分相比，库湾的藻类叶绿素 a 含量更高，富营养化现象也更显著，研究表明，部分库湾已暴发了数次以甲藻（拟多甲藻）和硅藻（小环藻）为主的水华现象，特别是在春季③。

2.2.2.4 农业生态系统

三峡库区是一个典型的农业地区，农业发展的好坏将直接影响到三峡库区的可持续发展和稳定。三峡库区农业生态系统已出现了不同程度的退化，主要表现为农业内部结构不协调，农业的功能水平低，农业环境恶化。首先，三峡库区的农业以山地多样性细小经营为主，导致农业、林业、牧业、渔业内部结构不协调，2012 年重庆三峡库区生态经济农业生产总产值为 4 122 960 万元，占农业、林业、牧业、渔业总产值的 59%，林业总产值为 269 235 万元，占农业、林业、牧业、渔业总产值的 4%，牧业总产值为 2 400 462 万元，占农业、林业、牧业、渔业总产值的 34%，渔业总产值为 187 342 万元，占农业、林业、牧业、渔业总产值的 3%。从以上数据可知，库区的农业和牧业发展较好，使库区农业内部结构不协调。其次，由于地形的约束，库区农业几乎都是自给自足的状态，且生产方式大多采用传统的农耕方式，以至于库区农业的功能水平低。再加上库区农民为了提高农作物的产量，大量使用农药化肥，导致库区农业环境恶化。最后，导致库区农业生态系统逐渐退化。

2.2.3 生态系统保护

自 1993 年以来，党和国家把生态环境保护作为一项基本国策，投入巨资加强

---

① 苏化龙，林英华，张旭，等. 2005. 三峡库区鸟类区系及类群多样性. 动物学研究，(3)：191-199
② 况琪军，毕永红，周广杰，等. 2005. 三峡水库蓄水前后浮游植物调查及水环境初步分析. 水生生物学报，(4)：353-358
③ 胡征宇，蔡庆华. 2006. 三峡水库蓄水前后水生态系统动态的初步研究. 水生生物学报，(1)：1-6

环保工作，确保我国生态环境向良性转化及可持续发展。梁福庆（2009）给出了1993～2008年三峡库区生态环境保护成效，一是在百万移民搬迁安置中认真实施移民保护规划及计划，严格把好库区一期至四期水库蓄水库底的卫生清理、建筑物清理、林木清理、固体废弃物清理等质量关。二是库区推行企业节能减排、清洁生产，关闭了高耗能、高污染的搬迁企业1500多家，削减化学需氧量（COD）排放量1.5万t/a。三是加强水污染防治工作。国家投资40亿元，在库区20个区县建成城镇污水处理厂58座、总处理规模为250万t/d，建成城镇垃圾处理场41个、总处理规模为1.1万t/d，目前库区干流水质达到或优于Ⅲ类标准。四是加快地质灾害防治工作。国家投资120亿元，库区治理崩滑体617处，实施监测预警742处。五是综合治理水土。库区积极推进长江防护林、小流域水土治理、退耕还林还草、农业生态工程、库岸带生态屏障建设、消落区治理、防治噪声、空气等"蓝天绿水青山工程"，到2009年累计重点治理水土流失2万km^2，其中造林0.9万km^2，退耕还林、还草数万平方千米，兴建基本农田0.18万km^2，营造经济林果0.2万km^2，使库区森林覆盖率比三峡工程建设前提高了11.80%，水土流失面积减少了24%，进入库区泥沙减少了60%，库区水、空气、噪声等达到国家标准。六是大力加强人群健康监测和预防工作。七是建立了12个陆生生物、水生生物自然保护区，实施了荷叶铁线蕨、疏花水柏枝、中华鲟、胭脂鱼、长江珍稀特有鱼类等保护工作，使库区一大批珍稀植物、珍稀动物得以保存。八是采用"3S"（遥感系统、地理信息系统、全球定位系统）等高新技术系统，对三峡库区生态与环境情况进行连续监测，监测精度达到1∶50 000，信息提取准确率为85%以上，达到了国际先进水平，为三峡库区生态环境保护和管理发挥了重要作用[①]。1998年以来，库区累计实施的天然林保护工程、退耕还林还草工程等，对三峡库区生态系统的恢复与保护做出了巨大的贡献。

环境保护部每年定期发布的《长江三峡工程生态与环境监测公报》显示，三峡库区社会、经济快速发展，移民安置、搬迁企业结构调整和环境保护工作进展顺利，库区水质、水土保持等生态环境基本良好。

2.3 三峡库区环境现状

2.3.1 大气环境

三峡库区总共有26个区县，其中只有4个属于湖北省，其余22个都属于重

---

① 梁福庆. 2009. 三峡库区生态环境保护回顾与思考. 重庆三峡学院学报，（2）：17-20

庆市，重庆市的大气环境质量对库区的大气环境质量有着决定性的作用。

重庆市是我国典型的高硫煤地区，大气环境受煤烟型污染影响显著。2012 年，全市共设置环境空气质量自动监测点位 56 个，其中主城区 16 个，郊区县 40 个。全市环境空气中可吸入颗粒物、二氧化硫和二氧化氮年均浓度分别为 $0.082mg/m^3$、$0.038mg/m^3$ 和 $0.033mg/m^3$，均达到国家《环境空气质量标准》（GB3095—96）的二级标准。与 2011 年相比，可吸入颗粒物和二氧化硫年均浓度分别下降 4.7% 和 11.6%，二氧化氮年均浓度上升 3.1%。

2.3.1.1　主城空气质量

2012 年，主城区空气质量持续改善，满足优良天数的比例达到 92.9%（340d），比 2011 年上升 4.1 个百分点（多 16d）。空气中可吸入颗粒物、二氧化硫和二氧化氮年均浓度分别为 $0.090mg/m^3$、$0.037mg/m^3$ 和 $0.035mg/m^3$，均达到国家环境空气质量二级标准。与 2011 年相比，可吸入颗粒物和二氧化硫年均浓度分别下降 3.2% 和 2.6%，二氧化氮年均浓度上升 9.4%。主城区降尘量平均为 6.30t/（m^2·月），超过参考标准 0.66 倍，比 2011 年下降 16.0%。

由空气质量日报的统计结果可知，主城区日空气质量属于Ⅰ级（优）、Ⅱ级（良）和Ⅲ级（轻污染）的天数分别为 57d、283d 和 26d，分别占 15.60%、77.30% 和 7.10%，首要污染物以可吸入颗粒物为主（图 2.3）。

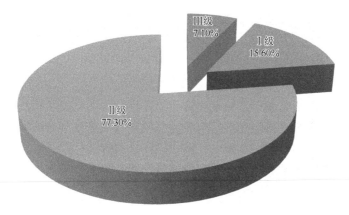

图 2.3　2012 年主城区空气质量日报结果

资源来源：2012 年重庆市环境质量简报

2013 年，主城区空气中 PM_{10}、$PM_{2.5}$、SO_2、NO_2 的年均浓度分别为 $106\mu g/m^3$、$70\mu g/m^3$、$32\mu g/m^3$、$38\mu g/m^3$；CO 和 O_3 浓度分别为 $1.5mg/m^3$ 和 $162\mu g/m^3$；其中，SO_2、NO_2、CO 浓度均达标，PM_{10}、$PM_{2.5}$、O_3 浓度分别超标 0.51 倍、1.00 倍、0.01 倍[①]。

---

① 数据来源于 2013 年重庆市环境质量简报

2.3.1.2　区县城区空气质量

区县城区空气中可吸入颗粒物、二氧化硫和二氧化氮年均浓度分别为 0.079mg/m³、0.038mg/m³ 和 0.032mg/m³，均达到国家环境空气质量二级标准。与 2011 年相比，可吸入颗粒物和二氧化硫年均浓度分别下降 4.8% 和 15.6%，二氧化氮年均浓度持平。有 30 个区县城区空气质量达到二级标准，占总数的 96.8%。降尘量平均为 4.85t/（km²·月），超过参考标准 0.28 倍，比 2011 年下降 4.0%。

2.3.1.3　酸雨

重庆市一直都是酸雨的高发区域，从 2008～2013 年的数据来看，重庆区域发生酸雨的频率没有大的变化，都在 50% 左右波动（表 2.18）。2008～2013 年，酸雨频率呈现出下降的趋势，在 2011 年猛然上升，随后又逐渐下降，2011 年酸雨频率高达 54.5%，比 2010 年上升了 7.2 个百分点。pH 的范围为 2.79～8.41，均值常年低于 5（酸雨是指 pH 小于 5.6 的雨雪或其他形式的降水）。

表 2.18　重庆酸雨频率

年份	2008	2009	2010	2011	2012	2013
酸雨频率（%）	48.5	46.2	47.3	54.5	52.9	47.5
pH 范围	3.26～8.31	3.03～8.29	3.08～8.41	3.15～8.23	2.79～8.32	3.11～8.23
pH 年均值	4.53	4.85	4.87	4.58	4.71	4.86

资料来源：重庆市环境质量简报整理

2.3.2　土壤环境

三峡库区位于我国东部湿润亚热带山地丘陵区，山地黄壤和红壤是三峡库区的地带性土壤。由于受母质和地形引起的气候和植被垂直分布的影响，土壤有过渡性和复杂性分布的特点。在低山丘陵区广泛分布有紫色砂页岩、石灰岩，以及较大面积的水稻田，因此形成大面积非地带性的紫色土、石灰土、水稻土等隐域性土类。地带性的红壤、山地黄壤面积占的比例不大。又由于山地水土流失的影响，一些红壤和山地黄壤处于土壤发育不深，形成了幼年的红黄壤化性土壤。石灰性母质一方面延缓土壤的发育，另一方面在湿润亚热带条件下也可以发育成为红黄壤或红黄壤类土壤。库区在地理位置上处于南北过渡地带，在地貌上属于我国西南高山和东部低山丘陵过渡地带，海拔为 66～3105m，因而土壤具有过渡性、复杂性和垂直分布的特点。

2.3.2.1　三峡库区土壤营养元素

2005 年，唐将、李勇等利用重庆市沿江经济带生态地球化学调查土壤表层样分析成果，探讨了三峡库区表层土壤中 N、P、K、Ca、Mg、S、B、Fe、Mn、Mo、Cl 等植物生长必需元素在不同土壤类型中的含量分布特征，以紫色土为例探讨了不同分布高度、不同坡度、不同植被条件对其元素含量分布的影响，得出如下结论。

（1）区域土壤化学元素含量及特征

对全区各元素进行统计分析，经过频数分布检验，K、Mg、Mn、Fe、N、P 呈近似正态分布，Mo、B、S、Cl 呈对数正态分布；Ca 既不符合正态分布，也不符合对数正态分布。分别对各个土壤类型的各元素进行频数分布检验，石灰土的 Ca、Mo，棕壤的 S，黄棕壤的 Ca、Mg、S，黄壤的 Ca、S，水稻土的 S 呈近似对数正态分布，其他土壤类型的其他元素均呈近似正态分布。三峡库区土壤营养元素基本统计量，见表 2.19，样本量为 3085 个。

表 2.19　三峡库区土壤元素基本统计参数

| 分析项 | 算术 | | 几何平均数 | 最小值 | 顺序统计量 | | | | | | | 最大值 | 95%范围值 |
	平均值	标准差			5%值	10%值	25%值	中位数	75%值	90%值	95%值		
CaO (g/kg)	25.2	36.6	14.0	0.8	2.9	4.5	7.7	11.9	25.7	58.0	99.9	299.8	2.2~148.0
K$_2$O (g/kg)	25.4	3.9	25.0	7.1	18.5	20.4	23.0	25.7	27.9	29.9	31.1	38.8	16.9~32.5
MgO (g/kg)	19.2	8.8	17.5	2.3	7.8	9.7	13.7	18.7	22.9	27.4	33.5	97.6	6.2~41.5
TFe$_2$O$_3$ (g/kg)	51.3	11.3	50.1	17.7	33.0	37.9	44.6	50.9	56.8	65.0	72.0	107.1	29.3~78.0
Cl (mg/kg)	64.5	18.6	62.6	29.7	43.7	47.6	54.0	61.4	70.5	84.7	94.9	478.5	40.2~108.4
N (mg/kg)	957.2	294.2	717.0	236.0	592.0	645.6	750.0	901.0	1105.0	1337.0	1505.0	3072.0	537.2~1665.0
P (mg/kg)	507.6	156.3	483.0	104.6	269.5	312.8	395.4	497.6	608.3	709.0	777.4	1369.0	238.2~836.7
S (mg/kg)	178.0	101.1	167.3	73.4	109.5	120.9	135.1	157.9	199.4	252.3	291.9	3116.0	102.7~335.1
B (mg/kg)	55.3	31.7	49.1	9.5	24.9	29.1	36.0	46.0	64.0	92.0	114.0	336.0	22.3~138.0
Mn (mg/kg)	575.9	184.1	548.6	102.7	311.9	378.4	479.5	571.0	648.1	748.0	877.5	2787.0	249.5~1022.0
Mo (mg/kg)	0.6	0.6	0.6	0.2	0.3	0.4	0.4	0.5	0.7	1.0	1.2	24.0	0.3~1.4

资料来源：唐将等，2005

与全国土壤背景值相比较，B、Ca、K、Mg、Fe 平均值均高于全国平均值，

Mn 略低于全国平均值，Mo 远低于全国平均值（2.00mg/kg），并且 95%以上的样品 Mo 含量均低于 1.2mg/kg，三峡库区土壤中元素 Mo 含量较低。Cl、S、P、N 无全国参照标准，与桂西南地区相比较，Cl、S 高于桂西南地区，P、N 低于桂西南地区。

（2）不同土壤类型元素分布特征

研究区土壤类型主要有石灰土、黄壤、紫色土、水稻土（母质主要为紫色砂、泥岩）等，石灰土是研究区内营养元素最丰富的土壤，B、Ca、Mg、Mn、Mo、N、Fe 均在石灰土中含量最高（表 2.20），但石灰土的 P 含量极低；黄壤是营养元素最低的土壤，Ca、Mg、K、P、S、Cl、Fe 均在黄壤中最低，黄壤中的 N、B、Mn、Mo 与其他各类土壤中的含量相比，也仅分列第三至第五位。紫色土中 P、K、Cl 含量最高，但 N、Mo、S 含量较低。总体来看，水稻土中营养元素含量也较低，特别是 B、Mn、Mo 等微量元素。S 含量在各类土壤中差异较大，棕壤中的 S 含量最高，比黄壤和紫色土的 S 含量高近一倍。从不同土壤类型各元素含量差异显著性统计结果分析，不同土壤类型中元素含量差异显著性十分明显。

土壤元素含量受母岩类型的影响十分明显，研究区黄壤的母岩主要为三叠系上统的砂岩、粉砂岩等碎屑岩类，黄棕壤、棕壤的母岩均主要为二叠系、三叠系的灰岩及少量砂质页岩；石灰土的母岩主要为二叠系、三叠系的灰岩，紫色土的母岩主要为侏罗系及中三叠统的紫色砂岩、杂砂岩、粉砂岩及泥岩。本区土壤主要为各类母岩的残积、残坡积堆积物等经成土作用形成的，母岩经风化作用形成的残、坡积物距各类母岩距离较近，母岩附近的土壤元素继承了母岩的元素特征。从各类不同母岩分布区上的土壤元素分析，灰岩母岩分布区的土壤营养元素最富集，除 P、K 外，其余元素均以灰岩母岩区的土壤元素含量最高，灰岩形成于海相环境，物质来源丰富，母岩养分元素含量高于碎屑岩类，其形成的土壤（主要为石灰土）养分元素含量明显高于其他母岩类型形成的土壤。砂岩母质区的土壤养分元素含量最低，除 Ca 略高于杂砂岩区、B 略高于粉砂岩区、Mo 仅低于灰岩区外，其他元素均以砂岩母岩区的土壤元素含量最低，砂岩主要形成于陆相河流环境，物源单一，并且经过长期分选、搬运再沉积，以砂粒为主，化学成分以 SiO_2 为主，经过机械沉积分异后砂岩的养分元素含量极低，此类母岩形成的土壤（主要为黄壤、部分紫色土等）养分元素含量普遍低于其他类母岩形成的土壤。与碎屑岩类的泥岩、粉砂岩、杂砂岩、砂岩相比，泥岩类母岩区的土壤养分元素相对较高，除 Mo、N 较低外，K、Mg、Fe、B、P、Mn 等均相对最高；粉砂岩母岩区的土壤养分元素含量居于泥岩与砂岩母岩土壤之间；杂砂岩母岩区以高 Cl、N、S、Mo 为特点。从母岩的粒度特征上分析，泥岩粒度最细，其次依次为粉砂岩、杂砂岩，最粗的为砂岩，碎屑岩母岩粒度的粗细对母岩沉积时养分元素的吸附具有重要作用，一般粒度越细，越有利于养分元素的富集，由于母质的这一特点，

表 2.20 不同类型土壤元素含量特征

项目	分类	样品数	CaO (g/kg)	K₂O (g/kg)	MgO (g/kg)	TFe₂O₃ (g/kg)	B (mg/kg)	Cl (mg/kg)	N (mg/kg)	P (mg/kg)	S (mg/kg)	Mn (mg/kg)	Mo (mg/kg)
土壤类型	紫色土	970	19.20	26.70	20.50	50.60	42.50	65.44	847.90	582.70	169.20	576.30	0.47
	石灰土	237	46.90	25.40	23.00	66.80	97.64	64.48	1300.00	422.20	188.60	786.40	1.31
	棕壤	11	12.60	24.40	15.00	49.60	57.23	61.92	930.90	502.90	319.20	547.80	0.75
	黄棕壤	84	25.10	24.40	16.30	48.90	56.65	63.89	1042.00	477.50	242.40	492.10	0.77
	黄壤	180	11.40	21.00	10.40	41.80	55.26	56.81	936.40	360.70	161.50	485.80	0.77
	水稻土	55	12.70	24.20	16.50	45.70	46.99	62.38	921.20	490.00	211.20	477.40	0.51
母岩类型	砂岩	498	15.00	23.20	15.20	43.20	44.00	62.42	852.00	435.20	154.40	485.80	0.56
	杂砂岩	59	12.30	25.70	16.70	49.10	45.96	68.11	966.90	544.10	191.10	551.70	0.58
	粉砂岩	39	25.00	25.80	20.10	49.80	41.21	63.41	956.30	539.60	173.10	567.60	0.53
	泥岩	339	19.50	27.50	21.10	53.10	48.81	64.72	896.70	605.50	179.60	601.80	0.49
	灰岩	273	42.80	25.20	21.70	67.20	91.44	63.47	1308.00	441.00	194.50	829.20	1.28

资料来源：唐将等，2005

导致母岩中养分元素含量存在差异，从而进一步影响到其形成土壤的养分元素含量。从不同母岩类型条件下土壤元素含量差异显著性统计结果看，除 Cl 差异显著性较小外，其他元素差异显著性均十分明显。

（3）不同坡度、海拔对紫色土元素分异的影响

不同坡度、不同海拔具有不同水热分配条件和物质移动堆积的特点，地貌差异对土壤元素分异具有明显影响。随着紫色土分布区地貌条件的不同，元素分异特征也不同。从紫色土分布坡度分析，随着地形坡度的变化，Ca、Mg、K 3 个大量元素的含量无规律性变化；随着地形坡度的变缓，N、S、Mo 3 个元素的含量明显增高（表 2.21）；随着地形坡度的变缓，Fe、Mn、P 的含量有增高的趋势。但是 5°～15°这个坡度范围的土壤元素含量特征比较特别，多个元素，如 Ca、Mg、K、Fe、Cl、Mn 的含量均比小于 5°及大于 15°地区的紫色土含量低。5°～15°的坡度区域是区内农业耕作最频繁的区域，一方面农作物轮作大量吸收了土壤中的养分元素，另一方面长期的农业农耕也可能加剧了表层土壤中养分元素的流失。从不同坡度条件下元素含量差异显著性统计结果分析，除 B、Cl、Mn 外，其他元素差异性均十分显著。随着海拔的降低，P、S 含量明显增高，Mn、Mo 含量有增高的趋势，特别是 P，随着海拔的降低，P 含量急剧增高。其他元素含量变化的规律性不强。总体来看，坡度对土壤养分元素分异的影响大于海拔对土壤养分元素分异的影响。从不同海拔条件下元素差异显著性统计结果看，除 Ca、K、P、S、Mn 外，其他元素差异性均不显著。

（4）不同植被类型对紫色土元素分异的影响

紫色土分布区植被主要有阔叶林、针叶林、混交林、灌丛、草丛。在相同的母质、气候及相似的地貌条件下，植被类型不同，土壤中不同元素分异特征差异明显。各类植被覆盖区的土壤中，Ca 含量的差异最明显，混交林、针叶林区含量最高，比少植被区（指调查单元内植被覆盖率低于 20%的地区）的土壤含量高出109%，其余林种土壤含量为阔叶林＞灌丛＞草地区，缺乏植被覆盖区的土壤 Ca 流失严重。K、Fe 是各类植被区 11 个元素中含量相差最小的，K 含量最高的草丛区与含量最低的针叶林区仅相差 7%，Fe 含量最高的混交林区也仅比含量最低的针叶林区高 6%，这两个元素在土壤中的分布受植被覆盖类型的影响最小。B 受植被覆盖的影响可分为两组，阔叶林、灌丛、草丛区为一组，针叶林、混交林及缺乏植被覆盖区为一组，各组内土壤中 B 含量差异不明显，含量差低于 2%，但两组间含量差异较大，前组比后组平均含量约高 11%。Mg 含量表现为混交林区＞草丛区＞针叶林区＞灌丛区＞少植被区＞阔叶林区。Cl、P 的含量特征较为相似，均表现为草丛区＞阔叶林区＞灌丛区＞少植被区＞针叶林区，但 Cl 在混交林区仅低于草地区，而 P 在混交林区含量仅高于针叶林区。N 含量为阔叶林区＞少植被区＞混交林区＞草丛区＞灌丛区＞针叶林区，阔叶林区土壤 N 含量比其他

表 2.21 紫色土不同坡度、高程及植被覆盖条件下元素含量特征

项目	分类	样品数	CaO (g/kg)	K_2O (g/kg)	MgO (g/kg)	TFe_2O_3 (g/kg)	B (mg/kg)	Cl (mg/kg)	N (mg/kg)	P (mg/kg)	S (mg/kg)	Mn (mg/kg)	Mo (mg/kg)
坡度	<5°	16	18.40	26.90	21.80	54.10	45.16	69.84	990.90	702.70	225.50	609.20	0.51
	5°~14°	97	16.50	25.80	18.30	48.60	44.09	63.56	919.00	593.70	186.10	563.00	0.50
	14°~24°	72	18.40	27.20	21.00	51.80	43.97	66.85	848.00	546.70	158.80	585.20	0.47
	25°~34°	41	30.30	27.00	22.60	51.20	42.57	65.38	786.60	513.10	153.90	582.10	0.42
	>35°	9	22.90	27.70	20.10	50.10	36.76	62.82	754.80	551.00	136.60	575.40	0.42
高程	<175m	21	31.70	25.20	21.10	50.40	44.49	65.40	768.70	652.20	202.30	628.50	0.52
	175~500m	404	17.20	26.90	20.40	51.00	42.27	66.31	849.40	613.40	181.50	599.30	0.46
	500~1000m	133	19.10	26.40	20.40	50.00	44.71	64.64	874.30	521.50	156.30	531.70	0.48
	1000~1500m	14	21.80	26.80	21.60	51.90	44.17	62.64	812.00	425.40	151.60	546.10	0.47
植被	少植被	15	12.20	26.10	19.40	50.50	40.95	63.99	983.00	589.50	203.00	535.40	0.46
	草丛	14	15.00	27.60	21.30	51.80	46.29	77.32	849.10	647.50	190.60	601.70	0.52
	灌丛	198	16.40	27.30	20.40	50.60	45.24	64.14	846.30	602.40	170.30	576.40	0.45
	阔叶林	36	18.00	25.90	19.10	50.20	46.98	66.29	992.40	626.80	197.20	573.50	0.53
	针叶林	17	25.00	25.70	20.90	49.10	41.37	60.43	796.70	457.00	155.80	506.10	0.52
	混交林	82	25.50	26.90	22.20	52.20	42.35	67.50	864.90	578.20	176.40	604.80	0.50

资料来源：唐将等，2005

所有林种区土壤 N 含量都高，这与田昆等的研究结果一致。Mn 含量为混交林区>草丛区>灌丛区>阔叶林区>少植被区>针叶林区。各林种区土壤养分元素相比，混交林区和草丛区土壤养分元素含量相对最高，Ca、Mg、Fe、Mn 等在混交林区均最高，Cl 排序第二，其他元素在混交林区也相对较高，仅 P 含量相对较低；K、P、Cl 等在草丛区含量最高，Mg、Fe、Mn、B、Mo 等在其他林种区相比，均在草丛区含量居第二位。针叶林区土壤养分元素含量最低，K、Fe、Cl、N、P、S、Mn 均以针叶林区土壤含量最低，B 含量也只高于少植被区土壤的含量。阔叶林区以高 B、N、Mo，低 Mg 为特点，少植被区以高 S，低 B、Ca 为特点，而灌丛区含量总体上居于中等水平。

2.3.2.2 三峡库区土壤有机质

（1）土壤有机质区域分布特征

对全区表层土壤及深层土壤有机质含量进行统计分析，经过频数分布检验，进行正态及对数正态概率分布检验，深、表层土壤有机质含量均呈对数正态分布。三峡库区土壤有机质含量基本统计量，见表 2.22。

表 2.22　三峡库区土壤有机碳基本统计参数

分类	样品数（个）	算术（%）		最小值（%）	顺序统计量（%）							最大值（%）	几何平均数（%）
		平均值	标准差		5%值	10%值	25%值	50%值	75%值	90%值	95%值		
表层土壤	3085	0.795	0.321	0.14	0.42	0.48	0.58	0.73	0.93	1.2	1.39	3.29	0.742
深层土壤	769	0.422	0.254	0.1	0.14	0.17	0.25	0.36	0.525	0.74	0.88	2.34	0.362

资料来源：钟远平等，2006

表层土壤有机质含量为 0.14%～3.29%，平均为 0.742%，与全球土壤有机质含量均值相比，三峡库区表层土壤有机质含量均比暗色土、变性土、灰化土、淋溶土、老成土等土壤有机质含量低，仅高于旱成土均值（0.6%），远低于森林地区土壤有机质含量。按照有机质土壤与矿质土壤划分标准（土壤有机质含量＞20%称为有机质土壤，否则称为矿物土壤），三峡库区均为矿质土壤而没有有机质土壤。三峡库区表层土壤有机质含量总体较低。深层土壤由于植物、动物不发育，有机质含量远低于表层土壤，均值仅为表层土壤的 50%左右。成土作用过程中，动、植物参与表层土壤活动是土壤有机质增加的必要条件。

（2）不同土壤类型有机质分布特征

研究区土壤类型主要有紫色土、石灰土、黄壤及水稻土等。4 类土壤中，深层土壤以紫色土及具有相同母质的水稻土的有机质含量最低；石灰土有机质含量最高。不同土壤类型差异显著性分析，紫色土、水稻土间差异不显著，但紫色土及水稻土与石灰土、黄壤间呈极显著差异（$p=0.01$）（表 2.23）。

表 2.23　不同类型土壤有机碳含量特征

分类	土壤类型	样本数（个）	最小值（%）	中位数（%）	最大值（%）	算术（%）		几何平均值（%）
						平均数	标准差	
深层土壤	紫色土	324	0.100	0.320	1.220	0.360	0.188	0.317
	石灰土	87	0.110	0.580	1.580	0.616	0.346	0.509
	黄壤	60	0.100	0.410	2.340	0.540	0.412	0.425
	水稻土	27	0.120	0.380	1.640	0.371	0.255	0.323
表层土壤	紫色土	970	0.140	0.665	1.980	0.689	0.218	0.657
	石灰土	237	0.350	1.030	3.290	1.092	0.439	1.016
	黄壤	180	0.230	0.790	2.790	0.856	0.397	0.778
	水稻土	55	0.340	0.755	2.440	0.895	0.451	0.810

资料来源：钟远平等，2006

　　紫色土、水稻土的母岩均主要为侏罗系及中三叠统巴东组的紫色泥岩、砂岩、杂砂岩及粉砂岩，这两类深层土壤的算术均值及几何均值基本相近，为 4 类土壤中含量最低的，反映了紫色砂、泥岩类母质低背景有机质含量的特征。

　　石灰土的母岩主要为二叠系、中下三叠统的灰岩、泥灰岩及白云岩，其深层土壤有机质含量是 4 类土壤中最高的，反映了三峡库区灰岩类母质具有相对较高有机质背景的特征。黄壤母质主要为上三叠统砂岩及粉砂岩，其有机质含量界于紫色土与石灰土之间。从各类不同母质区的母质有机质来源分析，二叠系、中下三叠统灰岩形成于海相环境，海相生物发育，各类化石丰富，母岩中含有较多的有机质成分。侏罗系及上三叠统紫色砂岩、泥岩等由于形成于陆相湖泊、河流环境，相对于海相环境生物不发育，母岩中有机质成分明显较海相灰岩少。母岩（母质）不同的形成环境导致不同土壤类型的深层土壤有机质差异显著。表层土壤明显继承了深层土壤有机质差异的特征，表层土壤有机质含量表现为石灰土＞黄壤＞紫色土。但值得注意的是，与紫色土及黄壤相比较，表层水稻土有机质含量大大增加。这与三峡库区一般坡度较大，以旱地耕作模式的紫色土及黄壤水土流失严重、大量表土有机质流失有关。而水稻土的蓄水耕作模式一方面有利于防治水土流失，阻止表土有机质流失，另一方面蓄水模式也有利于土壤动植物残体在土壤中保存，增加土壤有机质总量。水耕模式加大了表土有机质的储存。因此，在水土流失严重的地区适当采用水耕模式有利于土壤有机质保存。

（3）不同环境对紫色土有机质分布影响

紫色土是研究区分布最广的土壤类型，本书在讨论不同土壤类型有机质分布特征的基础上，重点讨论紫色土在不同高程、坡度及植被覆盖条件下有机质分异的特征。

不同坡度、不同海拔具有不同水热分配条件和物质迁移堆积的特征，地域分异及地貌差异对土壤性质及土壤元素分异具有明显影响。随着海拔的降低，紫色土有机质含量明显降低（表2.24）。这与三峡库区农业开发利用关系密切，高海拔地区，农业耕作较少，土壤环境处于半封闭状态，动植物群落发育，各种动物残体、植物凋落物在微生物作用下分解后基本在原地保存，土壤有机质基本未受到破坏。但随着海拔的降低，农业开发利用程度提高，土壤耕作程度逐渐加大，土壤环境受外力影响明显，土壤有机质保存条件受到破坏，有机质含量从高海拔至低海拔地区逐渐降低。

表 2.24 紫色土不同高程、坡度及植被覆盖条件下有机碳含量特征

项目	分类	样本数（个）	最小值（%）	中位数（%）	最大值（%）	算术（%）		几何均值（%）
						平均值	标准差	
高程	<175m	21	0.330	0.660	0.820	0.632	0.159	0.611
	175~500m	404	0.210	0.660	1.490	0.677	0.200	0.648
	500~1000m	133	0.250	0.690	1.860	0.699	0.214	0.670
	1000~1500m	14	0.610	0.890	0.990	0.930	0.083	0.927
坡度	<5°	16	0.350	0.900	1.370	0.860	0.338	0.795
	5°~14°	97	0.310	0.700	1.980	0.743	0.286	0.701
	14°~24°	72	0.280	0.600	1.460	0.657	0.218	0.625
	24°~34°	41	0.210	0.525	0.940	0.586	0.231	0.541
	>35°	9	0.410	0.540	0.820	0.590	0.210	0.546
植被	少植被	15	0.240	0.800	1.290	0.835	0.299	0.775
	草丛	14	0.510	0.835	1.360	0.836	0.250	0.802
	灌丛	198	0.270	0.650	1.350	0.672	0.190	0.645
	阔叶林	36	0.340	0.715	1.980	0.828	0.391	0.759
	针叶林	17	0.370	0.665	0.990	0.674	0.204	0.643
	混交林	82	0.250	0.670	1.460	0.700	0.206	0.671

资料来源：钟远平等，2006

地形坡度对土壤有机质的影响也十分明显，随着地形坡度的降低，土壤有机

质明显升高。这主要是水土流失作用的结果，高坡度地区土壤水土流失严重，富含有机质的表土层在水土流失的作用下被带到低坡度地带再堆积，增加了低坡度地带土壤有机质含量，具有明显的削峰填谷的特点。三峡库区紫色土分布区植被主要有阔叶林、针叶林、混交林、灌丛、草丛，在调查单元内植被覆盖率低于 20%时称为少植被区。在相同的母质、气候及相似的地貌条件下，植被类型不同，土壤中有机质含量具有一定差异。总体上表现为草丛区>少植被区>阔叶林区>混交林区>灌丛区、针叶林区。但差异没有不同地形坡度、高程条件下土壤有机质差异明显。聚类分析及方差分析发现，草丛区、阔叶林区、少植被区三者可归为一组，相互间差异不显著；灌丛区、针叶林区、混交林区三者可归为一组，相互间差异不显著，但两组间差异较显著（$p=0.05$）。草丛、阔叶林比混交林、灌丛、针叶林有利于土壤富集有机质。少植被区主要为农业耕作区，由于农业耕作、水土流失等原因，有机质含量理论上应当在上述所有植被覆盖类型中最低，但在此处正好相反，主要原因可能是农业耕作中有人为的外来有机物质加入土壤，如有机农肥施用、植物秸秆还田等，从而导致少植被区土壤有机质含量较植被覆盖区还高。

2.3.2.3　三峡库区土壤重金属

（1）三峡库区土壤重金属含量基本统计特征

研究区 3085 件土壤样品分析测试结果的基本统计特征参数见表 2.25。Cr、Hg、Ni、Pb、Zn 5 种元素的变异系数均小于 30%，表明这些元素离散程度较低，表层土壤中元素分布较均匀。As、Cd 变异系数均大于 60%，表明表层土壤中元素分布不均匀。

表 2.25　三峡库区表层土壤重金属含量基本统计特征

元素	最小值（mg/kg）	最大值（mg/kg）	中位值（mg/kg）	均值（mg/kg）	标准差（mg/kg）	变异系数（%）
As	1.85	31.1	5.85	7.40	4.54	61.4
Cd	0.06	6.80	0.204	0.21	0.160	74.8
Cr	10.2	642	78.9	79.4	23.4	29.5
Cu	5.73	117	22.7	23.5	8.09	34.4
Hg	0.007	6.07	0.05	0.06	0.18	28.1
Ni	8.64	119	31.0	31.5	8.30	26.3
Pb	13.5	77.9	24.7	25.3	4.54	18.0
Zn	22.6	182	72.4	71.6	14.9	20.8

资料来源：唐将等，2008

（2）基于土壤环境质量标准的评价

根据表 2.26 分级标准，三峡库区表层土壤不同质量类别占全区面积比例统计情况，见表 2.27。

表 2.26　三峡库区表层土壤重金属污染评价标准　　（单位：mg/kg）

评价标准	As	Cd	Cr	Cu	Hg	Ni	Pb	Zn
一类	≤15	≤0.20	≤90	≤35	≤0.15	≤40	≤35	≤100
二类	15～25	0.2～0.6	90～300	35～100	0.15～0.50	40～50	35～300	100～250
三类	25～30	0.6～1	300～400	100～400	0.50～1.5	50～200	300～500	250～500
超三类	>30	>1	>400	>400	>1.5	>200	>500	>500

注：根据《土壤环境质量标准》（GB 15618－1995）划分污染程度等级

表 2.27　三峡库区表层土壤环境质量评价结果（标准对比法）　　（单位：%）

土壤类别	As	Cd	Cr	Cu	Hg	Ni	Pb	Zn
一类土	91.6	52.1	72.8	93.0	97.6	87.4	97.3	97.3
二类土	7.94	47.4	27.1	6.90	2.01	10.1	2.66	2.69
三类土	0.49	0.49	0.13	0.10	0.36	2.59	0.00	0.00
超三类土	0.001	0.002	0.000	0.000	0.002	0.000	0.000	0.000

根据表 2.28，三峡库区表层土壤 As、Cu、Hg、Pb、Zn 区域环境质量好，一类土占全区面积均在 90%以上，三类及超三类土面积比例均小于 0.5%，Pb、Zn 均无三类及超三类土。Hg 的三类及超三类土区主要分布于城镇及厂矿区，呈点分布，由人为活动引起。Ni 二类土面积为 10.1%，三类土面积为 2.59%；Cr 二类土面积为 27.1%，Cr、Ni 二类及超二类土主要分布在巫山人为活动十分微弱的地区，主要由地质自然高背景引起，与人类活动关系不密切；沿长江两岸丰都至忠县有少量 Cr 二类土，万州至云阳有少量 Ni 二类土，主要由沿江两岸大量的工厂排污，经长江水系带来而引起。Cd 是三峡库区表层土壤中污染较严重的重金属元素，一类土仅占 52.1%，二类土比例达到 47.4%，主要分布于涪陵以东，万州至开县连线以西地区，与三峡库区的主要农业耕作发达区基本对应，初步分析认为，这主要与含 Cd 等重金属的化肥、农药的大量施用有关。三类及超三类土主要分布于巫山建坪一带，由自然高背景所引起。

（3）基于地质累积指数的污染评价

对全区各土壤采样点的重金属含量值进行地质累积指数计算，然后进行数理统计，全区不同级别污染区的面积比例见表 2.28。

表 2.28 三峡库区表层土壤环境质量评价结果（地质累积指数法） （单位：%）

污染级别	As	Cd	Cr	Cu	Hg	Ni	Pb	Zn
0	75.14	52.12	97.99	94.85	73.97	93.61	97.83	98.48
1	20.36	47.23	1.88	5.06	22.63	6.35	2.14	1.52
2	4.51	0.39	0.06	0.10	2.43	0.03	0.03	—
3	—	0.16	0.03	—	0.65	—	—	—
4	—	0.03	0.03	—	0.13	—	—	—
5	—	0.03	—	—	0.06	—	—	—
6	—	0.03	—	—	0.13	—	—	—

资料来源：唐将等，2008

由上可知，三峡库区土壤的 Cu、Pb、Zn 环境质量较好，采用 GB15618—1995 与地质累积指数两种评价方法的结果均表明，无污染区面积均达到 93% 以上，轻度污染区面积少于 5%，中度污染区面积少于 0.1%，没有中度以上污染区。采用两种评价方法时，Cd 的评价结果十分一致，无污染区（一类土）面积为 52% 左右，轻度污染区（二类土）面积约为 47%，中度及中度以上污染面积约为 0.5%，表明 Cd 存在区域性的轻度污染。

2.3.3 水环境

1993 年三峡工程正式开工建设，经过 10 年的建设期后，2003 年 6 月三峡工程正式开始蓄水，水位达到 135m，库区正式由河流转变为湖库。在接下来的分期蓄水中，2006 年水位达到 156m，2009 年水位达到 175m，实现最高水位。由于三峡工程不断的蓄水会使水体流量、流速和流态产生一定的变化，加之库区社会、经济的发展对库区的水质水环境也产生了较显著的影响。

2.3.3.1 总体水质

三峡库区的总体水质从蓄水前到一期蓄水、二期蓄水、三期蓄水，水质呈现出不规律的变化，总体以 II 类水质和 III 类水质为主（表 2.29）。主要超标物为石油类。库区达到 I 类水质的比例十分小，在 15 年的时间中只有 1998 年、2002 年、2009 年、2010 年出现了 I 类水质，且 I 类水质的比例在上升，特别是 2009 年达到最高蓄水位 175m 后，I 类水质的比例明显上升，且未达到 III 类水质标准的比例明显下降，说明三峡工程蓄水对库区水质产生了积极的影响。在库区蓄水前（2003 年以前），库区水质主要是 II 类水质，一期蓄水到二期蓄水期间（2003～2005 年），III 类水质占主导地位，二期蓄水到三期蓄水期间（2006～2008 年），未到达 III 类水质标准的比例猛增，三期蓄水后（2009 年后），库区水质以 I 类和 II 类为主，水质明显改善。三峡库区总体水质从蓄水前到最后蓄水期水质经历了波动式的变化，蓄水前的良好水质在一期蓄水和二期蓄水间水质有所下降，在完成三期蓄水后水质恢复，并比蓄水前有所提高。三峡库区水质经历这样的变化不仅与三峡工程的蓄水有关，也与三峡库区内社会经济发展、人民活动和政府采取的政策相关。

表 2.29　三峡库区水质总体状况　　　　　　　　　（单位：%）

年份	I 类	II 类	III 类	未到达III类
1996	0	26.1	41.3	32.6
1997	0	57.9	23.7	18.4
1998	7.5	50	20	22.5
1999	5	62.5	15	17.5
2000	0	75	10	15
2001	0	72.5	20	7.5
2002	9.4	18.7	31.3	40.6
2003	0	33.3	63	3.7
2004	0	29.2	70.8	0
2005	0	1.3	60.3	38.4
2006	0	6.4	52.6	41
2007	0	20.6	39.1	40.4
2008	0	12.2	40.4	47.4
2009	17.3	52.8	25.7	4.2
2010	25	52.1	22.2	0.7

資料来源：根据 1997～2011 年长江三峡工程生态与环境监测公报整理所得（其中 1996～2002 年结果是按照监测断面的季节性水质情况计算所得；2003～2004 年结果是按照监测断面不同水期的水质情况计算所得；2005～2010 年结果是按照监测断面不同月份水质情况计算所得）

2.3.3.2　库区干流水质

库区干流水质主要通过三峡库区长江干流监测断面的水质情况体现出来，库区干流的监测断面主要有 8 个，分别为朱沱、铜罐驿、寸滩、清溪场、沱口、官渡口、晒网坝、培石，这些断面都分布在不同的区县。三峡库区长江干流监测断面历年监测数据显示（表 2.30），库区干流水质良好，蓄水前后水质没有突出的变化，在蓄水前及一期蓄水 135m 后各断面水质全都未达到 I 类水质标准，其水质为 II～IV 类，二期蓄水 156m 后，2006 年培石断面达到了 I 类水质标准，但总体水质仍然没有明显的改善，直到三期蓄水 175m，达到 I 类水质标准的断面数量增多，且所有断面水质均达到III类水质标准及以上，库区干流水质有所改善。

表2.30 1996～2010年库区干流监测点水质情况

断面名称	1996年	1997年	1998年	1999年	2000年	2001年	2002年	2003年	2004年	2005年	2006年	2007年	2008年	2009年	2010年
朱沱	—	—	Ⅲ	Ⅱ	Ⅱ	Ⅱ	Ⅱ	Ⅱ	Ⅲ	Ⅲ	Ⅳ	Ⅲ	Ⅳ	—	—
铜罐驿	—	—	—	—	—	—	—	Ⅲ	Ⅲ	Ⅲ	Ⅲ	Ⅲ	Ⅳ	Ⅲ	Ⅲ
寸滩	Ⅳ	Ⅲ	Ⅲ	Ⅱ	Ⅲ	Ⅱ	Ⅱ	Ⅲ	Ⅲ	Ⅲ	Ⅳ	Ⅲ	Ⅳ	Ⅱ	Ⅰ
清溪场	Ⅱ	Ⅲ	—	Ⅱ	Ⅱ	Ⅱ	Ⅱ	Ⅱ	Ⅲ	Ⅲ	Ⅲ	Ⅲ	Ⅲ	Ⅱ	Ⅱ
沱口	Ⅱ	Ⅱ	Ⅱ	Ⅲ	Ⅴ	Ⅱ	—	—	—	Ⅲ	Ⅱ	Ⅱ	Ⅲ	Ⅲ	Ⅲ
官渡口	—	Ⅱ	Ⅱ	Ⅱ	Ⅱ	Ⅱ	Ⅳ	—	—	Ⅱ	Ⅱ	Ⅱ	Ⅱ	Ⅲ	Ⅱ
晒网坝	—	—	Ⅲ	—	—	—	Ⅳ	Ⅲ	Ⅱ	Ⅱ	Ⅱ	Ⅰ	—	Ⅱ	Ⅱ
培石	—	—	—	—	—	—	Ⅱ	Ⅲ	Ⅲ	Ⅰ	Ⅰ	Ⅱ	—	Ⅱ	Ⅰ

资料来源：1997～2011年长江三峡工程生态与环境监测公报（2001年后，根据各流域监测情况，对测控网点进行了调整）

2.3.3.3 库区支流水质

三峡库区支流众多，由于支流水体自净能力较干流差，而且库区许多城镇及高污染企业都临近支流，因此三峡工程的建设及库区的蓄水对库区支流水质的影响较干流更为明显。

（1）蓄水前库区支流水质

三峡工程蓄水前的监测数据表明，1996～2002 年，库区 13 条主要河流一级支流中，大溪河年度水质为劣Ⅴ类，汝溪河为Ⅳ～Ⅴ类，草堂河为Ⅳ类，其他基本为Ⅱ～Ⅲ类水质，水质状态较差（表 2.31）。

表 2.31　1996～2002 年三峡库区支流水质综合评价结果

河流	断面	枯水期	平水期	丰水期	全年
大溪河	万寿桥	Ⅴ	劣Ⅴ	劣Ⅴ	劣Ⅴ
龙河	金竹滩	Ⅲ	Ⅲ	Ⅲ	Ⅲ
汝溪河	高洞梁	Ⅴ	Ⅳ	Ⅳ	Ⅳ
汤溪河	乌洋溪大桥	Ⅲ	Ⅲ	Ⅲ	Ⅲ
磨刀溪	新津大桥	Ⅲ	Ⅲ	Ⅲ	Ⅲ
长滩河	故陵渡口	Ⅲ	Ⅲ	Ⅲ	Ⅲ
朱衣河	入长江前	Ⅳ	Ⅲ	—	Ⅲ
梅溪河	梅溪河大桥	Ⅲ	Ⅲ	Ⅲ	Ⅲ
草堂河	入长江前	Ⅳ	Ⅳ	—	Ⅳ
神女溪	神女溪	Ⅲ	Ⅱ	Ⅱ	Ⅱ
大宁河	龙门	Ⅲ	Ⅲ	Ⅲ	Ⅲ
小江	小江大桥	Ⅲ	Ⅱ	Ⅱ	Ⅱ
抱龙河	抱龙	Ⅲ	Ⅱ	Ⅱ	Ⅱ

（2）蓄水后库区支流水质

由于工业生产废水和生活污水未经处理（或处理不达标）而直接排放，导致部分次级河流水质严重恶化，不能满足其功能区要求。三峡水库区建成蓄水后，水体流速变缓，在支流部分河段形成大面积的静水区域，出现富营养化。从完成一期 135m 蓄水后的 2005 年开始，三峡库区长江一级支流断面水质富营养化状态越来越严重（表 2.32）。

表 2.32　2005～2010 年 3～10 月三峡库区长江一级支流断面水质类别

年份	各级水体综合营养状态的断面比例（%）					
	贫营养	中营养	轻度富营养	中度富营养	重度富营养	富营养合计
2005	19.23	73.08	7.69	0	0	7.69
2006	9.1	64.9	16.4	7.1	2.5	26.0

续表

年份	各级水体综合营养状态的断面比例（%）					
	贫营养	中营养	轻度富营养	中度富营养	重度富营养	富营养合计
2007	6.5	77.6	11.7	3.2	1	15.9
2008	2.6	77.3	15.7	2.7	1.7	20.1
2009	2.3	70.8	22.8	2.9	1.2	26.9
2010	2.1	63.9	27.6	5.9	0.5	34

资料来源：2006～2011年长江三峡工程生态与环境监测公报

由表 2.33 可知，自 2003 年蓄水后，库区水华现象逐年增多，发生的时间呈现出不规律性，但水华发生的时间主要是在春季和秋季。工程蓄水，流速变缓，库区正由河流转换为湖库，水中氮磷含量有所提高，从而造成支流、库湾回水区的富营养化和水华发生频率的上升。三峡库区水华暴发区主要在长江一级支流。库区一级支流共 31 条，其中流域面积大于 1000km^2 的有 13 条，不同支流的河口流量、气候条件、河道地理地质条件等差异极大。藻类优势种主要为硅藻门小环藻、甲藻门多甲藻、绿藻门空球藻、隐藻门隐藻，以及蓝藻门水华微囊藻等。其中，大坝干流江段为多甲藻主种群小环藻，坝区凤凰山库湾的星杆藻和多甲藻为优势藻，肉眼可见藻团颗粒，库区部分支流水华藻类优势种总体上呈现出由河流型（硅藻、甲藻等）向湖泊型（绿藻、隐藻、蓝藻等）演变的趋势。

表 2.33   2004～2010 年三峡库区水华发生情况统计

年份	首次水华时间	水华河流数量	最长水华距离（km）	最长水华历时（d）	优势藻类	发生水华次数
2004	2～6月	5	25	30	小环藻、星杆藻、多甲藻、实球藻、微囊藻	13
2005	3～7月	18	7	—	颤藻、拟多甲藻	22
2006	2～4月	15	7	—	小环藻、多甲藻、衣藻、隐藻、微囊藻	—
2007	3～10月	7	30	15	小环藻、多甲藻、空球藻、隐藻、微囊藻	—
2008	6～7月	11	20	>30	小环藻、多甲藻、衣藻、实球藻、微囊藻	13
2009	3～10月	17	—	—	小环藻、多甲藻、空球藻、实球藻、隐藻、束丝藻、微囊藻	—
2010	3～10月	17	—	—	小环藻、多甲藻、衣藻、束丝藻、微囊藻	24

资料来源：2005～2011年长江三峡工程生态与环境监测公报

因此，三峡工程蓄水，使库区河流转变为湖库，客观上造成库区水体流态发生变化，流速变缓，导致水体自净能力下降，对库区水质产生影响较大。而且人为因素所造成的库区环境污染问题进一步加剧了库区水环境质量的恶化趋势。

2.4 水土流失与污染

2.4.1 水土流失现状

三峡库区是我国水土流失最严重的地区之一。据长江水利委员会 2000 年水土流失遥感监测结果，库区水土流失面积达 2.96 万 km^2，占土地总面积的 51%，其中轻度流失占流失总面积的 18%，中度流失占 46%，强度流失占 24%，极强度和剧烈流失占 12%。库区年均土壤侵蚀量近 2 亿 t，是长江上游水土流失严重的四大区域之一。

水土流失主要发生在海拔 300～800m 的丘陵、低山地区紫色土及紫色岩母质发育的土壤分布区域（坡耕地及荒山荒坡）。三峡库区每年流失的泥沙总量达 1.4 亿 t，占长江上游泥沙的 26%。三峡库区大于 15° 的坡耕地约有 1 万 km^2，占耕地面积的 56.7%，部分区县水土流失面积统计见表 2.34。其中，坡耕地中大部分无灌溉条件，库区泥沙主要来源于坡耕地，水土流失十分严重，成为三峡库区主要的产沙源。从水土流失分布来看，高山区人口稀少，植被较好，水土流失较轻；低山区人口密度大，人为破坏严重，水土流失较重。强度侵蚀主要分布于江津、长寿、涪陵、丰都、万州、云阳、奉节等地的低山丘陵区。库区岩层破碎，碎屑物质多，水土流失潜力大。

表 2.34 三峡库区部分县市区水土流失面积统计表　　　（单位：km^2）

县市	微度	轻度	中度	强度	极强度	总面积
夷陵	54.46	544.60	2112.74	544.60	544.60	3810.00
秭归	108.90	27.23	381.22	1365.50	544.60	2427.45
兴山	272.30	435.68	1129.88	490.14	—	2328.00
巴东	272.30	108.90	217.81	1089.20	—	1688.21
巫山	544.60	190.61	544.60	1678.19	—	2958.00
巫溪	980.20	245.13	653.40	2151.26	—	4029.99
奉节	1742.33	326.76	1119.42	—	517.72	3706.23
云阳	272.25	136.15	272.30	1809.75	1143.55	3634.00
开县	789.60	136.15	544.60	2514.65	—	3985.00
万州	544.53	381.89	1007.40	736.28	544.60	3214.70
忠县	217.82	490.06	299.47	1176.64	—	2183.99
石柱	381.18	1007.39	408.40	1090.02	—	2886.99
丰都	299.51	544.53	408.40	1594.04	54.46	2900.94
涪陵	1034.69	27.23	1448.42	435.66	—	2946.00

续表

县市	微度	轻度	中度	强度	极强度	总面积
长寿	625.92	490.08	54.46	245.02	—	1415.48
重庆主城区	1116.31	163.38	598.99	2853.58	272.30	5004.56

资料来源：熊平生等，2006

水土流失以面蚀为主，面蚀主要分布在紫色砂泥岩丘陵、岩溶槽谷区及花岗岩中丘区；沟蚀主要分布在岩溶软弱的侏罗系遂宁组地层、志留系砂岩和元古代变质岩、花岗岩类出露区，沟蚀面积不大，但对土地的破坏作用很大，治理任务艰巨。重力侵蚀主要为滑坡、泥石流、崩塌等。此外，还有泥石流等混合侵蚀类型。从总体上来看，库区土地质量较差，主要表现为陡坡地与薄地较多，水土流失严重，土壤贫瘠。全区坡度大于 25°的坡耕地占 28%，坡耕地年土壤侵蚀量为9450 万 t，年入库泥沙量为 1890 万 t，由于陡坡垦殖及不合理的耕作方式，森林的乱砍滥伐，造成表土大量流失。特别是云阳、奉节、巫山、巫溪、巴东、秭归等县，山高坡陡，地质复杂，滑坡、泥石流频繁，35%左右的土地处在 25°以上的斜坡上，荒山荒坡、光头山较多，生产生活条件很差。

2.4.2 水土流失数量特征

据 2005 年最新遥感调查数据显示，重庆市三峡库区水土流失面积为 2.39 万 km^2，占库区土地总面积的 51.70%，高于全国 37%的平均水平，也高于长江流域 31.20%的平均水平，更高于邻近的四川省、贵州省和湖北省（表 2.35）。

表 2.35 重庆市三峡库区与周边地区水土流失对比表

项目	重庆市三峡库区	长江流域	四川省	贵州省	湖北省
水土流失面积（万 km^2）	2.39	56.20	15.00	7.32	6.08
土地总面积（万 km^2）	4.62	180.13	45.05	17.64	18.59
水土流失面积比（%）	51.70	31.20	33.30	41.50	37.20
年侵蚀量（亿 t）	0.90	24.00	10.00	2.50	2.10
平均侵蚀数[t/（km^2·a）]	3739.00	651.00	—	1432.00	—

资料来源：李月臣等，2009

从表 2.36 看出，水土流失面积中，轻度侵蚀面积为 5819.53km^2，占水土流失面积的 24.38%；中度侵蚀面积为 11 030.98km^2，占水土流失面积的 46.21%；强度侵蚀面积为 5880.17km^2，占水土流失面积的 24.63%；极强度侵蚀面积为1009.10km^2，占水土流失面积的 4.23%；剧烈侵蚀面积为 130.38km^2，占水土流失面积的 0.55%。中度侵蚀和强度侵蚀面积之和占到了库区水土流失总面积的 70.84%。重庆市三峡库区年土壤侵蚀总量达 8923.90 万 t, 平均土壤侵蚀模数高达 3739t/ (km^2·a), 远远高于贵州省 1432t/ (km^2·a) 和长江上游地区 1560t/ (km^2·a) 的平均水平。

表 2.36 重庆市三峡库区水土流失情况

侵蚀强度	面积（km^2）	占流失面积比例（%）	占土地总面积比例（%）
轻度侵蚀	5819.53	24.38	12.61
中度侵蚀	11030.98	46.21	23.90
强度侵蚀	5880.17	24.63	12.74
极强度侵蚀	1009.10	4.23	2.19
剧烈侵蚀	130.38	0.55	0.28

资料来源：李月臣等，2009

2.4.3 水土流失空间特征

从各类水土流失发生的部位来看，面蚀主要分布在旱坡耕地、荒山荒坡，以及植被覆盖度较低的疏幼林（草）地及残次林（草）地；而沟蚀是在面蚀的基础上产生和发展的，主要发生在顺坡耕作的坡耕地和泥岩、钙质泥岩、泥灰岩出露的斜坡地带。

从水土流失的空间分布来看，库区西段平行岭谷区地形平缓，耕地以水田为主；盆周山地虽然地形起伏大，但是森林草地覆盖率高，所以库区西段平行岭谷区及盆周山地水土流失较轻微。库区中段平行岭谷区和东段平行岭谷区水土流失严重，特别是东段平行岭谷区的开县至巫山段是重庆库区水土流失最严重的地区。

2.4.4 水土流失动态变化

2005 年水土流失遥感调查数据跟 20 世纪 90 年代中期遥感调查数据相比较，重庆市三峡库区的水土流失面积有了较大的减少，水土流失强度也有明显的下降。1995 年，三峡库区重庆段水土流失面积为 30 608.28km^2，到 2004 年年底水土流失面积为 23 870.16km^2，水土流失面积减少了 6738.12km^2，减幅高达 22%，减少的面积占重庆市三峡库区土地总面积的 14.60%；各级水土流失强度面积都有较大的减少，其中减少面积最大的为中度侵蚀面积，由 1995 年的 15 788.68km^2 减少到 2004 年的 11 030.98km^2，减少了 4757.70km^2，减幅高达 30.13%，其次是极强度侵蚀和强度侵蚀，分别减少了 1216.25km^2 和 516.22km^2，减幅分别达到了 54.70% 和 8.10%，表明重庆市三峡库区的水土流失状况得到了一定程度的控制，其动态变化情况见表 2.37。

表 2.37　重庆市三峡库区水土流失面积动态变化

| 年份 | 无明显流失 | | 水土流失面积 | | | | | | | | | | | | 合计 | |
| | | | 轻度 | | 中度 | | 强度 | | 极强度 | | 剧烈 | | | | | |
	面积（km²）	占流失面积（km²）	面积（km²）	占比（%）	面积（km²）	占比（%）	面积（km²）	占比（%）	面积（km²）	占比（%）	面积（km²）	占比（%）			面积（km²）	占流失面积（km²）
1995	15 550.25	33.69	5 994.88	19.59	15 788.68	51.58	6 396.39	20.90	2 225.35	7.27	202.95	0.66			30 608.28	66.31
2004	22 288.37	48.29	5 819.53	24.38	11 030.98	46.21	5 880.17	24.63	1 009.10	4.23	130.38	0.55			23 870.16	51.71
增减	6 738.12	14.60	−175.35	4.79	−4 757.70	−5.37	−516.22	3.73	−1 216.25	−3.04	−72.57	−0.11			−6 738.12	−14.60

资料来源：李月臣等，2009

2.4.5 三峡库区主要污染源

进入三峡水库的水污染物质除入库河流的污染物之外，库区直接排放的污染物将对水库局部水体水环境产生明显影响，其污染物来源包括工业废水、城市生活污水、农业污染物和船舶流动污染。

（1）工业废水

随着经济的发展，工业废水的排放量也随着增多，其对库区的水环境造成了严重威胁，从蓄水前的 1996 年开始，三峡库区工业直接排入长江的废水越来越多，特别是在 2003 年完成一期蓄水，水位达到 135m 后开始以较大幅度上升，2006 年完成二期蓄水，水位达到 156m 时，库区工业废水排放量达到最大值。库区直接排入长江的工业废水在经历了整顿后从 2007 年开始有所下降，其中 2008 年有小幅回升的趋势，2009 年继续开始下降，且下降幅度较大，总体上来看，库区工业废水直接向长江排放的控制情况有所提高。工业废水主要来源于重庆市主城区、长寿区、涪陵区、万州区，尤其是重庆市主城区，其工业废水排放量占了库区总量的一半。

工业废水中主要污染物为悬浮物、化学需氧量、石油类、挥发酚、硫化物、氨氮、六价铬，以及总磷，其中化学需氧量和氨氮所占比例较大。1996～2010 年，工业废水中，化学需氧量的含量一直远远高于其他类型污染物。表 2.38 列举了 1996～2012 年工业废水量与其中化学需氧量和氨氮污染物的具体数量。

表 2.38　1996～2012 年三峡库区工业废水情况

年份	工业废水（亿 t）	化学需氧量（万 t）	氨氮（万 t）
1996	0.78	2.86	0.22
1997	1.12	3.21	0.31
1998	1.27	2.82	—
1999	2.44	2.15	—
2000	1.28	1.47	0.03
2001	1.08	0.76	0.03
2002	1.44	0.94	0.04
2003	1.84	2.41	0.08
2004	2.43	2.42	0.15
2005	5.74	7.71	0.58
2006	6.28	8.11	0.64
2007	4.75	7.48	0.67
2008	5.58	7.7	0.57
2009	4.86	7.57	0.57

年份	工业废水（亿 t）	化学需氧量（万 t）	氨氮（万 t）
2010	3.19	5.93	0.43
2011	1.91	3.58	0.2
2012	1.73	3.31	0.2

（2）城市生活污水

三峡库区总面积为 5.99 万 km^2，人口众多，且城镇人口逐年增加，因此城市的生活污水也是三峡库区水环境污染的主要来源之一。从 1996～2012 年的数据来看（表 2.39），三峡库区成库以来，无论是蓄水前还是蓄水后，直接排入长江的城市生活污水整体上表现出上升的趋势，特别是蓄水后的上升趋势高于蓄水前，从 1996 年的 2048 亿 t 上升到了 2012 年的 7.31 亿 t。其中，蓄水前 1997～2000 年三峡库区直接排入长江的城市生活污水有略微的下降，但下降趋势不明显。城市生活污水呈现出这样的变化与城市人口数量和经济活动有密切关系。城市生活污水的排放量的分布情况与工业废水排放量的分布情况相似，主要分布在重庆市主城区、长寿区、涪陵区、万州区，其中重庆市主城区城市生活污水所占的比例高于工业废水所占的比例。

表 2.39　1996～2012 年三峡库区城市生活污水情况

年份	城市污水（亿 t）	化学需氧量（万 t）	氨氮（万 t）
1996	2.48	0.98	0.11
1997	3.79	13.83	1.25
1998	3.45	15.53	0.69
1999	3.23	14.52	0.69
2000	2.95	11.51	0.71
2001	3.17	12.38	0.77
2002	3.19	12.43	0.76
2003	4.04	15.77	0.97
2004	4.98	9.96	0.83
2005	4.09	9.26	0.94
2006	4.96	10.27	1.02
2007	4.78	9.26	0.93
2008	5.93	8.66	0.93
2009	6.23	8.77	1.3
2010	6.15	9.26	1.33
2011	7.06	14.44	2.56
2012	7.31	14.24	2.48

城市生活污水中主要污染物为生化需氧量、化学需氧量、总氮、挥发酚、总磷、氨氮，其中化学需氧量和氨氮所占比例较大，与工业废水中的污染物一样。1996～2012 年，城市生活污水中，化学需氧量的含量一直都远远高于其他类型污染物，从 2004 年开始，化学需氧量有所下降，2011 年开始继续上升。表 2.39 列举了 1996～2012 年城市生活污水量与其中化学需氧量和氨氮污染物的具体数量。

（3）农业污染物

库区农业污染物主要包括因水土流失导致的农田营养物质的流失和畜禽养殖业废物的流失等。随着化肥施用强度的增加，土壤保肥能力下降，大量的氮肥随着水土流失带入水库，这将加重水库的面源污染。三峡库区化肥使用量在增加，由于耕地面积的不同，化肥使用的总量反映的情况不能清楚地说明问题，从而进一步研究单位面积上的化肥使用量，这个数据能明显地反映出化肥使用的强度。每公顷化肥使用量起伏不定，1996 年、2000 年、2007 年的化肥使用强度都处于峰值，在 1997～1999 年和 2001～2005 年单位面积上化肥使用量较稳定，没有大幅度的变化，2006 年大幅增加，到 2007 年达到最大值 826.87kg/hm^2，随后开始下降。虽然从 2008 年开始三峡库区单位面积化肥量使用有所下降，但是单位面积化肥施用量远大于全国目前的平均施肥量（250kg/hm^2）。从表 2.40 中的数据可以看出，三峡库区化肥使用量的结构十分不合理，其化肥的种类主要是氮肥、磷肥和钾肥，几乎不使用其他类型的化肥，并且氮肥的数量明显高于磷肥和钾肥，一直存在氮肥占主要地位，钾肥施用量相对不足，重氮磷肥、轻钾肥的现象。

表 2.40　1996～2012 年三峡库区化肥使用情况

年份	化肥使用量（万 t）	氮肥（万 t）	磷肥（万 t）	钾肥（万 t）	其他（万 t）	每公顷化肥使用量（kg）
1996	18.06	12.17	4.43	0.23	1.23	684.20
1997	11.90	9.59	1.85	0.46	—	499.43
1998	12.66	9.34	2.26	1.06	—	551.50
1999	13.22	9.15	2.95	1.12	—	510.30
2000	15.37	10.68	3.51	1.18	—	732.03
2001	13.37	9.24	2.82	1.31	—	567.00
2002	12.86	8.85	2.79	1.22	—	554.31
2003	11.02	7.79	2.20	1.03	—	527.50
2004	11.20	7.57	2.57	1.06	—	562.20
2005	8.84	5.85	1.96	1.03	—	548.60
2006	15.42	10.29	3.60	1.53	—	817.40
2007	16.60	11.10	4.30	1.20	—	862.87
2008	14.07	10.14	3.09	0.84	—	720.00
2009	16.00	10.00	4.60	1.40	—	750.00

续表

年份	化肥使用量（万 t）	氮肥（万 t）	磷肥（万 t）	钾肥（万 t）	其他（万 t）	每公顷化肥使用量（kg）
2010	13.89	8.72	3.64	1.53	—	410.00
2011	15.50	9.30	4.11	2.09	—	410.00
2012	15.70	9.40	4.60	1.70	—	380.00

注：本数据主要是三峡库区 19 个区（县）的数据，其中 1996 年是 16 个区（县）的数据

资料来源：1997～2012 年长江三峡工程生态与环境监测公报

从三峡库区监测的 19 个区（县）来看，农药使用量与化肥使用量呈现出完全相反的趋势，整体上 2012 年农药使用量比 1996 年少，经过 16 年三峡库区农业的发展，农药使用量有所减少，三峡库区农药使用量减少幅度十分明显是在 1997～2000 年，随后农药使用量相对较平稳。单位面积农药使用量与总量的变化一致。农药使用量呈现出这样的变化趋势与农业技术的进步有一定关系。从表 2.41 的数据可以看出，三峡库区农药使用的结构比化肥使用的结构相对合理，其中有机磷类农药还略高于其他类型的农药。

表 2.41　1996～2012 年三峡库区农药使用情况

年份	农药使用量(t)	有机磷(t)	有机氮(t)	菊酯类(t)	除草剂(t)	其他 (t)	每公顷农药使用量（kg）
1996	1228.00	660.80	259.30	104.20	—	203.70	4.64
1997	1463.00	829.00	325.00	115.00	78.00	116.00	6.14
1998	964.00	609.00	187.00	65.00	32.00	71.00	4.60
1999	1160.60	524.90	217.70	110.00	77.30	230.70	4.48
2000	765.66	462.91	106.59	68.50	40.88	86.78	3.65
2001	791.46	473.67	92.31	80.53	37.23	107.72	3.22
2002	779.40	478.28	95.93	75.57	36.12	93.50	3.36
2003	645.37	399.20	81.75	41.79	31.52	91.11	3.09
2004	649.66	325.24	155.72	53.89	39.81	75.00	3.26
2005	541.05	257.64	136.45	48.55	38.24	60.17	3.11
2006	655.48	285.71	118.58	115.61	60.65	74.93	3.47
2007	654.10	294.07	110.59	112.96	63.14	73.34	3.40
2008	532.10	291.30	105.30	45.40	42.20	47.90	2.72
2009	699.40	344.20	157.80	66.90	78.40	52.10	3.28
2010	593.20	289.60	118.40	44.90	80.40	59.90	1.73
2011	701.80	327.04	145.27	51.23	112.99	65.27	1.84
2012	701.30	319.79	100.29	58.21	126.23	96.78	1.70

注：本数据主要是三峡库区 19 个区（县）的数据，其中 1996 年是 16 个区（县）的数据

资料来源：1997～2012 年长江三峡工程生态与环境监测公报

在三峡库区独特的地理单元中，随着农业生产活动的进行，所使用的化肥农药并不是都会被利用或吸收，其中有很大一部分通过各种途径流失到水体中，农业污染是库区面源污染的主要来源之一，这对三峡库区水质造成严重的威胁。从表2.42的数据来看，库区化肥面源污染累加日益严重，2006～2010年化肥年平均流失量为1.27万t，其中年均流失的总氮量为0.98万t；年均流失的总磷量为0.2万t；年均流失的总钾量为0.07万t。另外，从表2.43的数据来看，库区2006～2010年农药年平均流失量为42.52t，其中有机磷类农药年均流失量为25.04t，有机氮类农药年均流失量为6.14t，菊酯类农药年均流失量为3.58t，除草剂类农药年均流失量为4.07t。

表 2.42　化肥流失量　　　　　　　　　　　　　（单位：万 t）

年份	2006	2007	2008	2009	2010	2011	2012	平均
氮肥	0.90	1.11	1.02	1.11	0.87	0.93	0.94	0.98
磷肥	0.15	0.21	0.18	0.25	0.18	0.20	0.23	0.2
钾肥	0.04	0.06	0.06	0.07	0.08	0.10	0.08	0.07
总量	1.09	1.38	1.26	1.43	1.13	1.23	1.25	1.27

资料来源：2007～2013年长江三峡工程生态与环境监测公报

表 2.43　农药流失量　　　　　　　　　　　　　（单位：t）

年份	2006	2007	2008	2009	2010	2011	2012	平均
有机磷	26.56	23.48	22.6	27.7	23.2	26.22	25.50	25.04
有机氮	6.01	5.51	5.4	7.9	6	7.18	4.98	6.14
菊酯	6.17	5.62	2.3	3.4	2.2	2.51	2.89	3.58
除草剂	3.38	3.13	2.1	3.9	4	5.70	6.32	4.07
其他	5.87	3.54	2.5	2.7	3	3.28	4.81	3.67
总量	47.99	41.28	34.9	45.6	38.4	44.89	44.50	42.52

资料来源：2007～2013年长江三峡工程生态与环境监测公报

三峡库区山多地少，是我国重要的畜牧业生产基地，库区各县已成为本区域著名的肉类、禽蛋主产地。库区的大多数畜禽粪便未经无害化处理就直接堆放或排放；随着库区畜牧业的进一步发展，库区奶牛、猪、鸡等养殖量将增加；规模化、集约化大中型畜禽养殖场兴起，因此三峡库区的农业污染除了化肥农药的使用以外，畜禽粪便的面源污染问题变得越来越严重。

（4）船舶流动污染

三峡库区地处长江流域，跨湖北、重庆两省市，水资源蕴藏量十分丰富。三峡工程蓄水以后，江面变宽，大大地促进了长江航运的快速发展。同时，船舶数量也迅速增加，排污程度增大，库区的自净能力大为减弱。因此，必须关注三峡库区的船舶流动污染。船舶日常的油污染主要来自两个方面：一方面是船舶溢油；

另一方面是舱底油污水。据统计，库区船舶企业单位有 100 多家，拥有大小船舶近万艘，这些船舶除大型企业有排污治理措施外，许多中小企业没有治理措施，舱底油污水和洗舱水直接排入江内，造成油污染。根据抽测，有的油污水含油高达 50 000~60 000mg/L，而标准仅为 15mg/L，最大超标高达 3000~4000 倍，污染十分严重。从表 2.44 来看，船舶油污水的排放量存在波动，但总量始终在 40 万 t 以上，且平均每艘船的排放量也高达 60t，可见船舶油污水中石油类污染是库区重要的污染源之一。船舶上生活污水与生活垃圾的排放量较小，但由于基本没有进行处理就直接排放到水库水面，其影响不容忽视。

表 2.44 1998~2012 年三峡库区船舶流动污染情况

年份	排污船舶（艘）	油污水产量（万 t）	每艘排污量（t）	石油类排放量（t）
1998	8327	51.13	61.40	25.74
1999	8755	77.91	88.99	85.05
2000	7437	53.63	72.11	56.00
2001	7066	82.00	116.05	33.70
2002	5700	51.10	89.65	56.20
2003	5873	42.12	71.72	65.94
2004	6079	52.97	87.14	44.00
2005	6081	49.69	81.71	40.46
2006	6740	47.08	69.85	28.02
2007	6753	50.93	75.42	39.54
2008	6428	41.20	64.09	37.87
2009	6466	41.30	63.87	37.40
2010	7325	48.13	65.71	41.18
2011	7620	49.59	65.08	45.25
2012	8215	51.02	62.11	46.75

资料来源：1999~2013 年长江三峡工程生态与环境监测公报

2.5 库区生态环境成因与保护

2.5.1 生态环境的成因

2.5.1.1 自然因素

（1）气候因素

三峡库区属中亚热带湿润气候，夏季是三峡库区暴雨的极盛时期，热带西太平洋高压西伸入境，成为高温伏旱天气，同时又将南海及孟加拉湾一带的温湿空气带到重庆市上空为降水提供水汽来源，并与贵州省、湖北省一带的西南气流结合，从东部河谷入渝，导致暖湿气流在库区北部与南部环流而形成暴雨、洪灾[①]。三峡库区年降水量为 1010～1385mm，但季节分配不均，4～9 月为雨季，春末夏初多雨，5～9 月降水量占全年降水量的 60%～80%，且暴雨集中、历时短、强度大，这些是造成土壤侵蚀的重要因素，易造成滑坡、泥石流等山体地质灾害。山高、坡陡、雨量多、强度大的特点，使高山洪水直接对坡耕地造成威胁，加重了坡耕地的水土流失。由于大气污染形成酸雨，其流入水中，并且还会把陆地上的一些废物冲入水体，从而对水体造成严重污染。

（2）地质地貌因素

1）构造运动影响的 3 个褶皱带控制着库区的东北、西南方向，形成盆周中、低山相对抬升，中部背斜山岭发育形成低山丘陵，支流顺山势走向汇入长江，比降大，上下游落差上百米，地表径流搬运泥沙，造成河流下游淤积。此外，该区古地层的板岩、千枚岩、黏土层及紫色砂页岩软弱易碎，很容易受到水蚀，山势越陡峻侵蚀越严重，特别是在岩层断裂带，在水力及重力侵蚀下，更易引起泥石流、滑坡，造成严重的水土流失、河道阻塞、水库淤积。

2）地质因素主要是指土壤性状和岩性条件的差异对水土流失的影响。三峡库区位于青藏高原向长江中下游平原的过渡带上，山地、丘陵面积占 90% 以上，海拔为 73.1～2976.8m，从南北向长江河谷倾斜，地貌类型多样，地貌形态组合的地区分异明显，喀斯特地貌分布广泛，在东部和东南部地区则大量集中分布。由于三峡库区的地质条件，区域内地质灾害点多面广、类型多、危害性大，以滑坡、崩塌及泥石流居多。

3）地貌因素主要指坡度条件、植被条件和地面破碎程度。一般说来，坡度越大，越易产生径流，导致水土流失，据研究，20°～60°坡面侵蚀程度最大。植被条件的好坏直接影响着土壤侵蚀的程度。地面越破碎，则越起伏不平，斜坡越多，地表物质的稳定性降低，同时地表径流容易形成，由此加剧了水土流失。三峡库区大多是石质性丘陵低山区，大于 25° 的坡耕地占耕地总面积的 18.5%。库区森林覆盖率为 21.7%，沿江两岸不足 5%。库区地面较为破碎，古地层的板岩、千枚岩、黏土层及紫色砂页岩软弱易碎，很容易受到水蚀，山势越陡峻侵蚀越严重，特别是在岩层断裂带，建设工程断面，河岸陡坡，在水力及重力的侵蚀下，更易引起泥石流、滑坡，造成严重的水土流失。

（3）土壤因素

三峡库区的地带性土壤主要有黄壤、黄棕壤和棕壤，非地带性土壤主要有紫

---

① 王晖，廖炜，陈峰云，等.2007.长江三峡库区水土流失现状及治理对策探讨.人民长江，38（8）：34-36

色土、石灰土、粗骨土、水稻土、潮土等。

黄壤、黄棕壤与石灰土一般质地黏重，透水性差，易产生地表径流。一旦植被消失，土壤有机质迅速分解而缺乏补给，良好的土壤结构即遭破坏，抗蚀性能减弱，极易发生水土流失。而在紫色砂泥岩地区发育的紫色土和风化花岗岩地区发育的粗骨土透水性虽较好，但土层较浅薄，在失去植被保护、降水较大的情况下，易发生强烈侵蚀。

2.5.1.2 人为因素

（1）坡耕地多，垦殖率高

三峡库区是一个人多地少，地形复杂，山地居多的特殊地理单元。库区生产水平低，耕地后备资源不足，人们以开垦坡地广种薄收来满足粮食之需。据典型调查，山区每增加 1 人，相应增加坡耕地 $1300\sim1700m^2$，结果垦殖率越来越高，垦殖坡度越来越陡，土壤侵蚀量成倍增加。三峡库区现有坡耕地约占耕地总面积的 74%，有的耕作坡度竟达 60°左右。三峡库区农业生产方式落后，生产水平低下。随着人口的快速增长，为了满足日益增长的生产生活需求，人们不是大力在耕作方式上求得进步，而是不顾资源再生能力，为扩大耕作面积，大肆开荒种粮、滥伐林木、过度樵采、超载放牧，甚至毁林造田，人类对土地资源的不合理利用是引起土壤侵蚀、森林破坏、生物多样性减少、生态系统退化的主导因素。

（2）农业生产方式落后

三峡库区的农业生产方式采用的是传统的农业生产方式。随着 2009 年三峡工程的全部完工，蓄水高达 175m，淹没耕地 22.98 万亩，移民迁建占用耕地 7.32 万亩，人地矛盾突出，粮食的压力增大导致农田大量增施化肥，农业面源污染严重，以至对库区农村环境造成威胁。农业面源污染由化肥、农药、农用薄膜、农田土壤颗粒，以及其他有机或无机污染物质引起，其主要危害是污染土壤、水体和大气环境。农药、化肥的大量使用，再加上目前我国化肥利用率还较低，只有 30%～40%，并且化肥产品结构与施用比例不合理，会促进土壤中 CO_2 和 CH_4 的排放，有机肥和畜禽粪便堆放场地有大量氨气排放，使农村空气严重污染。在农业生产中农药对水体的污染有四条途径：一是直接向水体施药；二是农田使用的农药随雨水或灌溉水向水体迁移；三是大气中的残留农药随降水进入水体；四是农药使用过程中，雾滴或粉尘微粒随风飘移沉降进入水体，以及施药工具和器械清洗的废水进入水体。在现代农业生产过程中，一般只有 10%～20% 的农药附着在农作物上，而 80%～90% 的农药流失在土壤、水体和空气中，通过灌溉、降水等淋溶作用污染地下水。因此，不同水体遭受农药污染的程度依次为农田水＞田沟水＞径流水＞塘水＞浅层地下水＞河流水＞自来水＞深层地下水。

农药和化肥的大量使用不仅使不少农田土壤层有害元素含量超标、板结硬化，土壤结构遭到破坏，还会导致农田水中的营养物质含量上升，从而出现水体富营养化现象。农用薄膜、农药瓶、包装袋等化学物品属于不易降解物品，这些化学物品被遗留在农田中同样会对土壤、水体、大气造成严重的污染，从而影响库区的环境。

（3）植被破坏

三峡库区森林覆盖率低而且品种单一，用材林占 87%，经济林、防护林、薪炭林仅占 13%。管理上重采轻造，许多火烧、采伐迹地裸露。此外，在灰岩区还有灌丛草坡，植被覆盖率为 35%，但由于放牧和垦殖也加剧了水土流失。一些支流沿岸的植被，由于耕垦、建筑、交通建设等几乎砍伐殆尽，重力侵蚀加剧，垮塌、滑坡随处可见。

（4）工程建设和城市发展的影响

大的工程项目和城市建设中没有注意到对环境的影响，特别是没有采取很好的善后处理措施，缺乏水土保持生态环境保护意识，有的造成严重的水土流失，有的造成山体失稳，致使滑坡、崩塌时有发生，有的造成严重的水、空气、噪声污染。随着山区建设和移民开发的推进，交通、矿业、建筑、水电等部门在开采、基建作业过程中，往往忽视必要的生态环境保护措施，随意弃置废土、废石、矿渣和尾沙，造成新的生态环境破坏。由于破坏大于治理，库区生态环境破坏日益加剧。

2.5.2 加强生态环境保护的建议

三峡库区生态环境的保护是事关三峡工程长久安全运行和长江流域社会经济正常发展的大事。随着库区水位的抬高，潜伏的滑坡崩塌重力侵蚀可能受到激发，同时 600km 长的库区水流速减慢，净化能力减弱，排洪能力降低，容易在库区回水区形成泥沙淤积和污染带，影响水利工程寿命和防洪发电效益，因此应及早做好库区水保工作和环境保护。

2.5.2.1 完善环境保护规划，健全工作机制

三峡库区要深入学习贯彻科学发展观，及时研究制定三峡库区生态环境保护的总体战略，组织编制《三峡水库生态环境保护总体规划》及配套规划，健全完善库区生态环境保护的工作机制，坚持政府领导、各方参与、综合治理、稳步推进、讲求实效等原则，运用生态环境学、生态经济学和区域经济等理论和思想，遵循自然和社会的客观规律，统一规划，合理布局，分步实施，依靠科技支撑，有效地协调好经济发展、移民安置、资源永续利用和生态环境保护的关系，促进

地方经济发展、移民脱贫致富、生态环境良好保护、和谐社会建设、人与自然和谐相处。

2.5.2.2 完善环境保护的相关法规，依法开展工作

三峡库区生态环境保护的主要目的是为了提高社会效益和环境效益，因此政府应该是生态环境保护工作的主要承担者。各级政府应通过必要的立法和行政手段贯彻实施生态环境保护的一系列策略。国家及重庆市、湖北省人民政府应组织力量，根据库区实际健全完善生态环境保护的相关法律法规，明确各方关系、利益及职责，依法开展其工作，用法律支撑和保护库区生态环境保护工作，做到有法可依、依法办事、有序开展、规范进行。

2.5.2.3 深化综合措施，加强重点保护工作

一是健全完善水库管理机构，制定系统配套方法和措施，采取经济、行政和法律等综合手段进行生态环境的保护与管理，保证库区用水、地质和生态环境安全。二是重点加强库区地质灾害治理、消落区治理等生态环境保护突出问题的治理工作，不断提高其治理效益。三是要在库区全面推进节能减排、清洁生产，对现有工矿企业加强"三废"治理，强化对库区水、气、噪声的防治工作，确保城乡生活废水和工业废水、废气、噪声及船舶废水排放全部达标。四是在农村全面推广实施"一池三改"、新型农药和配方施肥技术等综合措施，努力控制和防治农村面源污染。五是进一步加大综合治理库区水土流失力度，统筹实施长江防护林、水库生态屏障带建设、天然林资源保护、退耕还林还草、水土保持工程、农业生态工程、生态建设综合治理等"蓝天青山绿水蓝天工程"。六是有序实施生态移民。适时编制生态移民规划，采取多种方式进行安置，并强化管理，促进生态移民有序进行。七是进一步加强和完善三峡水库生态与环境监测系统，特别是加强对移民安置区的生态环境监测工作，为确保移民安置区生态环境安全发挥重要作用。八是科学实施水库生态调度，统筹兼顾防洪、发电、航运、供水及生态等，合理制定水库生态调度方案，科学实施生态调度，确保库区水环境和河流生态健康。

2.5.2.4 利用科技支撑提高环保效益

科技支撑在库区生态环境保护工作中起着关键性的作用，可显著提升环保工作的效益。一是库区政府要制定并实施有利于科研工作、科技创新的倾斜政策，提供良好的研究试验、生产经营的"软硬件"环境，引导和发展库区的科研工作与科技创新，同时加强国内和国际间的科技合作和科技交流，学习和借鉴先进的技术和成熟的保护与治理模式。二是加强库区防灾减灾工作，建立灾害综合防御

体系，包括防灾减灾技术体系、灾害监测预警体系等，强化生态环境保护。三是全面推广发展循环经济，加强库区生态环境综合治理。在推广发展农村循环经济中，把大农业的山、水、林、田、路配套开发，利用现代科学技术来设计生态工程，逐步建立农村循环经济及生态农业技术体系，实现农业的可持续发展。在推广运用城镇循环经济中，要加强城镇废物综合利用和废旧资源回收利用，重点推进高效低能的城镇污水处理技术与生活垃圾资源化技术的研究和开发，应用和推广国内外先进的节能降耗减排技术、污染防治技术、生态修复技术、环境生物技术，促进城镇治污及循环经济发展。四是开展消落区的生物治理、工程治理和高新技术治理的科研工作，研究工程治理的环保、材料、设计、施工等技术和措施，研究生物治理的耐淹水陆两栖植物栽培和植被恢复及生态保护模式等科学技术和措施，充分提高其治理的综合效益。五是开展水环境治理与恢复关键技术研究，尽快开展污水再生全流程技术、经济高效污水回用技术、雨水水文循环修复技术等研究工作。六是要引进和采用新方法、新技术、新工艺、新材料等先进科学技术，加强生态环境保护综合管理工作，加强库区生态环境监测、预警及管理工作。

2.5.2.5 进行理论、科技、政策和管理创新

三峡库区生态环境保护工作中出现了诸如水库生态调度、水环境保护与恢复、地质灾害防治、消落区治理、水土流失综合治理、生物多样性保护等重大问题及新问题，需要进行理论创新、科技创新、政策创新和管理创新。一是要在综合分析三峡水库现状调度方式对水生态影响及存在问题的基础上，积极探索模拟自然水文情势的水库泄流方式、降低水库温度分层影响、库区泥沙调控及水库富营养化、防污调控、维持库区水生态健康及下游河道基本功能需水量等理论及方法，研究和创新"蓄清排浑""人造洪峰""干支流错峰调度"等水库生态调度方式及技术。二是水环境保护与恢复应用研究，引进目前世界发达国家综合进行水资源和水污染管理的理论，如水资源综合管理、面向可持续发展的水管理、需水管理及水区管理等管理理论、管理模式和管理技术，结合三峡水库实际进行创新发展，从以往单纯的水污染控制转变为全方位的水环境恢复，由单项技术研究转向综合治理策略研究。三是应研究建立崭新的用水模式和技术，发展健康的社会水循环工程，包括节制用水、污水深度处理和有效利用、污水处理厂污泥回归农田、恢复城市雨水循环途径、农业面源污染控制，以及水资源统筹管理等。四是有针对性地研究库区地质灾害防治的新理论、新方法、新技术、新工艺、新材料，努力提高地质灾害防治的效率和效益。五是加强研究消落区治理和管理工作中涉及资金筹措、占用库容、泥沙淤积、科技治理、土地使用性质转变及审批等新问题，在管理、政策等方面创新，确保消落区治理和管理效益。

六是建立小流域的水环境恢复及水土综合治理示范工程，积累经验，为实现更大规模的水环境恢复及大范围水土综合治理提供借鉴。七是创新库区生物多样性保护思路，结合行政行为和市场行为，利用国家资源、社会力量、民间力量、科技力量，国内外多方筹措资金，优化保护方案和保护技术，优化管理，努力搞好生物多样性保护工作。

3

人口发展变化

3.1 三峡库区人口总量与密度①

人口总量是人口统计中最为基本的指标，掌握人口总量的变动状况有助于了解一个国家或地区的人口情况、制定人口和社会发展计划，以及进行各种人口研究。三峡库区自工程开工以来，历经了库区人口搬迁与重庆市直辖两个重大事件，人口总量也随之发生了重大变化。

3.1.1 人口总量

3.1.1.1 总体情况

1997～2012 年，三峡库区户籍人口总量变化见表 3.1。从表 3.1 中的数据可以看出，三峡库区 10 多年来人口总量的时间变化特征。

表 3.1 1997～2012 年三峡库区总人口变化情况表

年份	年末总户籍人口（万人）	全国总人口（万人）	占全国总人口比重（%）
1997	1930.94	123 626	1.562
1998	1940.43	124 761	1.555
1999	1948.61	125 786	1.549
2000	1960.69	126 743	1.547
2001	1962.37	127 627	1.538
2002	1976.84	128 453	1.539

---

① 若无特别说明，本章中数据的来源为历年《中国统计年鉴》、《重庆统计年鉴》、《湖北统计年鉴》。全国总人口未含港澳台地区

续表

年份	年末总户籍人口（万人）	全国总人口（万人）	占全国总人口比重（%）
2003	1985.40	129 227	1.536
2004	1998.66	129 988	1.538
2005	2016.18	130 756	1.542
2006	2033.98	131 448	1.547
2007	2055.25	132 129	1.555
2008	2067.98	132 802	1.557
2009	2081.19	133 450	1.560
2010	2096.88	134 091	1.564
2011	2115.59	134 735	1.570
2012	2125.46	135 404	1.570

1997 年，三峡库区所涉及人口总量为 1930.94 万人，占当时全国总人口的 1.562%，到 21 世纪之初的 2001 年，三峡库区总人口比 1997 年增加了 31.43 万人，占全国人口比重下降为 1.538%，下降了 0.024 个百分点。从 2003 年开始，库区总人口占全国总人口的比重一直呈上升趋势，到 2012 年库区总人口为 2125.46 万人，占全国比重达 1.570%，是自 1997 以来的历史最高值。

从图 3.1 户籍人口的增速来看，由于移民与人口流动的原因，重庆市及三峡库区户籍人口的增速均表现出明显的波动性，不像全国户籍人口增速呈明显下降的趋势。三峡库区户籍人口增速起伏较大，增速最快时为 2007 年，达 10.46‰，最慢时为 2001 年，户籍人口增速仅为 0.86‰。从库区内部来看，库尾地区户籍人口增速较快，高于重庆市和三峡库区的平均水平，而库首地区户籍人口增速十分缓慢，多个年份的户籍人口呈负增长态势。

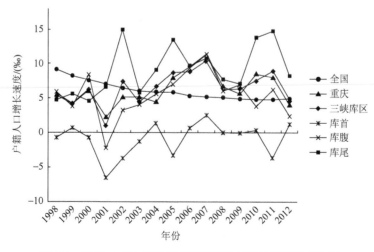

图 3.1　1998～2012 年三峡库区户籍人口增长速度及对比图

从横向对比来看，三峡库区人口增长速度较快。1997～2012 年，三峡库区年平均增速为 6.42‰，高于这一时期全国的年平均增速 6.09‰。其主要原因是三峡库区区域经济差异较大，重庆市主城 9 区经济发展较快，吸引了大量市内（包括重庆市非库区的其他区县）和市外的人口，导致整个库区户籍人口增速较快。这一时期，重庆市主城区和整个重庆市户籍人口年平均增长速度分别为 11.89‰和 6.3‰，主城区明显扮演着拉动整个库区户籍人口快速增长的角色。

3.1.1.2　空间分布特征

三峡库区内部地形起伏较大，库尾地区和库首的夷陵区地势相对平坦，而库腹多为山区，居住条件相对较差。再加之不同的历史沿革及近年来经济发展的区域差异性，库区内部人口分布极其不均衡。

利用 ArcGIS 将三峡库区各区县 1997 年、2004 年和 2012 年年末户籍总人口按等距离分类，结合库区人口的实际情况，按 20 万人口距离间隔，共分为 9 类。由图 3.2 可以看出，库区内部人口空间分布具有以下特征。

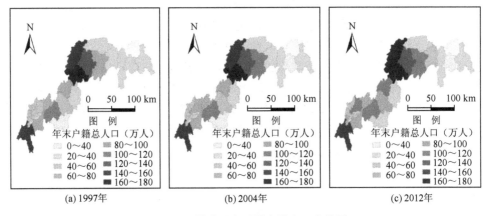

图 3.2　三峡库区各区县户籍人口变化图

1）百万人口以上的区县多位于库腹地区。2012 年，人口超过百万的区县有万州、开县、江津、云阳、涪陵、渝北、奉节和忠县 8 个区县，除江津和渝北以外，其他 6 个区县均属于库腹地区，1997 年人口超过百万的区县只有 5 个，除江津外，其他均为库腹的区县。

2）万州区人口最多，兴山县人口最少。自重庆市直辖的 1997 年起，三峡库区 26 个区县中户籍人口最少和最多的一直为湖北省的兴山县和重庆市的万州区，2012 年这两个区县的户籍人口分别为 17.47 万人和 175.09 万人，相差约 10 倍。

3）重庆市主城区户籍人口增速加快，个别区县人口呈负增长。1997～2012 年，大部分区县户籍人口都处于增长状态，增长速度最快的南岸区，年平均增速达 24.94‰，其次是渝北区，年平均增速为 23‰；全库区只有渝中区、兴山县和秭归县的户籍人口处于负增长状态。

3.1.2 人口密度

人口密度反映了一个地区人口的稠密程度，是测量人口分布的重要指标之一。人口密度是指单位土地面积上居住的人口数，通常以每平方千米常住人口数表示。由于我国常住人口统计口径变化的原因，所以三峡库区人口密度从 2006 年开始进行测算。

从表 3.2 中可以看出，三峡库区人口密度均呈上升趋势。据中国统计年鉴，我国近几年的人口密度约为 140 人/km²，三峡库区整体人口密度是全国平均水平的两倍多，低于重庆市整体的人口密度。

表 3.2　2006～2012 年三峡库区人口密度及其对比表　（单位：人/km²）

地区	2006 年	2007 年	2008 年	2009 年	2010 年	2011 年	2012 年
全国	137	138	138	139	140	140	141
重庆市	341	342	345	347	350	354	357
三峡库区	326	327	330	333	339	343	347
库首	131	131	131	130	128	127	128
库腹	240	239	240	241	239	238	237
库尾	853	866	881	891	938	967	991

库区内部人口密度差异巨大，库腹和库尾地区人口密度超过全国平均水平，其中库尾地区人口最为密集，约为全国和库首地区人口密度的 7 倍，且库尾地区人口密度呈现明显的上升趋势[①]。

从人口密度的时间变化来看，全国、重庆市和三峡库区的人口密度整体上是呈上升趋势的，但仔细观察库区内部可以发现，库首和库腹地区的人口密度呈下降态势，库腹地区尤为明显。这表明库腹地区常住人口是减少的，人力资本有外流的趋势。

就各区县而言，库区内部人口密度差异巨大，2012 年人口密度最大的重庆市渝中区人口密度达 29 514 人/km²，而人口密度最小的湖北省兴山县仅为 73 人/km²，二者相差极大。2006 年和 2012 年库区人口密度用 ArcGIS 9.3 分为 6 类（表 3.3），并在地图上进行分类显示（图 3.3）。

---

① 库首、库腹和库尾地区的划分仍旧参照 1995 年农业部的划分方式。下同

表 3.3　人口密度类型区分级表

人口密度类型区	集聚核心区	高度核心区	中度集聚区	低度集聚区	一般过渡区	相对稀疏区
人口密度值（人/km²）	>1000	501~1000	401~500	201~400	101~200	<100

注：根据三峡库区具体情况，对稀疏区进行了合并

资料来源：葛美玲和封志明，2009

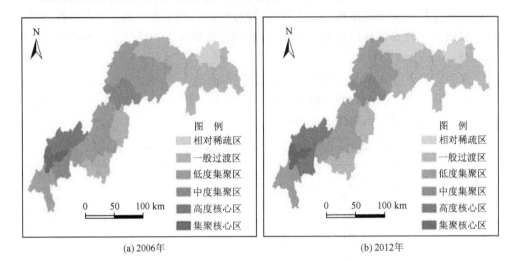

(a) 2006年　　　　　　　　　　　　(b) 2012年

图 3.3　三峡库区人口密度空间变化图

从图 3.3 中可以明显地看出，三峡库区人口分部呈明显的区域集聚态势，库首地区人口相对稀疏，而库尾地区人口高度集聚，其具体空间分布特征如下。

1）重庆市主城区人口高度集聚。2006~2012 年，人口密度在 400 人/km² 以上，及人口密度类型属于中度集聚区及以上的区县一直是重庆市的渝中区、大渡口区、江北区、沙坪坝区、九龙坡区、南岸区、渝北区、北碚区、长寿区、巴南区和万州区，除长寿区和万州区外，其他区县正是重庆市主城 9 区；并且属于集聚核心区的渝中区、大渡口区、江北区、沙坪坝区、九龙坡区和南岸区紧密相连，集聚于重庆市主城区中心。

2）万州区人口集聚明显。万州区作为重庆市主城区以外的最大中心城市和快速成长的第二大城市，其人口集聚现象明显，2012 年人口密度为 458 人/km²，为三峡库区中段唯一一个人口中度密集的区县。

3.2　三峡库区人口结构

人口结构是指一个国家或地区总人口中的年龄、性别、就业，以及教育程度

等社会人口特征的分布状况和关系状况。人口结构就是描述人们在社会中的位置，以及人与人之间的关系。研究人口结构有助于掌握三峡库区人口发展变化的趋势及社会经济发展的方向。

3.2.1 人口年龄结构

人作为生产者与消费者的统一，人出生之后首先成为消费者，然后成长为一名劳动者或生产者，但消费始终伴随，最后随着年老又成为消费者。国际上通常将0～14岁儿童归为少儿人口，15～64岁归为劳动年龄人口，65岁以上归为老年人口。不同的年龄组人口具有不同的经济行为，对社会经济增长的影响也不相同。

人口年龄结构描述了一国人口的年龄分布状况，通常以总抚养比指标来衡量。总抚养比又分为少儿抚养比（即0～14岁少儿人口占15～64岁劳动年龄人口的比重）和老年抚养比（即65老年人口占15～64岁劳动年龄人口的比重），二者之和为总抚养比。一个地区的总抚养比率越高，其受抚养人口对经济造成的抚养负担越重。

从两次普查数据可以看出（表3.4），目前三峡库区人口年龄呈现"中间大、两头小"的结构，表明库区人口劳动力供给充足，社会负担相对较轻。两次普查库区劳动年龄人口占比都在70%以上，目前的总抚养比处于50%以下的"人口红利期"。2000年，三峡库区劳动年龄人口占比为71.4%，2010年上升到73.34%，同时总抚养比也有明显下降，表明在这期间，库区内人力资本充足。

表 3.4　三峡库区人口年龄结构及其对比表

时点	地区	占总人口数的百分比（%）			年龄构成指数（%）		
		0～14岁	15～64岁	65岁及以上	总抚养比	少儿抚养比	老年抚养比
"五普"	全国	22.89	70.15	6.96	42.55	32.63	9.92
	重庆市	21.84	70.15	8.01	42.55	31.13	11.42
	三峡库区	20.50	71.40	8.10	40.07	28.71	11.36
"六普"	全国	16.60	74.53	8.87	34.17	22.27	11.90
	重庆市	17.00	71.28	11.72	40.30	23.85	16.45
	三峡库区	15.35	73.34	11.31	36.34	20.92	15.42

注：表中数据是根据2000年和2010年全国人口普查数据、重庆市人口普查数据、湖北省人口普查数据整理得到的

三峡库区的年龄结构与重庆市和全国无较大差异，但其内部的差异性较大（表3.5）。"五普"和"六普"时，库腹地区总抚养比均为最高，总抚养比的值都是47.14%。但两次普查时抚养比的构成发生了明显变化，"五普"时，库腹

少儿抚养比和老年抚养比分别为 36.12%和 11.01%，而"六普"时，变为了 29.22%和 17.92%，其少儿抚养比下降，老年抚养比上升。库腹地区抚养比较高的原因是库腹地区大量劳动年龄人口外出务工，只有留守儿童和老人在库区，所以造成常住人口的抚养比明显偏高。

表 3.5　三峡库区内部的人口年龄结构及其对比表

时点	地区	占总人口数的百分比（%）			年龄构成指数（%）		
		0～14 岁	15～64 岁	65 岁及以上	总抚养比	少儿抚养比	老年抚养比
"五普"	库首	19.98	71.45	8.57	39.95	27.96	11.99
	库腹	24.55	67.96	7.49	47.14	36.12	11.02
	库尾	15.77	75.47	8.76	32.50	20.89	11.61
"六普"	库首	12.57	76.60	10.83	30.54	16.41	14.13
	库腹	19.86	67.96	12.18	47.14	29.22	17.92
	库尾	11.67	77.73	10.60	28.65	15.01	13.64

资料来源：表中数据是根据 2000 年和 2010 年全国人口普查数据、重庆市人口普查数据、湖北省人口普查数据整理得到的

从人口年龄类型来看，联合国把人口年龄结构划分为 3 种类型：年轻型、成年型和老年型，划分标准见表 3.6。将三峡库区两次普查的数据与表 3.6 对比分析可以清晰地发现，三峡库区人口年龄结构类型属于典型的"老年型"。

表 3.6　联合国对人口年龄结构类型的划分标准

类型	年轻型	成年型	老年型
65 岁以上老年比重	4%以下	4%～7%	7%以上
0～14 岁少年儿童比重	40%以上	30%～40%	30%以下
老少比	15%以下	15%～30%	30%以上
年龄中位数	20 岁以下	20～30 岁	30 岁以上

资料来源：曲海波，1988

3.2.2　人口性别结构

人口的性别结构是指男性和女性在人口中所占比例及其相互关系。通常以女性人口为 100 来计算对应的男性人口的数值，即性别比，又称为性别比例。三峡库区人口性别结构见表 3.7。

表 3.7　三峡库区人口性别结构及其对比表

时点	地区	合计	男	女	性别比（%）
"五普"	三峡库区	19 934 247	10 360 391	9 573 857	108.22
	库首	1 629 384	860 909	768 476	112.03

续表

时点	地区	合计	男	女	性别比（%）
"五普"	库腹	9 948 876	5 170 052	4 778 824	108.19
	库尾	8 355 987	4 329 430	4 026 557	107.52
"六普"	三峡库区	19 552 630	9 917 365	9 635 265	102.93
	库首	1 478 763	762 397	716 366	106.43
	库腹	8 613 110	4 346 590	4 266 520	101.88
	库尾	9 460 757	4 808 378	4 652 379	103.35

资料来源：表中数据是根据 2000 年和 2010 年全国人口普查数据、重庆市人口普查数据、湖北省人口普查数据得到的

多数学者认为人口性别比的正常值范围为 95～102。如果人口性别比为 90～105 之外，则常被视为"极端"现象，即异常。据此分析，2000 年人口普查时三峡库区人口性别比表现为异常，而 2010 年"六普"时，三峡库区性别比明显下降，接近于正常值范围（图 3.4）。

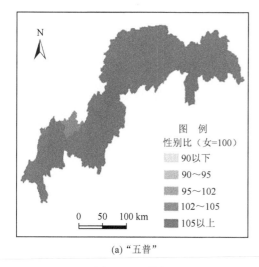

(a) "五普"

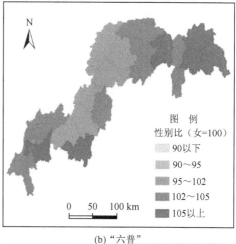

(b) "六普"

图 3.4　三峡库区"五普"与"六普"人口性别结构空间变化图

从库区每个区县的情况可以看出，三峡库区各区县性别比有明显的区域差异，性别结构变动也十分明显。"五普"时，除长寿区性别比小于 105 外，其他区县人口性别比均处于异常状态，男性人口明显偏多。最高的为武隆县，男女比例高达 115.3∶100；"六普"时，三峡库区人口性别比整体偏于正常，其中渝中区和万州区还出现了男性人口少于女性人口的情况，其性别比分别为 98.53 和 99.39。另外，除巫山县、巴南区、秭归县、夷陵区和兴山县人口性别比高于 105 外，其

他区县人口性别比均为 90~105，为"非极端"现象。值得注意的是，从三峡库区"五普"到"六普"人口性别结构比的空间变化可以看出，"六普"时库腹地区的男性占比明显减小，反映出库腹地区男性适龄劳动人口大量流出。

3.2.3 人口受教育程度

人口受教育程度是反映一个国家人力资本变动的重要指标。我国人口普查中的人口受教育程度是指 6 岁及 6 岁以上人口按照国家教育体制所接受教育的最高学历，按照不同的受教育程度大致分为未上过学（包括扫盲班）、小学、初中、高中（包括中专）、大学专科、大学本科、研究生共 7 类。采用国际上通用的计算方式，即平均受教育年限=未上过学人口比重×0+小学人口比重×6+初中人口比重×9+高中（包括中专）人口比重×12+大专及以上人口比重×16（表 3.8）。

表 3.8   三峡库区 6 岁及以上人口受教育程度及其对比表

时点	地区	平均受教育年限（年）	受教育程度构成（%）				
			未上过学	小学	初中	高中（包括中专）	大专及以上
"五普"	全国	7.62	9.54	38.18	36.52	11.95	3.81
	重庆市	7.25	9.02	46.82	31.83	9.29	3.04
	三峡库区	7.54	8.35	43.93	32.6	11.21	3.91
"六普"	全国	8.81	5.00	28.75	41.70	15.02	9.53
	重庆市	8.53	5.00	36.00	35.78	14.15	9.07
	三峡库区	8.86	4.41	32.92	35.64	16.22	10.81

资料来源：表中数据是根据 2000 年和 2010 年全国人口普查数据、重庆市人口普查数据、湖北省人口普查数据得到的

从普查数据可以看出，2010 年三峡库区未上过学的人口数量为 812 882 人，比 2000 年未上过学的人口数量减少了将近一半，占 6 岁及 6 岁以上人口的 4.41%。2010 年，三峡库区高中以上学历的人口数量为 1 991 325 人，占 6 岁及 6 岁以上人口的 10.73%，比"五普"时的 3.94%增长了 6.79 个百分点，表明近 10 年来三峡库区受高等教育的人口在逐渐增加，人口文化水平在快速提高、人力资本水平在稳步提升。

从表 3.8 中可以看出，"五普"时，三峡库区和重庆市整体的平均受教育年限都低于全国平均水平，其中三峡库区还略高于重庆市平均水平。库腹地区平均受教育年限只有 6.78 年，初中及以上占比只有 37.02%，受教育水平明显偏低；到"六普"时，库区受教育年限略高于全国和重庆市的平均水平，这主要是因为库尾地区集结了大量优质的教学资源，尤其是大学教育，从而拉升了库尾地区平均受教育的年限，进而提升了整个库区平均受教育的水平。但库区内部差异依然明显，库腹地区平均受教育水平还是相对最差的（表 3.9）。

表 3.9　三峡库区内部 6 岁及以上人口受教育程度及其对比表

时点	地区	平均受教育年限（年）	受教育程度构成（%）				
			未上过学	小学	初中	高中（包括中专）	大专及以上
"五普"	库首	7.44	8.61	42.01	36.18	11.19	2.01
	库腹	6.78	10.53	52.45	29.10	6.45	1.47
	库尾	8.40	5.79	34.51	35.93	16.68	7.09
"六普"	库首	8.57	4.66	31.54	40.10	18.21	5.50
	库腹	7.87	6.34	41.96	35.08	11.76	4.87
	库尾	9.79	2.67	25.13	35.44	19.85	16.91

资料来源：表中数据是根据 2000 年和 2010 年全国人口普查数据、重庆市人口普查数据、湖北省人口普查数据得到的

3.3　三峡库区人口流动

3.3.1　人口流动的规模

根据重庆市以及湖北省"五普"和"六普"数据，采用人口流动模型对所涉及的人口指标进行整理，得到三峡库区跨县（区）人口流动的总体数据（表 3.10）。测算结果表明，2000 年三峡库区总体上属于人口净流入区域，全库区流入量为 802 672 人，人口流出量为 480 886 人，净流出人口–321 786 人，净流出率为–1.61%（净流出人口在库区总人口中的比重）。而 2010 年三峡库区总体上属于人口净流出区域，全库区人口流出量为 3 965 369 人，人口流入量为 2 476 562 人，净流出人口为 1 488 807 人，净流出率为 7.61%。出现这种情况的原因是，随着 1997 年重庆市的直辖，大量的城市建设者和高科技人才涌入重庆市主城区，虽然三峡工程有外迁移民，但总量上是小部分，加上 2000 年处于一期移民完成，二期移民刚开始的阶段，所以 2000 年库区总体上属于人口净流入区域。而 2010 年三峡库区移民的全面完成和我国外出务工移民的浪潮导致了三峡库区大量人口流出，从而致使 2010 年三峡库区总体上属于人口净流出区域。

表 3.10　三峡库区"五普"与"六普"人口流动情况表

年份	地区	流出量（人）	流入量（人）	净流出量（人）	净流出率（%）
"五普"	三峡库区	480 886	802 672	–321 786	–1.61
	库首	91 017	78 331	12 686	0.78
	库腹	438 531	98 849	339 682	3.41
	库尾	–48 662	625 492	–674 154	–8.07

续表

年份	地区	流出量（人）	流入量（人）	净流出量（人）	净流出率（%）
"六普"	三峡库区	3 965 369	2 476 562	1 488 807	7.61
	库首	152 889	62 527	90 362	6.11
	库腹	2 568 233	173 281	2 394 952	27.81
	库尾	1 244 247	2 240 754	−996 507	−10.53

资料来源：表中数据是根据 2000 年和 2010 年全国人口普查数据、重庆市人口普查数据、湖北省人口普查数据得到的

3.3.2　人口流动的空间特征

将库区每个区县两次普查时间点的人口流动情况用 ArcGIS 分类显示，可以看出库区人口流动的空间分布特征（图 3.5）。

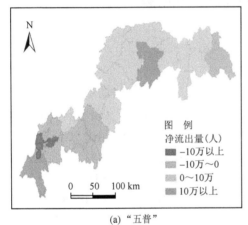
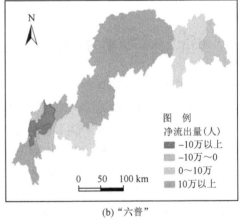

图 例
净流出量（人）
- −10万以上
- −10万～0
- 0～10万
- 10万以上

(a)"五普"　　　　　　　　　(b)"六普"

图 3.5　三峡库区"五普"与"六普"人口流动空间分布图

库尾地区整体上始终是人口的净流入区域，而且净流入率还在不断增长。"五普"时，库尾地区净流出人口达−674 154 人，净流出率为−8.07%，"六普"时净流出人口达−996 507 人，净流出率为−10.53%。这主要是因为库尾地区经济发展较好，就业机会多，吸引了大量非本地务工人员。

相比库尾地区，库腹地区人口流出的变化就比较突出了。"五普"时库腹地区人口净流出量只有 339 682 人，净流出率为 3.41%；到了"六普"时，库腹地区大量人口向外流动，人口净流出量达 2 394 952 人，人口净流出率高达 27.81%。这一时期，随着我国外出务工潮不断升温，加之库区工业发展受限，三峡大坝及移民工作的顺利完成，库腹地区大量的劳动力外出务工。进一步结合表 3.7 库腹

地区性别比的变化可以清晰地发现，外出务工人员中，男性远多于女性，人口性别比由 2000 年的 108.19 直降到 2010 年的 101.88。

就区县的人口流动而言，渝北区继重庆市主城区的江北、沙坪坝、大渡口和南岸区之后成为人口流入的核心区。渝北区在"五普"时净流入人口为 4.93 万人，而到"六普"时渝北区净流入人数增长到 30.49 万人，这与近几年渝北区社会经济快速发展有关。2012 年，渝北区 GDP 稳居全市第一，工业总产值也连续 6 年位列全市工业总产值榜首，强大的经济实力吸引了大量外来务工者，使得渝北区成为近年来人口流入的核心区。

3.4 三峡库区移民概况

3.4.1 移民的内涵与类型

移民是一个涉及人口学、人类学、社会学、政治学等多学科的社会问题。"移民"在《辞海》中有两种解释：一是迁往国外某一地区永久定居的人；二是较大数量、有组织的人口迁移。第一种解释虽为名词，但却通过迁移到某一地方定居的人这一群体来反映人口迁移的结果。第二种解释为动名词，表现为有规模的人口居住地在国家和地区之间永久和半永久迁移的行为，通常将仅外出工作、读书、旅游、探亲和从军一段时间而未改变定居地的人口流动排除在外。产生移民这一群体或这一迁移行为的原因是复杂多样的，由于移民的原因不同，移民的诉求也会出现较大的差异，因而按不同的标准或研究出发点，移民的类型划分也会表现出较大的差异。例如，国内移民与国际移民、短中期移民与永久移民、个别移民与集体（或大规模）移民、合法移民与非法移民、生存型移民与发展型移民、自愿移民与非自愿移民、工程移民与生态（环境）移民等。从中也能发现，不同移民类型之间存在着迁移原因的重叠交叉。由于三峡库区移民由水库移民为起点，在发展过程中衍生出工程移民、开发性移民、生态移民、非自愿移民、发展型移民等多种类型，所以下面仅围绕与水库移民相关的工程移民、生态移民和开发性移民类型进行说明。

（1）工程移民

工程移民是由工程建设所引起的非自愿人口迁移及其社会经济系统恢复重建活动。工程移民包括水利、电力、铁路、公路、机场、城建、工业、环保等工程的移民。

（2）生态移民

生态移民又称环境移民，是指原居住在自然保护区、生态环境严重破坏地区、生态脆弱区，以及自然环境条件恶劣、基本不具备人类生存条件的地区的人口搬离原来的居住地，在另外的地方定居并重建家园的人口迁移。生态移民不同于由生产方式、产业结构变动、交通运输业的发展、新地区的开发等经济因素引起的人口迁移，也不同于战争、宗教活动等非经济因素等所致的人口迁移。

从人口迁移的目的来看，生态移民通过将生活在恶劣环境条件下的居民搬迁到生存条件更好的地区：一方面可以减轻人类对原本脆弱的生态环境的继续破坏，使生态系统得以恢复和重建；二是可以通过异地开发，逐步改善贫困人口的生存状态；三是减小自然保护区的人口压力，使自然景观、自然生态和生物多样性得到有效保护。因此，生态移民涵盖了为保护某个地区特殊的生态或让某个地区的生态得到修复而进行的人口迁移；也包含了因自然环境恶劣，不具备就地扶贫的条件而将当地人民整体迁出的人口迁移。从导致人口移动的因素来看，生态移民是由于迁出区的人口规模远远超过区域生态环境容量和承载能力，因生态环境因素所导致的移民。

（3）开发性移民

为了开发资源、发展经济、安置移民，也即充分利用库区的各种资源（自然资源、人力资源）和移民资金，有计划地组织移民开发资源、发展生产、建设库区、重建家园。通过经济发展，实现移民经济的良性循环和妥善安置，达到恢复与超过移民不搬迁时的生产生活水平，使移民安居乐业，长治久安。

3.4.2 三峡库区移民规划与实况

（1）三峡库区移民规模规划情况

根据长江水利委员会 1991～1992 年淹没实物标调查和《长江三峡工程建设移民条例》，全库区规划建房人口 110.56 万人，规划基础设施规模人口 120.88 万人；计划 1997 年前迁移 11.56 万人（建房人口 10.53 万人）；1998～2003 年迁移 53.21 万人（建房人口为 45.44 万人），2004～2006 年迁移 34.98 万人（建房人口为 33.47 万人），2007～2009 年迁移 21.13 万人（建房人口为 21.12 万人）。其中，全库区规划农村移民生产安置人口 40.5 万人，在库区淹没涉及县内安置 32.2 万人，出县外迁安置 8.3 万人；规划搬迁建房总人口为 44 万人（湖北省为 6.5 万人，重庆市为 37.5 万人），县内搬迁建房 32.2 万人（湖北省为 4 万人，重庆市为 28.2 万人）；规划迁建湖北省的秭归、巴东、兴山 3 座县城，重庆市的万州、涪陵两座城市，巫山、奉节、云阳、开县、忠县、丰都、长寿 7 座县城及 116 个迁建集镇（包括 27 个建制镇、82 个乡集镇、7 个一般场镇），规划建房人口 71.8 万人，规划基础设施规模人口 82 万人；工矿企业迁建的结构调整规划涉及库区 1629 家淹没企业，拟保留发展 617 家，合并重组为 406 家新企业，破产关闭 1012 家淹没企业，调整压缩比为 75.1%。其中，湖北库区结构调整规划涉

及 232 家淹没企业，拟保留发展 22 家，合并重组为 17 家新企业，破产关闭 210
家淹没企业，调整压缩比为 92.7%；重庆市库区结构调整规划涉及 1397 家淹没企
业，拟保留发展 595 家，合并重组为 389 家新企业，破产关闭 802 家淹没企业，
调整压缩比为 72.2%。在全库区的移民安置中，湖北省的移民全部为省内安置，
且其库区移民的总体规模较小，因此下面重点讨论三峡工程重庆库区的移民情况。

根据三峡枢纽工程初步设计报告，从施工准备（1993 年）开始至第 5 年（1997
年）第一期导流期间，20 年一遇洪水坝前水位为 78.2m；第 6 年（1998 年）至第
10 年（2002 年）坝前 20 年一遇洪水位为 82.28m；至第 11 年（2003 年），坝前水
位为 135m，第一批机组发电；到第 14 年（2006 年），水库开始按初期蓄水位 156m
运行；至第 17 年（2009 年），枢纽工程全部建成。水库坝前蓄水位为 175m，汛
期 20 年一遇设计洪水回水末端在巴县木洞镇的弹子田，淹没范围涉及湖北、重庆
两省市 20 个县（市、区）。汛后 11 月 5 年一遇设计来水回水末端在江津市羊角滩，
淹没涉及重庆市区及江津市部分河滩地。

总体来看，重庆市淹没地区涉及 18 个区县及主城区部分河滩地，静态受淹人
口为 71.5 万人，占三峡库区受淹人口的 85.2%，其中农村人口占 41.9%。考虑人
口自然和机械增长等因素，全市需要搬迁安置移民约 107 万人。1985～1996 年年
末，国家总计已投入重庆库区移民工作移民资金 36 亿元，安排实施移民项目 800
余项，实施对口支援项目 498 项，已完成开发和改土面积 26.3 万亩，安置移民 1.8
万多人。1996～2008 年，是重庆库区移民安置的关键时期，总计需安置移民约 105
万人，平均每年安置 8.7 万人。

（2）重庆库区城乡移民实际迁移情况

截至 2009 年年底，重庆库区城乡移民实迁总人口为 1 138 049 人，其中城镇
人口为 648 570 人，乡村人口为 489 479 人。在乡村移民中，县内安置占 64.08%，
县外安置占 35.92%，其中市外安置占 66.39%（表 3.11）。

表 3.11　三峡工程重庆库区城乡移民迁移情况（至 2009 年年底）（单位：人）

实迁总人口	合计	城镇	乡村	#县内安置	#县外安置	##市外安置
	1 138 049	648 570	489 479	313 641	175 838	116 738

资料来源：表中数据根据《重庆统计年鉴 2010》相关数据整理得到

（3）重庆库区农村移民实际生产安置情况

截至 2009 年年底，重庆库区农村移民实际生产安置 483 681 人，比规划应迁
总人数多出 151 262 人（表 3.12）。其中，90m 以下实际生产安置人口比规划应迁
人口少 14 857 人，90～135m 实际生产安置人口比规划应迁人口少 35 675 人，135～
156m 实际生产安置人口比规划应迁人口多 68 156 人，特别是 156～175m，其实

际生产安置人口比规划应迁人口多 133 638 人。在实际生产安置总人口中，县内安置占 65.19%，其中农业安置占 64.36%（其中，90m 以下和 135～156m 农业安置的比重高达 74%～80%），第二、第三产业安置仅占 9.53%（其中，仅 90～135m 在第二、第三产业安置的比例超过 10%，达到 10.47%）。

表 3.12　三峡工程重庆库区农村移民生产安置情况（至 2009 年年底）（单位：人）

项目	应迁人口	实际生产安置人口	县内安置	#农业安置	#第二、三产业安置	#其他	县外安置
搬迁总人数	332 419	483 681	315 305	202 916	30 039	82 350	168 376
90m 以下	33 909	19 052	18 169	14 449	1 605	2 115	883
90～135m	132 078	96 403	53 736	31 391	5 627	16 718	42 667
135～156m	114 957	183 113	100 185	74 305	9 159	16 721	82 928
156～175m	51 475	185 113	143 215	82 771	13 648	46 796	41 898

资料来源：表中数据根据《重庆统计年鉴 2010》相关数据整理得到

3.4.3　三峡库区外迁移民分布

1999 年 5 月，国务院召开三峡工程移民工作会议，鼓励和引导更多的农村移民外迁安置，对农村移民安置规划进行了调整和完善。全库区农村移民外迁安置人数由原来规划的 8.3 万人，增加到 12.5 万人。湖北省 2.5 万人，全部在本省非库区县安置。重庆市 10 万人，其中巫山 1.7 万、奉节 1.7 万人、云阳 3.6 万人、开县 1.1 万人、忠县 1.9 万人；在本市非库区县安置 2 万人，投亲靠友自主分散安置 1 万人，出市外迁安置 7 万人：外迁四川省 9000 人，江苏省、浙江省、山东省、湖北省、广东省各 7000 人，上海市、福建省各 5500 人，安徽省、江西省、湖南省各 5000 人[①]。

实际上，截至 2009 年年底，重庆库区城乡移民市外实际安置人口 116 738 人，占县外安置移民的 66.39%（表 3.13）。其中，2000～2003 年，市外实际安置移民 65 464 人（由 2003 年市外安置的 93 621 人减去 2000 年市外安置的 28 157 人），其中安置 90～135m 迁出移民 10870 人；安置 135～156m 迁出移民 37 313 人；安置 156～175m 迁出移民 17 281 人。2003～2006 年，市外实际安置移民 30 117 人。

表 3.13　三峡工程重庆库区城乡移民实际外迁情况　　（单位：人）

项目	2000 年		2003 年		2006 年		2009 年	
	县外安置	#市外安置	县外安置	#市外安置	县外安置	#市外安置	县外安置	#市外安置
搬迁总人数	43 449	28 157	117 783	93 621	173 424	123 738	175 838	116 738
90m 以下	225	225	225	225	225	225	—	—

① 新华网，重庆移民局，http://www.cq.xinhuanet.com/sanxia/yimin/ymgh.htm，2003

续表

项目	2000 年		2003 年		2006 年		2009 年	
	县外安置	#市外安置	县外安置	#市外安置	县外安置	#市外安置	县外安置	#市外安置
90～135m	24 093	15 060	31 980	25 930	36 257	24 693	—	—
135～156m	10 567	6 155	58 455	43 468	97 421	67 419	—	—
156～175m	8 564	6 717	27 123	23 998	39 521	31 401	—	—

资料来源：表中数据根据《重庆统计年鉴》（2001～2010 年）整理得到

同时，截至 2006 年年底，重庆库区农村移民市外生产安置总人数为 122 557 人（表 3.14）。其中，安置 90m 以下迁出移民 674 人；安置 90～135m 迁出移民 27 719 人；安置 135～156m 迁出移民 61 901 人；安置 156～175m 迁出移民 32 263 人。其中，2000～2003 年、2003～2006 年两个时段市外实际生产安置农村移民分别为 66 707 人和 27 808 人。

表 3.14 三峡工程重庆库区农村移民实际生产安置情况 （单位：人）

项目	2000 年		2003 年		2006 年		2009 年	
	县外安置	#市外安置	县外安置	#市外安置	县外安置	#市外安置	县外安置	#市外安置
搬迁总人数	43 187	28 042	122 361	94 749	165 964	122 557	168 376	122 557
90m 以下	1 249	674	883	674	883	674	883	674
90～135m	23 326	14 788	42 953	27 517	42 667	27 719	42 667	27 719
135～156m	10 240	6 136	54 201	43 321	82 928	61 901	82 928	61 901
156～175m	8 372	6 444	24 324	23 237	39 486	32 263	41 898	32 263

资料来源：表中数据根据《重庆统计年鉴》（2001～2010 年）整理得到

3.5 三峡库区就业情况

就业结构是指整个劳动者群体中，事先按不同的标准进行划分和归类，然后研究各类所占的百分比。其中，有就业部门结构、经济类型结构、地区结构等。我国人口普查中就业人数的统计是严格按照《国民经济行业分类》来进行统计的。

3.5.1 三峡库区劳动力概况

依照国际上通行方法：0～14 岁儿童归为少儿人口，15～64 岁归为劳动年龄人口，65 岁以上归为老年人口。三峡库区劳动力仍比较充足，两次普查劳动力人口占比都在 70% 以上，目前总抚养比仍处于 50% 以下的"人口红利期"。

2000 年，三峡库区劳动力人口占比为 71.4%，2010 年上升到 73.34%，同时总抚养比有明显下降。但从表 3.15 中也可看到，库区人口老年抚养比 2010 年比 2000 年增加了 4.06 个百分点，人口老龄化在库区逐渐显现。而且，0～14 岁的少年人口比重下降幅度比 65 岁以上老年人口上升幅度要大，间接反映了三峡库区人口自然增长率在下降，劳动力后备储备不足，人口老龄化趋势明显。

表 3.15　三峡库区劳动力规模情况表

时点	人口数（万人）				占总人口比重（%）		
	合计	0～14 岁	15～64 岁	65 岁及以上	0～14 岁	15～64 岁	65 岁及以上
"五普"	1993.43	408.57	1423.23	161.63	20.50	71.40	8.10
"六普"	1955.26	300.04	1434.04	221.18	15.35	73.34	11.31

3.5.2　就业的三次产业分布

根据湖北省以及重庆市"五普"和"六普"中关于各地区行业大类的统计数据可以计算出三峡库区"五普"与"六普"三次产业人口就业情况（表 3.16）。由表 3.16 可以看出，三峡库区第一产业就业的比重从 2000 年的 68.38%降低到 2010 年的 44.75%，而第二产业和第三产业就业的比重分别从 2000 年的 13.53%和 18.09%提高到 2010 年的 21.56%和 33.69%。这种现象的出现与我国产业结构转型发展有着密不可分的关系，随着三峡库区国民经济的健康快速发展，第一产业就业人数趋于下降，第二、第三产业快速增长，劳动力从第一产业向第二、第三产业转移是现代社会发展的规律现象。

表 3.16　三峡库区三次产业的就业情况表

时点	三次产业就业人口数				占总就业人口比重（%）		
	合计	一产就业人口	二产就业人口	三产就业人口	一产就业比重	二产就业比重	三产就业比重
"五普"	1 032 992	706 360	139 722	186 910	68.38	13.53	18.09
"六普"	942 963	421 972	203 336	317 655	44.75	21.56	33.69
增减	−90 029	−284 388	+63 614	+130 745	−23.63	+8.03	+15.6

注：就业人口数据为普查数据中的长表数据，为 10%抽样的结构，本表没有将其换算为全部人口

3.5.3　就业的三次产业内部结构

首先，在第一产业就业比重总体下降的情况下，第一产业内部的就业结构除

农业就业比重表现为较大幅度下降外，林业，畜牧业，渔业和农、林、畜、渔服务业的就业比重均出现增加的状况，其中畜牧业的增长幅度最大，农、林、畜、渔服务业的增长幅度最小（表3.17）。

表 3.17　三峡库区第一产业内部就业结构发展变化　　（单位：%）

时点	农业	林业	畜牧业	渔业	农、林、畜、渔服务业	合计
"五普"	94.44	0.07	4.98	0.21	0.31	100
"六普"	91.00	0.72	7.58	0.37	0.33	100
增减	−3.44	+0.65	+2.60	+0.16	+0.02	0

其次，在第二产业就业比重总体增加的情况下，第二产业内部的制造业就业比重却下降了 10.59 个百分点，采矿业和电力、燃气及水的生产和供应业就业比重也略有下降，反而是建筑业就业比重上升了 12.14 个百分点（表 3.18）。

表 3.18　三峡库区第二产业内部就业结构变化　　（单位：%）

时点	采矿业就业比重	制造业就业比重	电力、燃气及水的生产和供应业就业比重	建筑业就业比重	合计
"五普"	5.06	71.00	4.46	19.48	100
"六普"	4.28	60.41	3.70	31.62	100
增减	−0.78	−10.59	−0.76	+12.14	0

最后，在第三产业就业比重增长幅度较大的情况下，第三产业内部的就业结构也出现了分化。批发和零售贸易业仍是三峡库区第三产业吸纳就业的主渠道，其就业比重增加了 4.62 个百分点；房地产业、居民服务业和其他服务业的就业比重也增长较快；租赁和商务服务业、住宿和餐饮业的就业比重也呈增加态势；而教育、卫生社会保障和社会福利业及交通运输、仓储及邮电通信业的就业比重则呈现较大幅度的下滑（表3.19）。

表 3.19　三峡库区第三产业内部就业结构发展变化　　（单位：%）

时点	交通运输、仓储及邮电通信业	批发和零售贸易业	住宿和餐饮业	金融业	房地产业	租赁和商务服务业	居民服务业和其他服务业	卫生社会保障和社会福利业	文化\体育和娱乐业	教育	其他第三产业	合计
"五普"	14.73	29.84	9.76	2.70	1.57	1.14	5.42	5.69	1.72	12.42	15.01	100
"六普"（1）	11.92	34.46	11.10	3.05	4.05	2.58	7.84	3.94	1.75	8.02	11.27	100

续表

时点	交通运输、仓储及邮电通信业	批发和零售贸易业	住宿和餐饮业	金融业	房地产业	租赁和商务服务业	居民服务业和其他服务业	卫生社会保障和社会福利业	文化\体育和娱乐业	教育	其他第三产业	合计
"六普"(2)	13.07	34.46	11.10	3.05	4.05	2.58	7.84	3.94	1.75	8.02	10.13	100
增减（1）	-2.81	4.62	1.34	0.35	2.48	1.44	2.42	-1.75	0.03	-4.40	-3.74	0
增减（2）	-1.66	4.62	1.34	0.35	2.48	1.44	2.42	-1.75	0.03	-4.40	-4.88	0

注：表中"六普"（1）的"交通运输、仓储及邮电通信业"不包括通信业的就业人员数据；"六普"（2）的"交通运输、仓储及邮电通信业"因数据分类原因对通信业的就业人员按照 50%的比例用"信息传输、计算机服务业"就业人员的数据进行估算

资料来源：历年《中国统计年鉴》、《重庆统计年鉴》、《湖北统计年鉴》

3.5.4 就业结构的地区变化

首先，从就业的规模来看，由于库区移民和人口流动等因素，"六普"同"五普"的长表数据相比，库腹的就业人口总量大幅减少，下降了 23.43%；库尾的就业人口总量增加较快，增长了 10.37%；库首也下降了 15.36%。

其次，从就业的三次产业结构来看，库尾已形成相对合理的"三、二、一"结构，库腹和库首仍为严重偏向于"一"的"一、二、三"结构。库首、库腹和库尾的第一产业就业比重均有较大的下降，其中库尾和库腹尤为明显，分别下降了 25.44 个百分点和 18.69 个百分点；第二产业和第三产业的就业比重在 3 个区域均有不同程度的增加，库腹在第二产业就业比重的增幅上有优势，而库尾在第三产业就业比重的增幅上的优势更为明显（表 3.20，图 3.6）。

表 3.20　三峡库区分区域的三次产业就业结构发展变化

时点		就业人数（人）	第一产业（%）	第二产业（%）	#制造业（%）	#建筑业（%）	第三产业（%）	#批发零售餐饮业及住宿（%）	#金融、房地产、租赁、商务及居民等现代服务业（%）
"五普"	库尾	416 981	49.97	23.06	76.76	16.39	26.97	42.15	11.82
	库腹	517 646	81.87	6.76	60.09	24.79	11.37	35.69	9.23
	库首	102 065	77.22	8.89	52.00	31.78	13.89	35.66	9.66
"六普"	库尾	460 210	24.53	29.72	67.85	26.76	45.75	45.89	19.27
	库腹	396 368	63.18	13.93	43.30	44.02	22.89	45.55	14.50
	库首	86 385	67.88	13.12	54.13	29.73	19.00	41.40	12.11
增减	库尾	43 229	-25.44	6.66	-8.91	10.37	18.78	3.74	7.45
	库腹	-121278	-18.69	7.17	-16.79	19.23	11.52	9.86	5.27
	库首	-15680	-9.34	4.23	2.13	-2.05	5.11	5.74	2.45

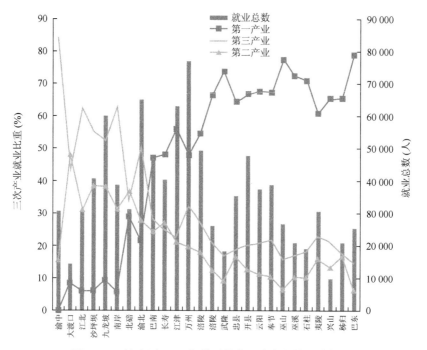

图 3.6　三峡库区 2010 年分区县的三次产业就业结构图

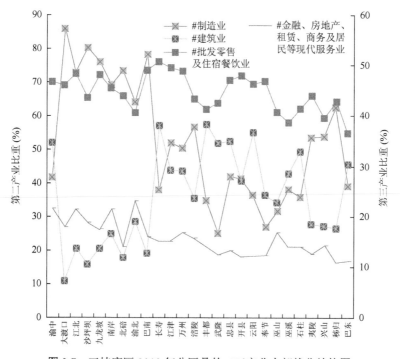

图 3.7　三峡库区 2010 年分区县的二三产业内部就业结构图

最后，从第二、第三产业就业的内部结构来看，库尾和库腹均出现制造业就业比重的下降、建筑业就业比重的增加，库腹更为明显，其制造业的就业吸纳能力快速下降、建筑业的就业容量快速增加；批发零售及住宿餐饮等传统第三产业仍是吸纳就业的主战场，这3个区域均占第三产业就业的40%以上，尤其是库腹的增幅还较高；而金融、房地产、租赁、商务及居民等现代服务业也异军突起，成为第三产业吸纳就业重要的新生力量，吸纳的就业人口在3个区域第三产业的就业中均占到了12%以上，尤其是库尾，吸纳就业增幅近8个百分点（表3.20）。

3.5.5 分区县的就业结构变化

首先，从"六普"数据显示的就业人口数量来看，万州区最多，其次是渝北、江津和九龙坡；而兴山最少，其次是大渡口、武隆和巫溪（图3.6，图3.7）。

其次，从三次产业的就业比重来看，第一产业容纳就业比重最高的巴东县（78.87%），其次是巫山、武隆和巫溪，占比均在70%以上；第一产业容纳就业比重最低的是渝中（0.16%），其次是南岸、江北和沙坪坝，占比均低于7%。第二产业容纳就业比重最高的是大渡口（48%），其次是沙坪坝、九龙坡和北培，均高于36%；第二产业容纳就业比重最低的是巴东（6.39%），其次是巫山、武隆和石柱，几乎都在10%以下。第三产业容纳就业比重最高的是渝中（83.95%），其次是江北、南岸和沙坪坝，就业占比为55%～63%；第三产业容纳就业比重最低的是巴东、巫山、武隆和巫溪，容纳就业比重均为14%～18%（图3.6，图3.7）。

同时，对比"六普"和"五普"期间三峡库区各区县就业人口数量和结构情况，可以发现以下几个特点（表3.21）。

表 3.21 三峡库区分区县的三次产业就业结构增减变化

地区	就业人口数量（人）	第一产业（%）	第二产业（%）	#制造业（%）	#建筑业（%）	第三产业（%）	#批发零售及住宿餐饮业（%）	#金融、房地产、租赁、商务及居民等现代服务业（%）
渝中区	2 209	−0.08	−6.46	−30.08	29.47	6.54	2.05	6.69
大渡口区	3 990	−16.09	8.56	5.89	−3.78	7.53	7.64	6.16
江北区	4 524	−13.13	−9.24	−12.29	11.48	22.37	4.18	10.34
沙坪坝区	7 370	−17.68	−1.55	−6.57	7.00	19.23	4.30	7.86
九龙坡区	16 066	−16.00	−0.54	−3.80	6.24	16.54	3.47	6.97
南岸区	13 751	−17.62	−3.35	−15.33	13.67	20.97	5.62	8.60
北碚区	−302	−23.93	9.17	1.29	1.79	14.76	8.08	2.97
渝北区	18 954	−46.41	14.64	−1.99	5.47	31.77	−2.05	10.18

续表

地区	就业人口数量（人）	第一产业（%）	第二产业（%）	#制造业（%）	#建筑业（%）	第三产业（%）	#批发零售及住宿餐饮业（%）	#金融、房地产、租赁、商务及居民等现代服务业（%）
巴南区	−2 391	−25.24	10.24	−8.75	8.90	15.00	7.79	5.03
长寿区	−6 549	−18.54	9.39	−8.95	13.99	9.15	7.68	5.16
江津区	−14 393	−23.66	12.73	−20.15	23.53	10.93	6.94	5.76
万州区	−11 927	−25.34	9.00	−11.02	14.32	16.34	11.15	5.95
涪陵区	−14 968	−18.91	7.13	−15.23	16.65	11.77	6.16	5.49
丰都县	−20 899	−18.00	6.63	−21.55	26.57	11.36	4.06	3.13
武隆县	−5 116	−10.83	3.61	−30.12	36.57	7.22	4.99	2.36
忠县	−13 548	−21.93	12.22	−21.11	28.79	9.71	11.37	4.99
开县	−17 269	−17.29	6.77	−13.09	14.36	10.52	14.72	3.29
云阳县	−15 745	−15.81	5.19	−21.82	29.21	10.62	12.11	5.36
奉节县	−9 354	−18.58	6.13	−20.60	13.56	12.46	10.98	4.60
巫山县	−2 403	−10.24	3.68	−15.34	6.37	6.56	8.24	9.38
巫溪县	−3 549	−13.57	5.80	−11.03	16.07	7.77	7.23	7.70
石柱县	−6 500	−16.06	6.57	−20.69	30.73	9.49	8.19	5.23
夷陵区	−6 857	−8.24	1.86	5.67	−12.20	6.38	4.20	2.31
兴山县	−1 751	−8.57	3.13	−6.50	14.53	5.43	4.04	5.02
秭归县	−3 782	−17.50	11.83	3.33	5.18	5.67	10.59	1.76
巴东县	−3 290	−4.93	1.70	−16.44	19.03	3.22	5.16	2.02

一是经济发展水平相对较高的重庆市主城区（除北碚和巴南外）均为就业人口总量绝对增加的区域，其他区县则均为就业人口总量绝对减少的区域。

二是随着地区经济发展水平的逐步提高，三峡库区各区县第一产业的就业比重均出现下降趋势，第三产业的就业比重则均呈现上升趋势；除渝中、江北、南岸、沙坪坝、九龙坡外，其余各区县第二产业的就业比重也表现为增加状态。

三是大部分区县制造业容纳就业的比重出现下降趋势，而建筑业容纳就业的比重仅在少数区县为下降，大多数区县出现较大幅度的上升。

四是批发零售及住宿餐饮业等第三产业中的传统行业在吸纳就业方面仍占优势，除渝北区外的各区县均呈增加趋势；而金融、房地产、租赁、商务及居民等现代服务业容纳就业的能力呈增强态势。

4

土地利用现状

应用遥感影像数据，对三峡库区 26 个区县遥感数据进行几何精纠正、影像拼接、镶嵌、人工解译及数据分析，利用人工目视判读的方式得到三峡库区 2012 年土地利用现状数据，并在此基础上对库区土地利用的数量、结构及特征情况进行说明[①]。在具体的特征分析中，主要对土地利用的多样性、集中度、组合类型、区位指数，以及利用程度进行了分析，以反映库区土地利用现状。

4.1　数据源与数据预处理

4.1.1　数据源

采用美国陆地卫星（Landsat）的专题制图仪（TM）影像作为信息源来获取土地资源数据。TM 地面分辨率为 30m。三峡库区全段共涉及 9 景影像，其轨道号为 125038、125039、126038、126039、127038、127039、127040、128039、128040（图 4.1）。

4.1.2　土地利用分类体系的确立

采用中国科学院"国家资源环境遥感宏观调查、动态分析与遥感技术前沿的研究"项目中所制定的分类体系，将该体系土地利用划分为六大类，26 个次一级类型。一级主要根据土地利用属性分为 6 类；二级主要根据各土地资源特点、利

---

① 由于遥感影像数据获取和解译方面的困难，本章着重对三峡库区 2012 年土地利用现状进行说明

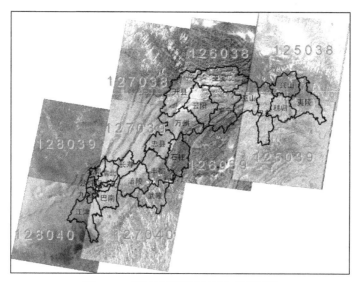

图 4.1　三峡库区所涉及的遥感影像图

用方式和覆盖特征等分为 26 个类型。根据三峡库区土地利用的特点，在中国科学院土地利用体系的基础上，去掉一些研究区不存在的土地利用类型，得到该区土地利用分类体系（表 4.1）。

表 4.1　研究区土地利用分类体系

一级类型	二级类型	含义
耕地	水田	指有水源保证和灌溉设施，在一般年景能正常灌溉，用以种植水稻、莲藕等水生农作物的耕地，这里主要指夏季种植水稻的耕地
	旱地	指无灌溉水源及设施，靠天然降水生长作物的耕地；有水源和浇灌设施，在一般年景不能正常灌溉的旱作物耕地；这里主要指夏季不种植水稻的耕地
林地	有林地	指树木覆盖度超过30%的林地
	灌木林地	指树木的郁闭度超过30%、高度在2m以下的矮林地和灌丛林地
	疏林地	指树木覆盖度为10%～30%的林地
	其他林地	这里主要指苗圃和果园
草地	人工草地	—
	自然荒草地	—
水域	河流	—
	水库	指天然形成的积水区常年水位以下的土地
	坑塘	指天然形成的积水区常年水位以下的土地
	滩地	指河、湖水域平水期水位与洪水期水位之间的土地

一级类型	二级类型	含义
建设用地	城镇用地	指城镇居民点和城区工业交通用地
	农村居民点	指乡镇及以下的居民点用地
	独立工矿及交通用地	指独立于各级居民点以外的厂矿、大型工业区、油田，以及交通道路、机场、码头等
未利用地		包括沙地、裸土地、裸岩石砾地等未被利用的土地

4.1.3 土地利用信息的矢量化

遥感影像是以地物的光谱特征、辐射特征、几何特征及时相变化来表现地物信息的，信息提取时必须运用地学相关分析方法，综合影像的色调、亮度、饱和度、形状纹理和结构位置，以及目标地物与成像时间的关系等特征，并结合已有资料和野外工作经验知识来判定地物类型。依次进行影像信息提取之前，在实地调查的基础上，本书根据不同地物类型的空间分布特征及其在假彩色合成影像上的特征，结合地学知识建立库区的 TM 影像解译标志库。根据建立的土地利用分类系统及遥感解译标志，利用目视判读对研究区的影像进行土地利用遥感解译。

在通过人工目视判读解译之后，为弥补对研究区先验知识的不足，结合地形图资料和大量相关信息对遥感解译的分类结果进行编辑与修改。

4.1.4 数据预处理

4.1.4.1 几何纠正

卫星在遥感成像时，由于飞行器的姿态（侧滚、俯仰、偏航）、高度、速度等因素的变化而造成图像相对于地面目标的几何畸变，畸变表现为像元相对于地面目标实际位置发生挤压、扭曲、伸展和偏移等。为了消除图像失真带来的影响，必须在使用前先对图像进行几何校正。

遥感图像的几何校正一般使用多项式作为变换函数进行几何校正，这主要因为它的原理比较直观，并且计算较为简单，特别是对地面相对平坦的情况，其校正精度很高。多项式回避了成像的空间几何过程，而直接对变形的图像本身进行数学模拟，认为遥感图像的几何畸变可以看作是平移、缩放、旋转、仿射、偏扭、弯曲等基本变形的合成，因而校正前后图像相应点之间的坐标变换关系可以用一个适当的多项式来表达。多项式的系数可根据地面控制点按最小二乘法求解，在图像上和地形图上（或地面实况）寻找一些典型的地物目标作为控制点，这些控制点要满足均匀分布的要求，然后查找和计算出控制点的图像坐标和大地坐标，有了这些控制点的已知数据，就可以求取多项式的系数。此外，所选择的控制点数量要适当，点数太少则会造成几何校正的精度不够，太多则会造成计算量太大。

遥感图像的几何精校正主要包括几何位置校正和灰度重采样两个过程。本次研究对图像进行几何校正的具体步骤如下：①首先根据2000年的TM影像对2012年的TM图像进行几何校正。先在2000年的影像选择道路交叉点、河流交叉或弯曲点，以及山峰点等容易识别的控制点（ground control point，GCP）40个，控制点选择的原则是要对特征变化大的地区应多选些，图像边缘部分一定要选取控制点，以避免外推，并且尽可能满幅均匀选取。然后，在2012年的TM图像上选择相同位置的点，可充分利用多光谱的色彩组合和TM的30m空间分辨率来识别地物。通过采用二次多项式函数转化进行图像的几何位置校正，均方根误差要满足小于0.5个像元的要求。②接下来便是对遥感图像进行灰度值重采样，重采样选取最邻近法，将原始图像上的像素灰度值转化成校正后图像的灰度值。

4.1.4.2 影像增强

遥感图像的信息特征、图像信息的提取和匹配与人眼观察特征的处理是规定遥感图像数字处理内容的3个因素。因此，对于遥感图像的分析与处理，首要问题是对遥感图像信息特征进行增强，使其符合遥感图像处理的要求，增强所需信息的特征。增强处理按图像的信息内容可分为波谱特征增强、空间特征增强及时间信息增强。图像增强的方法多种多样，常用的方法主要有线性拉伸法、反差增强法、直方图变换法、滤波处理、比值/差值法、主成分分析法等。在本书中，主要采用了直方图变换法和比值法进行遥感影像的增强处理。

4.1.4.3 图像融合

TM传感器获得的影响都有7个波段，不同的波段能够反映不同的地面信息，为了充分应用各自的优势，就需要对单一传感器的多波段信息加以综合，即图像融合技术。在数据融合中首先选择最佳波段并合成红绿蓝（RGB）3个波段的假彩色图像，以便下一步的目视判读。

4.2 土地利用现状分析

土地利用现状反映当前时段土地利用要素的分布格局，主要从与影响因素关系和空间分布格局特征两个方面进行分析。影响土地利用/覆被格局的因素有很多，其中地形（包括高程、坡度、坡向）对土地利用产生的影响很深刻。这种影响主要发生在山区，由于地貌复杂、降水集中，耕地大多分布在坡面上，环境容量压力过大，从而引发水土流失。空间分布格局特征可以用不同土地利用类型的形状特征来表现，也可以用不同区域土地利用结构来表现[①]。

土地利用现状结构表达各土地利用类型在数量和空间上的分布，反映区域内土地利用方式及其分布位置。区域土地利用结构是该区域长期以来，受自然、社会、经济和环境等多要素综合影响而形成的，并随各要素组合关系的变化而发生变化，其变化过程是一个动态的历史过程。土地利用现状结构至少包括现状数量结构和现状空间结构两部分。

4.2.1　2012 年三峡库区土地利用数量结构分析

利用 ArcGIS10.0 对 2012 年三峡库区土地利用数据进行分类统计，计算出各类土地利用/覆被分布面积（表 4.2），再统计出研究区各区县土地利用/覆被分布面积（表 4.3）。

表 4.2　三峡库区 2012 年土地利用/覆被分类面积统计

年份	参数	建设用地	未利用地	林地	水域	耕地	草地
2012	面积(km^2)	1 623.60	21.35	31 317.76	1 509.90	21 528.46	1 396.55
	比率（%）	2.83	0.04	54.56	2.63	37.51	2.43

表 4.3　2012 年三峡库区各区土地利用/覆被分类面积统计

年份	参数	林地	耕地	建设用地	草地	水域	未利用地
巴东	面积(km^2)	2151.23	1075.95	46.48	6.84	53.56	5.79
	比例(%)	64.41	32.22	1.39	0.2	1.6	0.18
长寿	面积(km^2)	403.81	879.52	76.09	2.4	94.74	0
	比例(%)	27.72	60.38	5.23	0.17	6.5	0
丰都	面积(km^2)	1279.6	1489.09	53.63	20.72	72.91	0
	比例(%)	43.88	51.07	1.84	0.71	2.5	0
奉节	面积(km^2)	2428.7	1455.65	38.94	108.28	94.02	0.66
	比例(%)	58.86	35.28	0.94	2.62	2.28	0.02
涪陵	面积(km^2)	1333.91	1360.84	83.19	30.11	101.38	0
	比例(%)	45.85	46.78	2.86	1.03	3.48	0

① 黎夏，叶嘉安. 1997. 利用遥感监视和分析珠江三角洲的城市扩张过程——以东莞市为例. 地理研究，16（4）：56-62

续表

年份	地类	林地	耕地	建设用地	草地	水域	未利用地
江津	面积(km²)	1223.24	1744.03	110.11	10.25	108.44	0
	比例(%)	38.27	54.57	3.45	0.32	3.39	0
开县	面积(km²)	2178.93	1568.43	41.91	125.06	61.12	2.15
	比例(%)	54.78	39.44	1.05	3.14	1.54	0.05
石柱	面积(km²)	1979.07	713.68	31.15	239.18	23.42	0
	比例(%)	66.27	23.9	1.05	8.01	0.77	0
万州	面积(km²)	1690.31	1489.27	82.92	57.58	115.62	0.05
	比例(%)	49.2	43.35	2.4	1.68	3.37	0
巫山	面积(km²)	1763.97	980.72	23.98	97.09	62.63	0.69
	比例(%)	60.22	33.48	0.83	3.31	2.14	0.02
巫溪	面积(km²)	2984.07	850.02	19.31	112.13	43.1	0.64
	比例(%)	74.43	21.2	0.48	2.8	1.07	0.02
武隆	面积(km²)	1490.58	1122.06	29.69	172.04	33.72	0
	比例(%)	52.34	39.4	1.04	6.04	1.18	0
兴山	面积(km²)	1884.34	331.08	27.07	44.05	32.07	2.24
	比例(%)	81.19	14.27	1.17	1.9	1.37	0.1
夷陵	面积(km²)	2236.06	933.63	70.43	5.73	69.14	6.58
	比例(%)	67.32	28.11	2.12	0.17	2.08	0.2
云阳	面积(km²)	1811.14	1334.79	43.57	317.47	135.68	1
	比例(%)	49.71	36.63	1.2	8.71	3.72	0.03
忠县	面积(km²)	704.77	1315.13	32.14	30.57	107.06	0
	比例(%)	32.18	60.06	1.47	1.4	4.89	0
主城	面积(km²)	2472.4	2056.3	758.95	14.94	206.62	0
	比例(%)	44.88	37.32	13.78	0.27	3.75	0
秭归	面积(km²)	1301.62	828.26	54.05	2.12	94.67	1.43
	比例(%)	57.03	36.29	2.37	0.09	4.15	0.07

从表 4.2 可以看出研究区 2012 年土地利用/覆被类型的总体分布状况。其中，土地利用/覆被由耕地、林地、草地、水域、建设用地和未利用地六大类组成，林地（包括有林地、灌木林和疏林地）占主导地位，面积为 31 317.76km²，占总面积的 54.56%；其次，耕地（包括耕地和水田）占次要地位，面积为 21 528.46km²，占总面积的 37.51%；建设用地（包括城市建设用地、农村居民点、工矿用地及交通用地）、草地和水域所占比例差不多，但是都比较小，面积分别为 1623.60km²、1396.55km²、1509.90km²，分别占总面积的 2.83%、2.43%、2.63%；同时研究区还分布有 0.04% 的未利用地。

从图 4.2 可以看出 2012 年研究区土地利用/覆被类型的空间分布特征。重庆市主城区分布有 4 条相间平行的山脉缙云山、中梁山、铜锣山和明月山，长江与嘉陵江贯穿整个区域。耕地分布不够平均，主要集中于长寿、涪陵、丰都、忠县和江津北部及夷陵南部；林地的分布就主要依附于几条山脉，它将重庆市主城区分为了几个条带，主要集中于武隆、石柱、开县、巫溪、兴山等区县；草地数量较少；城市建设用地较为集中地分布在长江与嘉陵江交汇处的重庆市主城区域及长江沿线。

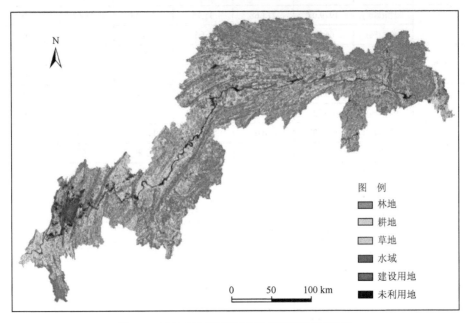

图 4.2　2012 年三峡库区土地利用/覆被现状图

4.2.2　2012 年三峡库区土地利用空间结构分析

利用 ArcGIS10.0 对 2012 年三峡库区各区土地利用数据进行分类统计，统计出研究区各区县土地利用/覆被分布面积（图 4.3）。

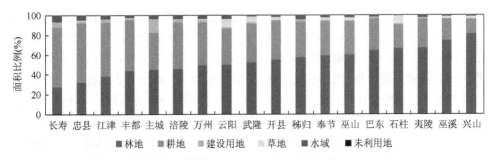

图 4.3　2012 年三峡库区各区土地利用/覆被类型分布面积比例

　　从表 4.3 和图 4.3 中可以看出三峡库区中各区 2012 年土地利用/覆被类型空间分布格局，以及各个区县土地利用类型结构层次。其中，林地占总区县较大比例的有巫山（60.22%）、巴东（64.41%）、石柱（66.27%）、夷陵（67.32%）、巫溪（74.43%），最大比例出现在兴山，达到 81.19%；耕地占总区县较大比例的有丰都（51.07%）、江津（54.57%）、忠县（60.06%），以及最大比例所在区县长寿（60.38%）；建设用地占较大比例的区县为重庆市主城区和长寿，最小比例出现在巫溪，仅为 0.48%；三峡库区的水域主要集中于重庆市主城区（206.62km²）、云阳（135.68km²）、万州（115.62km²）、江津（108.44km²）、涪陵（101.38km²）；草地和未利用地面积较少，零星分布于库区各个区县。

　　图 4.4 表明，三峡库区这 18 个区的土地利用/覆被类型分布结构差异明显。其中，建设用地主要集中在重庆市主城区和长寿，丰都、江津、长寿、武隆和忠县主要为耕地，石柱、巫溪、兴山和夷陵主要为林地。

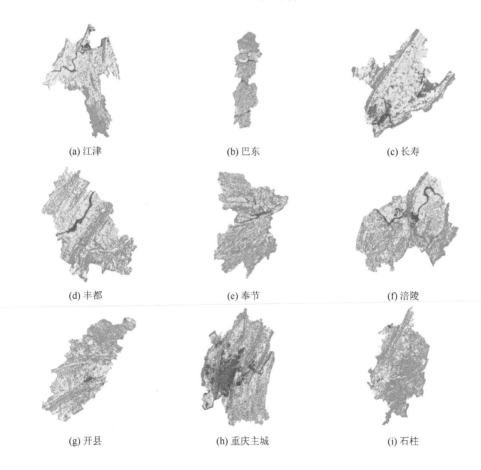

(a) 江津　　　　　　　　　(b) 巴东　　　　　　　　　(c) 长寿

(d) 丰都　　　　　　　　　(e) 奉节　　　　　　　　　(f) 涪陵

(g) 开县　　　　　　　　　(h) 重庆主城　　　　　　　(i) 石柱

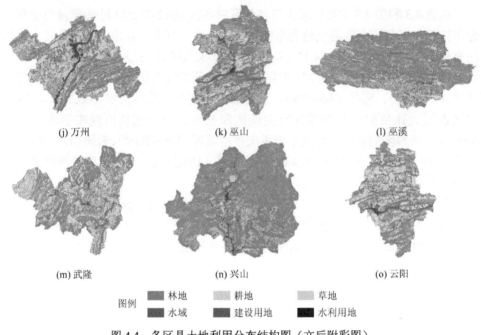

(j) 万州   (k) 巫山   (l) 巫溪

(m) 武隆   (n) 兴山   (o) 云阳

图例　■ 林地　■ 耕地　■ 草地
　　　■ 水域　■ 建设用地　■ 水利用地

图4.4　各区县土地利用分布结构图（文后附彩图）

4.2.3　土地利用图形特征

土地利用/覆被变化不仅体现为土地资源在数量、质量上的变化，同样还体现为土地资源在土地利用空间格局上的变化。以往对土地利用变化的研究多注重土地利用数量和质量的变化，而对其空间格局变化的研究较少，在探讨空间格局时也主要是借助景观生态学的一些参数和指标，描述空间格局的方法不够完备，因此如何准确地描述土地利用空间格局及其变化，是土地利用变化研究领域的一个关键问题，具有重要的科学和实践意义。地理事物或空间目标的重要特征之一是在时空序列上表现为特定的图形。

这些地理图形包含着极其丰富的信息，可以在一定程度上反映地理事物的成因机制、生态功能、时空演化等。

4.2.3.1　土地利用图形特征指标

土地利用空间格局由土地利用斑块的类型、数量、形状、空间分布及空间组合所决定。林地、草地、建设用地、耕地等不同土地利用类型的斑块因形成机制不同而表现出不同的图形特征，这种特征一方面表现在单个斑块的形状上，另一方面表现在某种土地利用类型斑块的空间分布上。因此，在研究土地利用空间格局的图形信息表达时，应着重于单个斑块形状和斑块空间分布的定量描述。

（1）斑块密度

景观斑块密度是指景观中包括全部异质景观要素斑块的单位面积斑块数。景观斑块密度为景观斑块总数在景观总面积中所占的比例。

$$PD_i = \frac{N_i}{A_i} \quad PD = \frac{1}{A}\sum_{j=1}^{m} N_i$$

式中，PD 为景观斑块密度；PD_i 为景观要素的斑块密度；N_i 为景观要素的斑块数量；m 为研究范围内某空间分辨率上景观要素类型总数；A 为研究范围内景观的总面积。

（2）优势度指数（dominance）

景观优势度指数用于测度景观多样性对景观最大多样性的偏离程度，或描述景观由少数几个主要的景观类型控制的程度，公式如下：

$$D = H_{\max} + \sum_{i=1}^{m} (P_i \times \ln P_i)$$

式中，D 为景观优势度指数；$H_{\max}$ 为最大多样性指数；P_i 为景观类型 i 所占面积比例。

（3）平均斑块形状指数

$$MN = \frac{\sum_{i=1}^{m}\sum_{j=1}^{n} x_{ij}}{N}$$

式中，MN（均值）为整个景观中所有斑块相应斑块值指数值的总和除以斑块总数，MN 与对应斑块指数的单位一致。

（4）周长-面积分形维数（PAFRAC）

$$PAFRAC = \frac{2}{\dfrac{\left[N\sum_{i=1}^{m}\sum_{j=1}^{n}(\ln p_{ij}\cdot\ln a_{ij})\right]-\left[\left(\sum_{i=1}^{m}\sum_{j=1}^{n}\ln p_{ij}\right)\left(\sum_{i=1}^{m}\sum_{j=1}^{n}\ln a_{ij}\right)\right]}{\left(N\sum_{i=1}^{m}\sum_{j=1}^{n}\ln p_{ij}^2\right)-\left(\sum_{i=1}^{m}\sum_{j=1}^{n}\ln p_{ij}\right)^2}}$$

式中，a_{ij} 为斑块 ij 的面积（m²）；p_{ij} 为斑块 ij 的周长（m）；N 为景观中斑块的总数。

（5）蔓延度指数（CONTAG）

$$CONTAG = \left\{1 + \sum_{i=1}^{m}\sum_{j=1}^{n}\frac{p_{ij}\ln(p_{ij})}{2\ln(m)}\right\}$$

式中，p_{ij} 为斑块 ij 的周长；m 为研究范围内某空间分辨率上景观要素类型总数；

CONTAG 为景观中各斑块类型所占景观面积乘以各斑块类型之间相邻格网单元数目占总相邻格网单元数目的比例，乘以该值的自然对数的各斑块类型之和，除以 2 倍的斑块类型总数的自然对数，其值加 1 后再转化为百分比的形式。CONTAG 取值范围为 0＜CONTAG≤100，当斑块类型最大程度分散时，CONTAG 接近 0；当所有斑块类型最大程度上聚集时，CONTAG＝100。

CONTAG 值较小时，表明景观中存在许多小斑块；趋于 100 时，表明景观中有连通度极高的优势斑块类型存在。CONTAG 指标描述的是景观里不同斑块类型的团聚程度或延展趋势。由于该指标包含空间信息，是描述景观格局最重要的指数之一。一般来说，高蔓延度值说明景观中的某种优势斑块类型形成了良好的连接性；反之则表明景观是具有多种要素的密集格局，景观的破碎化程度较高。

（6）斑块凝聚指数（COHESION）

$$\text{COHESION} = \left[1 - \frac{\sum\limits_{i=1}^{m}\sum\limits_{j=1}^{n}p_{ij}}{\sum\limits_{i=1}^{m}\sum\limits_{j=1}^{n}p_{ij}\times\sqrt{a_{ij}}}\right]\times\left[1-\frac{1}{\sqrt{A}}\right]^{-1}\times(100)$$

式中，COHESION 为 1 减去斑块周长总和（元胞记数）除以斑块周长乘以斑块面积平方根的总和（元胞记数），然后再除以 1 减去景观中元胞数平方根的倒数的差值。注意，总景观面积（A）包括所有出现的内部背景。

（7）分离度指数

$$\text{SPLIT} = \frac{A^2}{\sum\limits_{j=1}^{n}a_{ij}^{\ 2}}$$

式中，SPLIT 为景观面积的平方除以所有斑块面积平方的和。SPLIT 取值范围为 1≤SPLIT≤景观面积平方中的元胞数，当景观由一个斑块组成时，SPLIT＝1，SPLIT 随着焦点斑块类型减少同时细分为更小的斑块而增加。SPLIT 的上限被景观面积与元胞大小的比率限制，当相关斑块类型由单个像元斑块组成时达到上限。

SPLIT 基于累积斑块面积分布并且可看作当相应斑块类型被细分为 S 个斑块时的有效网格数量，或者是有固定斑块大小的斑块数量，其中 S 即为 SPLIT 的值。

（8）香农多样性指数（SHDI）

$$\text{SHDI} = -\sum_{i=1}^{m}(P_i\ln P_i)$$

式中，P_i 为景观被斑块类型（类型）所占据的比率；SHDI 在景观级别上等于各斑块类型的面积比乘以其值的自然对数之后的和的负值。注意 P_i 是基于全部景观面积包括内部背景。SHDI 取值范围为 SHDI≥0，SHDI=0 表明整个景观仅由一个斑块组成。SHDI 增大，说明斑块类型增加或各斑块类型在景观中呈均衡化趋势分布。香农多样性指数在群落生态学中被广泛应用于多样性的检测，对于稀有斑块类型，香农多样性指数在某种程度上比辛普森多样性指数要敏感。

SHDI 是一种基于信息理论的测量指数。该指标能反映景观异质性，特别对景观中各斑块类型非均衡分布状况较为敏感，即强调稀有斑块类型对信息的贡献，这也是与其他多样性指数的不同之处。在比较和分析不同景观或同一景观不同时期的多样性与异质性变化时，SHDI 也是一个敏感指标。例如，在一个景观系统中，土地利用越丰富，破碎化程度越高，其不定性的信息含量也越大，计算出的 SHDI 值也就越高，景观生态学中的多样性与生态学中的物种多样性有紧密的联系，但并不是简单的正比关系，研究发现在一景观中二者的关系一般呈正态分布。

（9）Shannon 均匀度指数（SHEI）

$$\text{SHEI} = \frac{-\sum_{i=1}^{m} P_i \times \ln P_i}{\ln m}$$

式中，P_i 为斑块类型 i 在景观中出现的比率；m 为景观类型的数目；SHEI 为负的所有斑块比率丰度乘以该比率，再除以斑块类型数的对数值。或者说，对于某一斑块类型数，观测到的 Shannon 多样性指数除以最大 Shannon 多样性指数。注意，P_i 是基于除去了所有出现的内部背景的总景观面积（A）。

SHEI 取值范围为 0≤SHEI≤1。当景观中只包含一个斑块（没有多样性）时，SHDI=0。随着不同斑块类型间的面积分布越来越不均匀（如主要以一种类型为主），SHDI 趋近于 0。而当不同类型斑块间是完全均匀（各类型所占比率相等）时，SHDI=1。

Shannon 均匀度指数是当不同类型斑块的面积分布均匀时得到最大的均匀度。因此，均匀度是优势度的补充。

SHEI 指数与 SHDI 指数一样也是比较不同景观或同一景观不同时期多样性变化的一个有力手段。而且，SHEI 指数与优势度指数（dominance）之间可以相互转换，即 SHEI 值较小时优势度一般较高，可以反映出景观受到一种或少数几种优势类型所支配；SHEI 趋近 1 时优势度低，说明景观中没有明显的优势类型且各类型在景观中均匀分布。

4.2.3.2　土地利用图形特征分析

表 4.4 显示，兴山和巫溪两区县蔓延度最高，表明这两个区县具有较好的优势斑块类型，景观连接性较好；而重庆市主城区蔓延度指数最低，表明重庆市主城区土地利用具有多种类的密集格局，土地利用类型破碎化程度较高。

表 4.4　三峡库区 2012 年土地利用图形特征

区县	斑块密度（n/100hm²）	优势度指数（%）	平均斑块形状指数	周长-面积分形维数	蔓延度指数（%）	斑块凝聚指数（%）	分离度指数（%）	香农多样性指数	Shannon均匀度指数
	PD	D	MN	PAFRAC	CONTAG	COHESION	SPLIT	SHDI	SHEI
巴东	1.12	21.35	1.81	1.08	70.83	99.71	12.11	0.80	1.20
丰都	1.80	14.65	1.62	1.07	63.90	99.51	26.20	0.91	1.25
奉节	1.06	16.01	2.03	1.10	66.80	99.67	18.25	0.91	1.20
涪陵	1.35	10.34	1.98	1.10	60.56	99.49	30.40	0.98	1.25
江津	0.80	10.94	2.07	1.10	63.64	99.48	28.01	0.95	1.25
开县	0.74	8.93	2.30	1.11	66.89	99.51	37.42	0.92	1.20
石柱	1.54	61.30	1.80	1.09	64.03	99.86	2.66	0.90	1.25
万州	1.19	9.78	2.03	1.10	64.76	99.53	29.94	0.98	1.20
巫山	0.76	19.38	2.06	1.10	67.77	99.67	15.57	0.91	1.20
巫溪	1.04	27.56	1.96	1.10	73.29	99.78	7.65	0.72	1.20
武隆	1.32	9.15	1.79	1.08	61.27	99.46	35.72	0.98	1.25
兴山	2.70	58.16	1.60	1.08	75.12	99.83	2.73	0.64	1.20
夷陵	1.43	35.64	1.82	1.09	70.41	99.76	6.60	0.81	1.20
云阳	1.37	10.99	1.70	1.07	61.79	99.45	42.52	1.11	1.20
长寿	0.77	8.23	2.06	1.10	61.71	99.39	26.47	1.00	1.20
忠县	1.07	10.08	2.13	1.10	61.93	99.48	31.10	0.94	1.25
主城	1.77	5.18	1.87	1.09	59.27	99.35	80.94	1.14	1.20
秭归	1.56	22.56	1.76	1.08	66.69	99.62	14.63	0.92	1.20

　　由表 4.4 可知，重庆市主城区斑块分离度最大，表明重庆市主城区土地利用斑块较为破碎分散，土地利用斑块多样性较高，基本不具有优势斑块，且斑块凝聚度较低。而石柱、兴山、夷陵和巫溪 4 个区县分离度较低，表明该区域斑块具有较好的连通性，凝聚度和蔓延度较高，一般都具有优势斑块，且景观多样性较弱。

　　三峡库区各个区县中属重庆市主城区、云阳、长寿土地利用多样性指数最高，表明该区域土地利用类型较为多样，且结构更为复杂，最低的为兴山，表明该处土地利用较其他地方更为简单，很有可能出现优势斑块。

4.2.4　土地利用多样性指数特征

　　为了更确切地了解重庆市主城区土地利用类型的齐全程度或多样性现状，运

用吉布斯-马丁指数（GM）模型来衡量多样性程度。该模型的数学公式为

$$GM = 1 - \frac{\sum_{i=1}^{n} X_i^2}{\left(\sum_{i=1}^{n} X_i\right)^2}$$

式中，GM 为多样性指数；X_i 为区域内第 i 种土地利用类型总的占地面积；n 为土地利用类型数，当 n 接近于 1 时，说明一个地区只有一种土地利用类型，此时 GM 接近于 0 时，多样性指数最小；如果某一个地区土地利用类型越多样，GM 则越大，也就越接近于 1[1]。根据数据计算，结果见表 4.5。

表 4.5　三峡库区 2012 年土地利用多样性指数表

区县	库区	巴东	长寿	丰都	奉节	涪陵	江津	开县	石柱	万州
多样性指数	0.56	0.48	0.55	0.55	0.53	0.57	0.55	0.54	0.5	0.57
区县	巫山	巫溪	武隆	兴山	夷陵	云阳	忠县	主城	秭归	
多样性指数	0.52	0.4	0.57	0.32	0.47	0.61	0.53	0.64	0.54	

由表 4.5 可以看出，三峡库区土地利用类型较丰富。其中，重庆市主城区和云阳土地利用多样性指数最高，分别为 0.64、0.61。涪陵、万州、武隆土地利用类型比较多样，巫溪、夷陵、巴东、石柱、巫山等区县均低于三峡库区平均水平，兴山土地利用多样性指数最低。

4.2.5　土地利用组合类型系数特征

在分析土地利用多样性程度、集中化程度的基础上进行区域土地利用的组合类型系数的分析，其目的是为了确定土地利用结构的类型特征和主要类型。通常采用威弗-托马斯（Weaver-Tomas）组合系数法来解决土地结构的组合类型问题。该方法是把土地的实际分布（实际相对面积百分比）与假设分布（假设相对面积百分比）相比较，然后逐步逼近实际分布，得到一个最接近实际分布的近似分布，这种分布的组合类型，即为所求的组合类型。其步骤如下：①把各种土地类型按面积相对比例由大到小顺序排列。②假设土地只分配给一种类型，这一种类型的假设分布为 100%，其他类型的假设分布为 0；如果仅分配给前两种类型，那么这两种类型的假设分布为 50%，其他类型的假设分布为 0；依此类推，如果土地均匀分配给 8 种类型，则假设分布为 12.5%。③计算和比较每一种假设分布与实际

---

① 王秀兰，包玉海. 1999. 土地利用动态变化研究方法探讨. 地理科学进展，18（1）：81-87

分布之差的平方和（组合系数）。④选择假设分布与实际分布之差的平方和最小的假设分布组合类型（最小组合系数所对应的组合类型），这种组合类型即为该区域土地组合类型。

根据上述原理和方法，得出表 4.6。

表 4.6　三峡库区 2012 年土地利用组合系数表

区县	组合系数	组合类型数	组合类型
库区	176.88	2	林地-耕地
巴东	523.96	2	林地-耕地
长寿	604.06	2	耕地-林地
丰都	38.56	2	耕地-林地
奉节	295.24	2	林地-耕地
涪陵	27.65	2	耕地-林地
江津	158.38	2	耕地-林地
开县	134.54	2	林地-耕地
石柱	946	2	林地-耕地
万州	44.91	2	林地-耕地
巫山	377.34	2	林地-耕地
巫溪	653.86	1	林地
武隆	117.89	2	林地-耕地
兴山	353.75	1	林地
夷陵	779.22	2	林地-耕地
云阳	178.76	2	林地-耕地
忠县	418.54	2	耕地-林地
主城	186.93	2	林地-耕地
秭归	237.36	2	林地-耕地

从表 4.6 可以看出，土地利用组合类型绝大多数为 2 种类型的组合，主要是"林地-耕地"的组合，还有部分是"耕地-林地"的组合。1 种土地利用组合类型的较少，只有巫溪和兴山组合类型为林地一种。总体来看，2012 年重庆三峡库区土地利用类型集中程度较高，齐全程度低。

4.2.6　土地利用区位指数特征

区位就是自然地理区位、经济地理区位和交通地理区位在空间地域上有机结合的具体表现，为了更好地测度各地类区位优势和专业化程度，采用区位指数，其计算公式如下：

$$Q = \frac{d_i \Big/ \sum_{i=1}^{n} d_i}{D_i \Big/ \sum_{i=1}^{n} D_i}$$

式中，Q 为区位指数；d_i 为区域内第 i 种土地面积；D_i 为高层次区域内第 i 种土地面积。如果区位指数 Q 大于 1，则该种土地具有区位意义；如果 Q 小于 1，则其不具备区位意义。

根据以上公式，计算结果见表 4.7。

表 4.7　三峡库区 2012 年土地利用区位指数表

区县	巴东	长寿	丰都	奉节	涪陵	江津	开县	石柱	万州
草地	0.08	0.07	0.29	1.08	0.43	0.13	1.29	3.29	0.69
耕地	0.86	1.61	1.36	0.94	1.25	1.45	1.05	0.64	1.16
建设用地	0.49	1.85	0.65	0.33	1.01	1.22	0.37	0.37	0.85
林地	1.18	0.51	0.80	1.08	0.84	0.70	1.00	1.21	0.90
水域	0.61	2.47	0.95	0.87	1.32	1.29	0.58	0.30	1.28
未利用地	4.66	0.00	0.00	0.43	0.00	0.00	1.45	0.00	0.04
区县	巫山	巫溪	武隆	兴山	夷陵	云阳	忠县	主城	秭归
草地	1.36	1.15	2.48	0.78	0.07	3.58	0.57	0.11	0.04
耕地	0.89	0.57	1.05	0.38	0.75	0.98	1.60	1.00	0.97
建设用地	0.29	0.17	0.37	0.41	0.75	0.42	0.52	4.87	0.84
林地	1.10	1.36	0.96	1.49	1.23	0.91	0.59	0.82	1.05
水域	0.81	0.41	0.45	0.53	0.79	1.42	1.86	1.43	1.58
未利用地	0.63	0.43	0.00	2.60	5.32	0.74	0.00	0.06	1.68

耕地、林地在各区县区位指数相差不大，各区县没有十分突出的区位指数，说明耕地、林地的分布比较均匀。长寿、忠县耕地区位优势稍明显，巫溪、兴山林地区位优势稍明显。建设用地在主城区的区位指数最大，为 4.87，长寿、涪陵、江津的建设用地也都有区位意义。云阳、石柱的草地相对较多，区位指数分别为 3.58、3.29。整个库区水域面积在长寿较多，由于长寿湖在长寿，所以水域在长寿区位指数达 2.47。未利用地在巴东、夷陵、兴山分布较多，区位指数分别为 4.66、5.32、2.60。

4.2.7　土地利用程度指数特征

土地利用程度综合分析的目的在于确定区域土地利用程度综合特征。采用刘纪远等提出的方法，将土地利用程度按照土地自然综合体在社会因素影响下的自然平衡状态分为若干等级，并赋予分级指数，计算公式为

$$La=100\times\sum_{i=1}^{n}A_i\times C_i, La\in[100,400]$$

式中，La 为土地利用程度综合指数；A_i 为第 i 级的土地利用程度分级指数；C_i 为第 i 级土地利用程度分级面积百分比。

土地利用程度综合指数是一个取值区间为[100，400]的连续函数。在一定的单位网络区域内，综合指数的大小反映了土地利用程度的高低。任何地区的土地利用程度均可以通过计算其综合指数的大小而得到（表 4.8）。

表 4.8　土地利用程度赋值表

土地利用程度分级	农业用地级	林草用地级	城镇聚落用地级	未利用土地级
土地利用类型	耕地、园地、人工草地	林地、水域、草地	城镇、居民点、工矿用地、交通用地	未利用地、难利用地
土地利用分级指数	1	2	3	4

其计算结果见表 4.9。

表 4.9　三峡库区各区县土地利用程度

区县	库区	巴东	长寿	丰都	奉节	涪陵	江津	开县	石柱	万州
指数	162.96	169.32	144.68	150.06	163.07	155.05	148.56	158.59	169.14	157.39
区县	巫山	巫溪	武隆	兴山	夷陵	云阳	忠县	重庆主城区	秭归	
指数	164.07	176.52	155.61	185.2	174.24	155.9	140.01	176.18	166.11	

忠县、长寿、江津土地利用程度较低，兴山土地利用程度最高，巫溪、主城区、夷陵土地利用程度较高。奉节、开县土地利用程度与三峡库区利用程度相当。

4.2.8　土地利用率和景观偏离程度

土地利用程度主要反映土地利用的广度和深度，即不仅反映土地利用中土地本身的自然属性，还反映人类因素与自然环境因素的综合效应，是一定区域内多种土地利用类型综合变化的结果。土地利用程度可以用景观偏离度、土地利用率和土地利用程度指数来表示。

景观偏离度=（耕地面积+园地面积+建设用地面积）/土地总面积×100%

土地利用率=（已利用土地面积/土地总面积）×100%

根据上述公式计算出土地景观偏离度和土地利用率，见表 4.10。

表 4.10　三峡库区各区县土地利用率和景观偏离度表

区县	巴东	丰都	奉节	涪陵	江津	开县	石柱	万州	巫山
景观偏离度（%）	33.61	52.91	36.22	49.63	58.01	40.49	24.94	45.76	34.30
土地利用率（%）	99.83	100.00	99.98	100.00	100.00	99.95	100.00	100.00	99.98
区县	巫溪	武隆	兴山	夷陵	云阳	长寿	忠县	主城	秭归
景观偏离度（%）	21.68	40.44	15.43	30.23	37.83	65.61	61.53	51.10	38.66
土地利用率（%）	99.98	100.00	99.90	99.80	99.97	100.00	100.00	100.00	99.94

从表 4.10 可知景观偏离度较大的区县为长寿、忠县、江津、丰都和重庆市主城区，表明这些区域人类活动强度及人类活动对自然环境的改造程度较大；兴山和巫溪人类活动强度最弱。土地利用率普遍较大，甚至部分区县的土地完全利用。

4.3　土地利用中存在的问题及对策

4.3.1　库区土地利用中存在的问题

通过以上的分析研究可以得出，三峡库区土地利用的特点与问题主要有以下几个方面。

（1）土地利用结构布局中存在的问题

从三峡库区土地利用现状分析结果可以表明，该地区土地利用结构和布局的情况较为合理，但是仍然还存在一些问题，如耕地和林地用地面积所占的比重比较大，这与该地区的自然环境和气候特点是分不开的。受人类活动影响较大的建设用地结构分布不尽合理，经济效益较低，闲置现象比较严重，没有得到充分而合理的利用。

（2）耕地分布差异大，后备资源有限，人地矛盾问题日益突出

三峡库区各区县间的耕地分布差异较大，主要集中在库区中上段，如丰都、江津、忠县，以及长寿等地区，而库区下段主要分布为林地，导致耕地后备资源非常有限。2012 年库区耕地面积为 21 528.46km^2，人均耕地面积不足 1 亩，低于全国人均占有量。加之三峡库区属于生态脆弱区，许多沿江地区的耕地不能得到充分的利用，并且城镇建设和乡镇企业占用大量的耕地和林地，人地供需矛盾更加尖锐。

（3）耕地总体质量差，生产水平低。

三峡库区主要为山地地形，耕地主要分布于具有一定坡度的山地上，影响了耕地的总体质量和生产力水平。优质耕地逐年减少，尤其是该地区适于蔬菜种植的耕地面积不断减少。建设项目占用耕地的势头仍在继续上升，城镇建设和乡镇企业都占用了大量优质耕地，农业结构调整占用耕地的问题也比较突出。

4.3.2　合理利用土地的对策

根据三峡库区土地利用现状分析所得到的结果和问题，结合了可持续发展的思想及土地利用生态规划的基本原理，提出如下土地合理利用的发展策略。

（1）充分保障耕地资源

面对三峡库区耕地面积日益减少、耕地质量下降，以及土地资源浪费的状况，应该及时加强耕地保护的政策和措施，促进土地可持续发展。

（2）加强土地利用总体规划

通过合理正确的土地利用规划，调整土地利用结构和土地利用布局，减少土地浪费，做到各尽其利，以期获取最大的经济、社会和生态效益产出。

（3）加强建设用地管理

耕地减少的主要原因就是耕地被非农业用地所占用，解决这个问题的关键在于明确分类供地的要求，加工业等是适合建造多层厂房的行业，在新建厂房时应尽量建造多层厂房，提高土地容积率；对于土地容积率低，占地大而经济效益低的用地项目要坚决查处，不予审批。

（4）创新库区管理机制

三峡库区地块两省市，26 各区县，幅员面广而大，要想库区土地合理利用，库区生态环境不被破坏，三峡大坝能长远运转，就必须创新管理机制，使库区能真正的得到合理保护。

5

经济增长变化

经济发展是库区后三峡时期安稳致富的重要支撑和源泉,下面将从经济增长和产业结构两方面进行说明[①]。

5.1 经济增长发展变化

5.1.1 总体情况

自 1994 年三峡工程正式开工以来,三峡库区 26 个区县 GDP 呈增长趋势。2012 年,库区 26 个区县共完成国内生产总值 8641.97 亿元(名义值,下同),比 1994 年 531.25 亿元增长了 16 倍,年均增长速度为 16.76%。

从图 5.1 和图 5.2 中的 GDP 增长率来看,为实现 1997 年大江截流和 2003 年大坝按时建成蓄水,第一批机组发电和永久船闸通航,库区进行了移民和搬迁工作,大量地方被淹没,大量工矿企业遭受损失,1994~1999 年库区 GDP 增速呈递减趋势,到 1999 年,增长率下降到 5%;1999 年,根据三峡工程库区环境容量的实际情况,国务院三峡工程移民工作会议进一步调整和完善库区移民政策,鼓励和引导更多的农村移民外迁,1999~2009 年库区 GDP 保持了 20%以上的高速增长,到 2009 年达到近 30%;自 2010 年以来,库区增长率开始回落,到 2012 年下降了 12%。

---

① 为了便于数据分析和对比,这一章节中将采用 1995 年农业部关于三峡库区的划分方式。若无特别说明。本章中数据的来源为历年《中国统计年鉴》、《重庆统计年鉴》、《湖北统计年鉴》

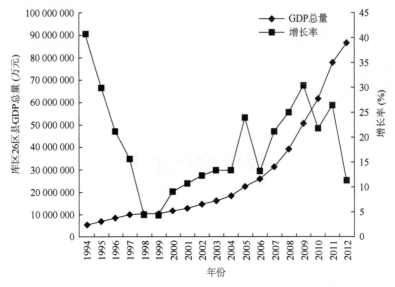

图 5.1 1994～2012 年三峡库区 GDP 变化图

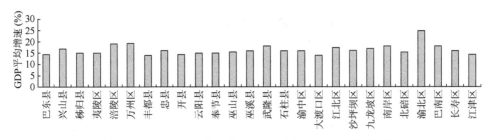

图 5.2 1994～2012 年三峡库区 26 个区县 GDP 平均增速

5.1.2 库首地区

2012 年，库首 4 个区县[①]共完成 GDP 546.7800 亿元，比 1994 年的 45.024 亿元增长了 12.14 倍，年均增长速度为 14.88%。从增长速度看，与库区总体 GDP 增长轨迹一样，库首也经历了先降后升再回落的过程。1994～1999 年库首 GDP 增速呈递减趋势，由于底子薄、基础差，再加上移民拆迁对库首地区影响十分巨大，到 1999 年甚至出现了负增长，增长率为-6.56%，1999 年移民政策调整后，库首经济发展状况明显改善，1999～2010 年平均增长率达到

---

① 库区经济发展变化将按照地理位置划分为库首、库腹、库尾 3 部分进行对比分析。库首的夷陵区、秭归县、兴山县在行政区划上，属于宜昌市，夷陵区是宜昌市面积最大、人口最多的市辖行政区，原名宜昌县，2001 年 7 月 28 日，宜昌县被撤销，设立宜昌市夷陵区。巴东县隶属恩施土家族苗族自治州

12.72%（图 5.3）。

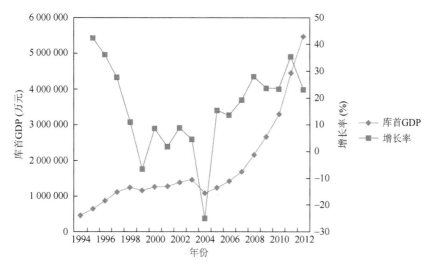

图 5.3 库首 1994～2012 年 GDP 变化图

图 5.4 和表 5.1 为各区县情况，库首四区县 GDP 平均增速为 14.88%，低于湖北省 15.35% 的水平。巴东县从 5.831 亿元增长到 65.510 亿元，增长了 11.234 倍，年均增长 14.38%；兴山县从 4.205 亿元增长到 67.410 亿元，增长了 16.030 倍，年均增长 16.67%；秭归县从 6.4938 亿元增长到 78.770 亿元，增长了 12.130 倍，年均增长 14.87%；夷陵区从 28.49 亿元增长到 335.090 亿元，增长了 11.76 倍，年均增长 14.68%。

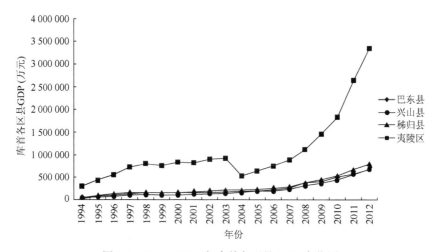

图 5.4 1994～2012 年库首各区县 GDP 变化图

表 5.1　1994 ~ 2012 年库首各区县 GDP 平均增速

省区县	GDP（1994 年）（万元）	GDP（2012 年）（万元）	GDP 平均增速（%）
巴东县	5.831	65.51	14.38
兴山县	4.205	67.410	16.67
秭归县	6.4938	78.770	14.87
夷陵区	28.49	335.090	14.68
湖北省	1 700.92	22 250.45	15.35

　　由图 5.5 所示，1998 年及以前库首 4 区县 GDP 年增速均大于湖北省水平，其中 1995 年 4 区县增长率高于湖北省 18.20 个百分点；1999~2006 年，湖北全省平均增长速度超过库首 4 区县；2006 年后，库首 4 区县 GDP 年增速再次超过湖北全省，特别是 2011 年夷陵区超过全省平均速度 13.5 个百分点。

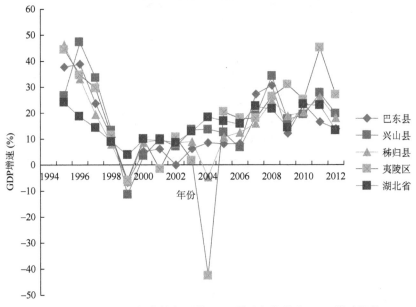

图 5.5　1995~2012 年库首各区县 GDP 增速与湖北省 GDP 增速比较

　　2012 年，库首 4 区县占湖北省 GDP 的比重为 2.45%，比 1994 年下降了 0.2 个百分点。其中，1998 年占比最大，达到 3.96%；占比最小的为 2007 年，只有 1.8%。从整体上看，1995~2003 年占比都在 3% 以上，但从 2004 年开始比重直线下降，始终不足 2%，直到 2009 年才恢复到 2% 以上水准（表 5.2）。

　　由图 5.6 所示，秭归县、兴山县、巴东县表现出相似的发展趋势。具体来看，1994~1998 年占湖北省 GDP 的比重逐年稳步上升，1999 年开始缓慢下降。直至 2012 年始终没有恢复到 20 世纪 90 年代的水平。库区 4 县中变化最大的是夷陵区，

1998 年占比达到最高，表现出明显高于其他 3 县的经济发展水平。以 2012 年为例，占比为 1.51%，是其他 3 县总和的 1.6 倍。

表 5.2　库首各区县 GDP 占湖北省 GDP 情况表　　（单位：%）

年份	巴东县	兴山县	秭归县	夷陵区	库首总计
1994	0.34	0.25	0.38	1.68	2.65
1995	0.38	0.25	0.45	1.95	3.03
1996	0.45	0.31	0.51	2.22	3.49
1997	0.48	0.37	0.53	2.51	3.89
1998	0.49	0.38	0.52	2.57	3.96
1999	0.44	0.32	0.47	2.33	3.56
2000	0.42	0.31	0.47	2.33	3.53
2001	0.41	0.31	0.47	2.09	3.28
2002	0.38	0.30	0.47	2.13	3.28
2003	0.36	0.30	0.45	1.92	3.03
2004	0.33	0.29	0.36	0.94	1.92
2005	0.30	0.28	0.34	0.96	1.88
2006	0.28	0.26	0.34	0.98	1.86
2007	0.29	0.25	0.32	0.94	1.8
2008	0.31	0.28	0.33	0.98	1.9
2009	0.31	0.29	0.34	1.12	2.06
2010	0.31	0.28	0.33	1.14	2.06
2011	0.29	0.29	0.34	1.35	2.27
2012	0.29	0.30	0.35	1.51	2.45

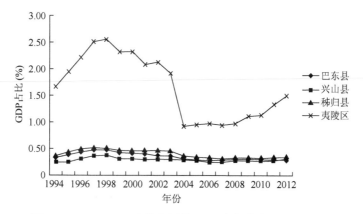

图 5.6　1994～2012 库首各区县 GDP 占湖北省 GDP 比例图

5.1.3 库腹地区

2012 年，库腹 11 个区县共完成 GDP 2376.980 亿元，比 1994 年的 148.254 亿元增长了 16.033 倍，年均增长速度为 16.67%。从增长速度看，库腹地区也经历了先降后升再回落的过程。1997 年，大江截流对库腹地区经济产生了巨大的影响，1994~1998 年库腹 GDP 增速呈快速递减的趋势，增长率从 1995 年的 32.65%下降到 1998 年的 3.32%，1999 年移民政策调整后，库腹地区经济发展状况明显改善，1999~2009 年，库腹 GDP 增速呈快速递增趋势，增长率从 1998 年的 4.75%增长到 2009 年的 30.69%，年均增长速度为 17.15%。

从分区县看，库腹地区 GDP 平均增速（16.67%）高于重庆市水平（15.65%），具体区县中，涪陵区、万州区、忠县、开县、奉节县、武隆县、石柱县的 GDP 平均增速大于重庆市总体水平，丰都县、云阳县、巫山县、巫溪县的 GDP 平均增速小于重庆市总体水平。其中，万州区从 1994 年的 27.599 亿元增长到 2012 年的 662.862 亿元，增长了 24.02 倍，年均增长 20.13%；涪陵区从 1994 年的 27.771 亿元增长到 2012 年的 630.529 亿元，增长了 22.70 倍。

从库腹区域内差异的变化看（图 5.7），万州区和涪陵区作为库区第一、第二大城市，2012 年 GDP 分别占库腹地区的 27.89%和 26.53%，其次是开县，最小的是巫山县、巫溪县。随着时间的推移，库腹地区经济发展呈现出明显分异。一是榜首易位。长期以来涪陵 GDP 稳居库腹地区榜首，到 2003 年万州区 GDP 达到 97.819 亿元，首次超过涪陵区在库腹地区成为 GDP 总量最大的区县，到 2012 年万州区比涪陵区多出 32.333 亿元，这显示出万州区拟建设为重庆"第

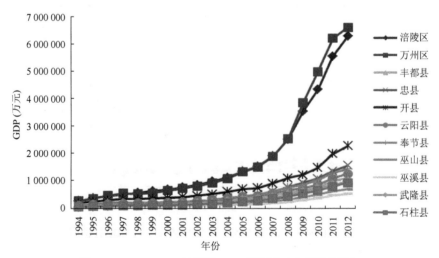

图 5.7　1994~2012 年库腹 GDP 变化图（文后附彩图）

二大城市"成效显著，其 GDP 得以高速增长。二是首尾差距扩大。1994 年，库腹 GDP 最大的涪陵区是最小的巫溪县的 7.18 倍，而到 2012 年，GDP 最大的万州区与 GDP 最小的巫溪县相差近 11.18 倍，表明巫山县、巫溪县等区县经济发展受相对较差的地理环境、交通、政策等条件限制的作用进一步凸显，必须引起高度重视。

从表 5.3 中各区县 GDP 年增长速度来看，库腹地区大致经历了下降到上升再波动的过程，由图 5.8 可以看到，1994～1998 年 GDP 增长速度大体呈下降的趋势，1999～2005 年呈上升趋势，2005 年后，呈现出波动趋势，且波幅较大，特别是 2011 年万州区增长速度超过重庆市 38.22 个百分点。

表 5.3　1994～2012 年库腹各区县 GDP 平均增速

市区县	GDP（1994 年）（亿元）	GDP（2012 年）（亿元）	GDP 平均增速（%）
涪陵区	27.771	630.529	18.94
万州区	27.600	662.862	19.32
丰都县	10.784	111.077	13.83
忠县	10.959	156.797	15.93
开县	20.519	229.551	14.36
云阳县	10.425	126.627	14.88
奉节县	12.048	144.568	14.80
巫山县	5.461	70.350	15.26
巫溪县	3.867	53.114	15.67
武隆县	4.967	98.423	18.05
石柱县	6.580	93.103	15.86
重庆市	833.600	11409.600	15.65

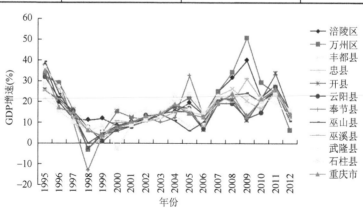

图 5.8　1995～2012 年库腹各区县 GDP 年增速与重庆市 GDP 增速比较（文后附彩图）

从占重庆市 GDP 比重来看，见表 5.4 和图 5.9，2012 年库腹 11 个区县占重庆市 GDP 的比重为 20.84%，比 1994 年上升了 3.93 个百分点。1994～2007 年整体上看占比都在 17.65% 以下，2007 年后，占比增长较快，并在 2009 年超过 20%。另外，随着三峡工程的推进，涪陵区、万州区、武隆县 GDP 占重庆市 GDP 比重呈现递增趋势，且与其他区县拉开较大的差距，丰都县、开县、云阳县、奉节县、巫山县 GDP 占重庆市 GDP 比重呈现递减趋势，忠县、巫溪县、石柱县 GDP 占重庆市 GDP 比重基本持平。

表 5.4　库腹各区县 GDP 占重庆市 GDP 情况表　　　（单位：%）

年份	涪陵区	万州区	丰都县	忠县	开县	云阳县	奉节县	巫山县	巫溪县	武隆县	石柱县	库腹总计
1994	3.33	3.31	1.29	1.31	2.46	1.25	1.45	0.66	0.46	0.60	0.79	16.91
1995	3.41	3.26	1.17	1.34	2.30	1.22	1.41	0.68	0.43	0.60	0.87	16.69
1996	3.48	3.60	1.16	1.44	2.37	1.27	1.56	0.72	0.45	0.66	0.75	17.46
1997	3.40	3.64	1.14	1.40	2.36	1.28	1.50	0.71	0.44	0.68	0.72	17.27
1998	3.56	3.33	1.14	1.30	2.17	1.30	1.23	0.67	0.44	0.69	0.94	16.77
1999	3.84	3.38	1.16	1.28	2.18	1.27	1.23	0.68	0.44	0.72	0.75	16.93
2000	3.87	3.62	1.16	1.28	2.15	1.26	1.24	0.68	0.45	0.78	0.68	17.17
2001	3.87	3.70	1.16	1.26	2.11	1.24	1.23	0.68	0.45	0.81	0.67	17.18
2002	3.82	3.65	1.18	1.24	2.07	1.24	1.23	0.68	0.44	0.83	0.66	17.04
2003	3.83	3.62	1.17	1.25	2.06	1.23	1.18	0.68	0.43	0.81	0.67	16.93
2004	3.72	3.60	1.12	1.26	2.01	1.23	1.12	0.64	0.42	0.85	0.67	16.64
2005	3.90	3.85	1.06	1.27	2.03	1.26	1.30	0.59	0.42	0.86	0.73	17.27
2006	3.94	3.90	1.02	1.28	1.92	1.19	1.30	0.58	0.41	0.86	0.74	17.14
2007	4.11	4.07	1.03	1.32	1.96	1.19	1.33	0.58	0.42	0.86	0.76	17.63
2008	4.38	4.42	0.99	1.34	1.91	1.15	1.30	0.58	0.41	0.86	0.76	18.10
2009	5.44	5.92	1.01	1.43	1.88	1.14	1.31	0.64	0.47	0.91	0.83	20.98
2010	5.48	6.31	0.97	1.38	1.88	1.08	1.30	0.63	0.47	0.91	0.82	21.23
2011	5.57	6.22	1.00	1.37	2.00	1.09	1.28	0.63	0.47	0.86	0.80	21.29
2012	5.53	5.81	0.97	1.37	2.01	1.11	1.27	0.62	0.47	0.86	0.82	20.84

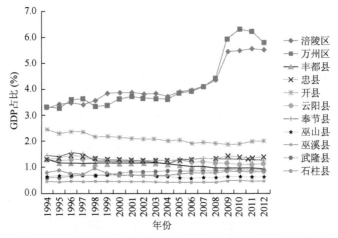

图 5.9　1994～2012 库腹各区县 GDP 占重庆市 GDP 比例图

5.1.4 库尾地区

2012 年，库尾 11 个区县共完成 GDP 5718.214 亿元，比 1994 年的 345.246 亿元增长了 16.56 倍，年均增长速度为 16.88%。从增长速度看，库腹地区也经历了先降后升再波动的过程（图 5.10）。1994～1998 年库腹 GDP 增速呈快速递减趋势，增长率从 1995 年的 26.95% 下降到 1998 年的 6.11%，1998 年后库尾地区经济发展状况明显改善，1999～2005 年，库腹 GDP 增速呈快速递增趋势，增长率从 1998 年的 6.11% 增长到 2005 年的 26.93%，年均增长速度为 14.20%，之后以较高的增长速度波动，这主要得益于重庆市直辖后各项优惠政策对经济发展的推动作用。

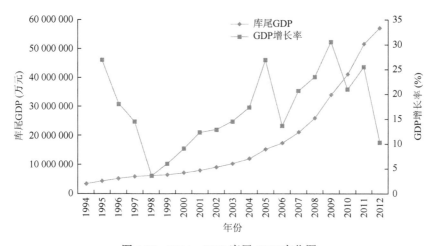

图 5.10　1994～2012 库尾 GDP 变化图

从各区县看，库尾地区 GDP 平均增速（16.88%）高于重庆市水平（15.65%）（表 5.5），具体区县中，渝中、江北区、沙坪坝区、九龙坡区、南岸区、渝北区、巴南区、长寿区的 GDP 平均增速大于重庆市水平，大渡口区、北碚区、江津区的 GDP 平均增速小于重庆市水平。其中，变化最大的渝北区 GDP 从 1994 年 16.789 亿元增长到 2012 年 879.325 亿元，增长了 52.38 倍，年均增长 24.60%，变化最小的大渡口区 GDP 从 1994 年 17.126 亿元增长到 2012 年的 127.08 亿元，增长了 7.42 倍，年均增长 11.78%。2011 年，渝北区成为库尾地区 GDP 最大的区，这主要是区域经济发展政策转移及"两江新区"建设的影响。另外，2010 年后大渡口区 GDP 出现一定回落，这与大渡口区城市转型和"重钢"的搬出有很大关系。

表 5.5　1994～2012 年库尾各区县 GDP 平均增速

市区县	GDP（1994 年）（亿元）	GDP（2012 年）（亿元）	GDP 增速（%）
渝中区	54.221	766.027	15.85
大渡口区	17.126	127.080	11.78
江北区	29.812	527.760	17.31
沙坪坝区	45.822	658.139	15.96
九龙坡区	47.125	776.298	16.84
南岸区	23.840	465.558	17.95
北碚区	26.166	334.759	15.21
渝北区	16.789	879.325	24.60
巴南区	21.702	420.846	17.91
长寿区	24.423	336.409	15.69
江津区	38.220	426.013	14.33
重庆市	833.600	11 409.600	15.65

由图 5.11 和表 5.5 可知，大体上库尾各区县 GDP 增长率在 1994～1998 年呈递减趋势，1998～2005 年呈上升趋势，之后处于幅度较大的波动状态。另外，库尾地区大部分区县的 GDP 增长速度大于重庆市水平，说明库尾地区经济发展状况好。

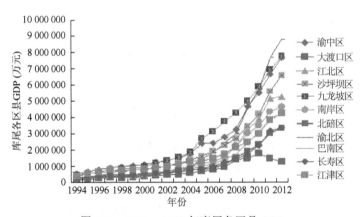

图 5.11　1994～2012 年库尾各区县 GDP

从占重庆市 GDP 比重来看（表 5.6），2012 年库尾 11 个区县占重庆市 GDP 的比重为 50.11%，比 1994 年上升了 8.7 个百分点。整体上看，1995～2004 年占比都在 40.5%以下，2004 年后占比增长较快，并在 2009 年超过 52%。其中，江北区、沙坪坝去、九龙坡区、南岸区、渝北区、巴南区 GDP 占重庆市 GDP 比重呈现递增趋势，大渡口区、北碚区、江津区 GDP 占重庆市 GDP 比重呈现递减趋势，渝中区和长寿区 GDP 占比基本持平。

表 5.6 库尾各区县 GDP 占重庆市 GDP 情况表 （单位：%）

年份	渝中区	大渡口区	江北区	沙坪坝区	九龙坡区	南岸区	北碚区	渝北区	巴南区	长寿区	江津区	库尾总计
1994	6.50	2.05	3.58	5.50	5.65	2.86	3.14	2.01	2.60	2.93	4.58	41.40
1995	6.08	1.82	3.17	4.97	5.06	2.84	3.07	2.03	2.49	2.70	4.78	39.01
1996	6.10	2.11	3.12	4.81	4.61	2.92	3.25	2.06	2.55	2.80	5.06	39.39
1997	6.08	2.22	3.12	4.36	4.66	2.81	3.36	2.11	2.56	2.73	5.28	39.29
1998	6.03	1.96	3.10	4.38	5.19	2.79	2.95	2.20	2.58	2.50	4.67	38.35
1999	6.30	2.00	2.74	4.59	5.16	2.97	2.98	2.34	2.69	2.71	4.74	39.22
2000	6.18	2.17	2.82	4.67	5.40	3.15	2.95	2.39	2.68	2.83	4.47	39.71
2001	6.30	2.19	2.85	4.65	6.02	3.11	2.92	2.46	2.67	2.81	4.48	40.46
2002	6.17	2.09	3.08	4.62	6.07	3.08	2.82	2.53	2.69	2.78	4.50	40.43
2003	6.00	1.98	3.37	4.58	6.09	3.18	2.77	2.65	2.76	2.62	4.45	40.45
2004	5.81	1.88	3.13	4.57	6.11	3.12	2.67	3.13	2.71	2.56	4.28	39.97
2005	6.94	2.01	3.86	4.71	7.80	3.33	2.31	4.19	2.91	2.51	3.84	44.41
2006	6.23	1.98	3.88	4.94	8.07	3.32	2.35	4.69	2.98	2.56	3.81	44.81
2007	5.98	2.01	3.84	4.91	8.01	3.35	2.36	5.25	3.05	2.68	3.76	45.20
2008	5.63	2.46	3.78	4.68	7.44	3.90	2.69	5.21	3.03	2.48	3.78	45.08
2009	7.17	2.29	4.98	5.32	7.66	4.60	2.95	7.04	3.73	2.70	3.82	52.26
2010	6.98	2.24	4.94	5.29	7.44	4.43	2.93	7.24	3.90	2.88	3.82	52.09
2011	6.65	1.50	5.16	5.60	6.90	4.34	3.03	7.67	3.95	3.17	3.83	51.80
2012	6.71	1.11	4.63	5.77	6.80	4.08	2.93	7.71	3.69	2.95	3.73	50.11

图 5.12 为 1995～2012 年库腹各区县 GDP 增速与重庆市 GDP 增速的比较。

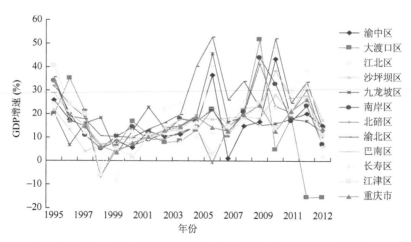

图 5.12 1995～2012 年库腹各区县 GDP 增速与重庆市 GDP 增速比较

5.2 产业结构发展变化

5.2.1.1 三次产业

由图 5.13～图 5.15 可知，自 1994 年三峡库区正式开工以来，库区第一

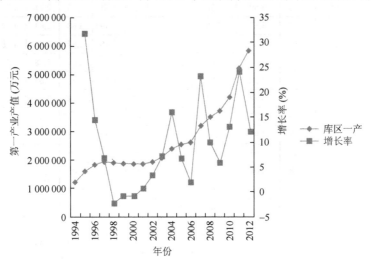

图 5.13 1994～2012 年库区第一产业产值及其变化

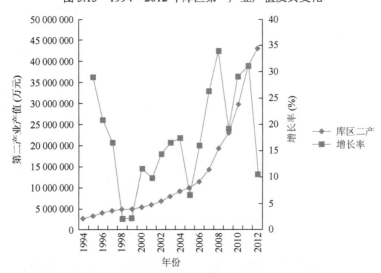

图 5.14 1994～2012 年库区第二产业产值及其变化

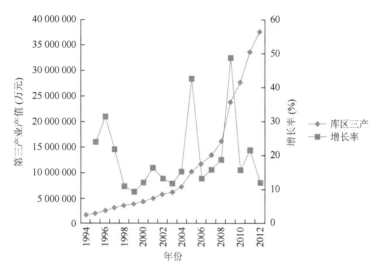

图 5.15　1994～2012 年库区第三产业产值及其变化

产业产值、第二产业产值、第三产业产值都得到了较快的增长。2012 年，库区 26 个区县共完成第一产业生产总值 584.16 亿元，比 1994 年 119.95 亿元增长了 4.9 倍，年均增长速度为 9.23%；共完成第二产业生产总值 4294.28 亿元，比 1994 年 252.14 亿元增长了 17 倍，年均增长速度为 17.05%；共完成第三产业生产总值 3760.53 亿元，比 1994 年 157.62 亿元增长了 23.86 倍，年均增长速度为 19.27%。第二、第三产业产值增长率大于第一产业产值增长率。

　　另外，由图 5.13～图 5.15 可知，1994～1998 年，第一产业、第二产业产值增长率急剧下滑，第一产业产值甚至出现了负增长，这主要是为实现 1997 年大江截流，许多地方被淹没、耕地减少、工矿企业遭受重大损失造成的。1998～2003 年，第一产业、第二产业产值增长率得到恢复，之后呈波动状态。受三峡工程影响最小的为第三产业，各年份增长率均维持在 10% 以上。

5.2.1.2　产业结构

　　表 5.7 给出了库区产业结构数值，图 5.16 给出了产业占比。1994 年以来，库区第一产业占比持续下降，由 1994 年的 22.64% 下降到了 2012 年的 6.76%；第二产业占比变化不大，由 1994 年的 47.6% 上升到 49.71%，第三产业占比增加较多，由 1994 年的 29.76% 增长到 2012 年的 43.53%。由此可知，库区第二产业、第三产业占比较大，第一产业占比较小，其中占比最大的是第二产业，与发达国家第三产业在国民经济中占比最大有一定差距，说明三峡库区产业结构有待进一步提升。

表 5.7　三峡库区三次产业结构表　　　　　（单位：%）

年份	库区第一产业占比	库区第二产业占比	库区第三产业占比
1994	22.64	47.6	29.76
1995	23.28	47.97	28.75
1996	21.74	47.38	30.87
1997	19.99	47.6	32.4
1998	18.76	46.7	34.55
1999	17.84	45.85	36.3
2000	16.14	46.75	37.11
2001	14.66	46.38	38.96
2002	13.49	47.24	39.27
2003	12.75	48.54	38.72
2004	12.69	48.94	38.36
2005	11.24	43.33	45.43
2006	10.13	44.44	45.43
2007	10.28	46.29	43.43
2008	9.05	49.66	41.3
2009	7.36	45.45	47.19
2010	6.84	48.24	44.92
2011	6.71	50.05	43.24
2012	6.76	49.71	43.53

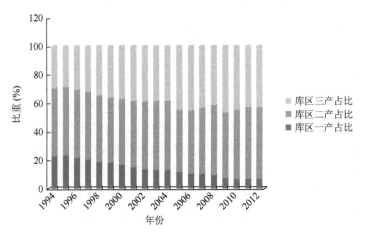

图 5.16　1994～2012 年库区产业结构比重变化图

5.2.2 库首地区

5.2.2.1 总体情况

1994 年以来，库首第一产业产值、第二产业产值、第三产业产值整体上呈上升趋势，但第一产业产值在 1994～1998 年呈缓慢上升趋势之后又下降，第二产业则在 2005 年后有较大的回落，第三产业一直保持着较快的增长速度（图 5.17～图 5.19）。2012 年，库首 4 个区县共完成第一产业生产总值 90.24 亿元，比 1994 年的 13.41 亿元增长了 6.73 倍，年均增长速度为 11.17%；共完成第二产业生产总值 311.61 亿元，比 1994 年的 22.43 亿元增长了 13.9 倍，年均增长速度为 15.74%；共完成第三产业生产总值 141.93 亿元，比 1994 年 9.26 亿元增长了 15.3 倍，年均增长速度为 16.36%。由此可知，第二、第三产业产值增长率大于第一产业产值增长率。

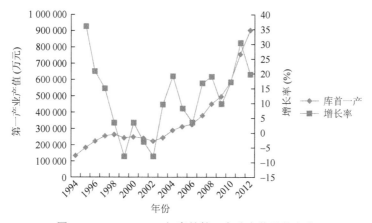

图 5.17　1994～2012 年库首第一产业产值及其变化

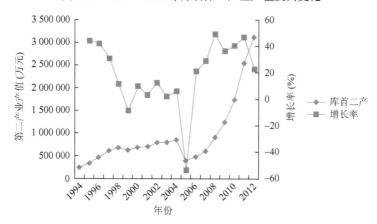

图 5.18　1994～2012 年库首第二产业产值及其变化

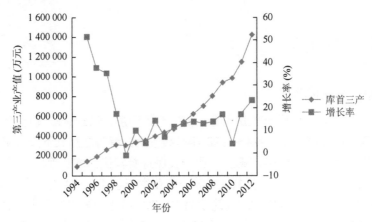

图 5.19 1994～2012 年库首第三产业产值及其变化

　　另外，1994～1998 年，第一、第二、第三产业产值增长率急剧下滑，甚至出现了负增长，这主要是为实现 1997 年大江截流，许多地方被淹没，大量移民搬迁造成的。

　　1994 年来，库首地区第一、第二、第三产业占比呈波动状态。第一产业占比总体上下降较多，占比由 1994 年的 29.74%下降到了 2012 年的 16.59%；第二产业占比总体上呈上升趋势，由 1994 年的 49.72%上升到 57.3%，第三产业占比变化不大，由 1994 年的 20.54%增长到 2012 年的 26.1%（表 5.8，图 5.20）。由此可知，库首地区第二产业占较大部分，第一产业占比、第三产业占比较小，说明三峡库首产业结构有待进一步提升。

表 5.8　库首产业结构表　　　　　　　　　（单位：%）

年份	库首第一产业占比	库首第二产业占比	库首第三产业占比
1994	29.74	49.72	20.54
1995	28.22	50.07	21.71
1996	25.21	52.64	22.16
1997	22.71	53.81	23.48
1998	21.13	54.04	24.83
1999	20.82	52.84	26.34
2000	19.83	53.51	26.66
2001	18.72	54.03	27.25
2002	15.8	55.63	28.57
2003	16.53	54.17	29.29
2004	17.95	52.22	29.83

续表

年份	库首第一产业占比	库首第二产业占比	库首第三产业占比
2005	25.15	31.13	43.72
2006	22.94	33.18	43.88
2007	22.44	35.87	41.69
2008	20.86	41.93	37.21
2009	18.54	46.18	35.28
2010	17.61	52.55	29.84
2011	16.95	57.2	25.85
2012	16.59	57.3	26.1

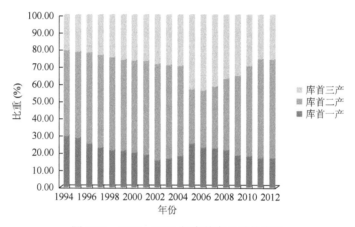

图 5.20　1994～2012 年库首产业结构变化

5.2.2.2　库首区县产业发展分析

（1）第一产业

从各区县看，库首地区 4 区县第一产业平均增速均高于湖北省水平，其中秭归县的第一产业产值平均增速最大，从 1994 年 2.03 亿元增长到 2012 年 18.57 亿元，增长了 9.14 倍，年均增长 13.08%，巴东县第一产业产值平均增速最小，从 1994 年 3.01 亿元增长到 2012 年 14.91 亿元，增长了 4.81 倍，年均增长 9.12%。另外，4 区县中第一产业产值最大的是夷陵，最小的是兴山（图 5.21，表 5.9）。

库首第一产业产值占湖北省比重呈上升趋势，由 1994 年的 6.84%上升到了 2012 年的 9.6%。各区县第一产业产值占湖北省第一产业产值比重中，夷陵区、秭归县、兴山县呈上升趋势，巴东县呈波动状态（表 5.10，图 5.22）。

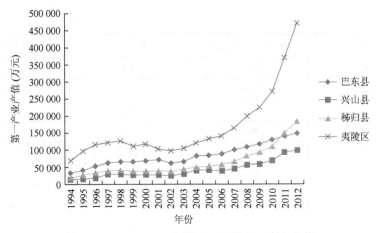

图 5.21 1994～2012 年库首 4 区县第一产业产值

表 5.9   1994～2012 年库首各区县第一产业产值与平均增速

省区县	1994 年（亿元）	2012 年（亿元）	平均增速（%）
巴东县	3.10	14.91	9.12
兴山县	1.40	9.78	11.40
秭归县	2.03	18.57	13.08
夷陵区	6.88	46.98	11.26
湖北省	196.19	940.01	9.09

表 5.10   库首 4 区县第一产业产值占湖北省第一产业产值情况表   （单位：%）

年份	巴东县	兴山县	秭归县	夷陵区	库首合计
1994	1.58	0.71	1.04	3.51	6.84
1995	1.57	0.60	1.11	3.64	6.92
1996	1.80	0.67	1.18	4.01	7.66
1997	2.03	0.97	1.32	3.94	8.26
1998	2.15	1.00	1.37	4.18	8.70
1999	2.28	0.98	1.32	3.85	8.43
2000	2.36	0.99	1.35	4.06	8.76
2001	2.37	0.97	1.35	3.48	8.17
2002	1.93	0.86	1.15	3.04	6.98
2003	1.94	0.88	1.28	3.07	7.17
2004	1.90	0.93	1.14	2.80	6.77
2005	1.83	0.93	1.14	2.85	6.75
2006	2.26	1.02	1.45	3.65	8.38
2007	2.07	0.93	1.39	3.45	7.84

续表

年份	巴东县	兴山县	秭归县	夷陵区	库首合计
2008	1.90	0.99	1.45	3.47	7.81
2009	1.92	0.98	1.53	3.70	8.13
2010	1.88	1.01	1.61	3.94	8.44
2011	1.66	1.10	1.78	4.38	8.92
2012	1.59	1.04	1.98	5.00	9.61

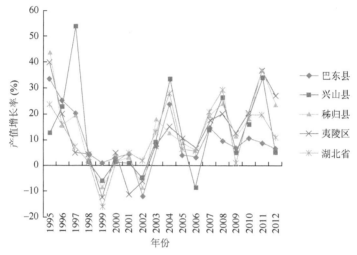

图 5.22　1995～2012 年库首 4 区县第一产业产值年增长率

（2）第二产业

从各区县看，库首地区 4 区县中，巴东县、兴山县的第二产业平均增速高于湖北省水平，而秭归县、夷陵区低于湖北省水平。其中，兴山县的第二产业产值平均增速最大，从 1994 年 1.66 亿元增长到 2012 年 37.4 亿元，增长了 22.53 倍，年均增长 18.9%，巴东县从 1994 年 1.34 亿元增长到 2012 年 26.59 亿元，增长了 19.84 倍，年均增长 18.06%。另外，4 区县中第二产业产值最大的是夷陵，巴东、兴山、秭归相差不大，夷陵区第二产业产值在 2005 年出现回落（表 5.11，图 5.23）。

表 5.11　1994～2012 年库首各区县第二产业产值与平均增速

省区县	1994 年（亿元）	2012 年（亿元）	平均增速（%）
巴东县	1.34	26.59	18.06
兴山县	1.66	37.40	18.90
秭归县	1.81	26.69	16.13
夷陵区	17.62	220.93	15.08
湖北省	376.75	5975.18	16.60

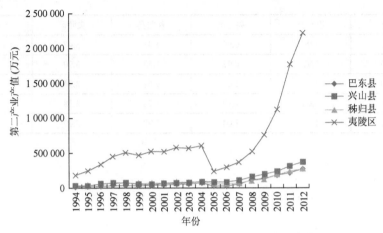

图 5.23　1994～2012 年库首 4 区县第二产业产值

　　与湖北省区县第二产业增长率比较平稳相比,三峡库区库首 4 区县第二产业增长率波动较大。1995～1999 年库首 4 区县增长率整体呈下滑趋势,除 1999 年低于湖北省水平外,其他年份整体上高于湖北省水平,1999～2002 年得到一定程度的回升,之后又呈下降趋势,2005 年后整体又呈上升趋势,增长速度也大于湖北省平均水平(图 5.24)。

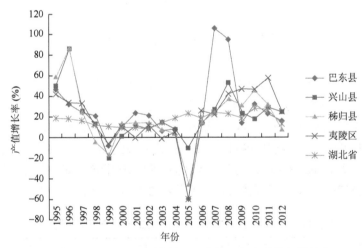

图 5.24　1995～2012 年库首 4 区县第二产业产值年增长率

　　另外,从库首第二产业合计产值占湖北省第二产业产值情况看,比重从 1994 年的 5.96%下降到了 2012 年的 5.23%(表 5.12)。从各区县来看,巴东、兴山整体上上升了,秭归变化不大,夷陵区则下降了很多,且 4 区县第二产业产值占比在 2005 年都出现了回落。

表 5.12　库首 4 区县第二产业产值占湖北省第二产业产值情况表　（单位：%）

年份	巴东县	兴山县	秭归县	夷陵区	库首合计
1994	0.36	0.44	0.48	4.68	5.96
1995	0.40	0.51	0.58	5.08	6.57
1996	0.46	0.81	0.94	5.87	8.08
1997	0.50	0.90	1.02	6.83	9.25
1998	0.58	0.98	0.94	7.42	9.92
1999	0.51	0.76	0.76	6.74	8.77
2000	0.52	0.71	0.79	6.84	8.86
2001	0.58	0.71	0.82	6.15	8.26
2002	0.62	0.69	0.82	6.02	8.15
2003	0.56	0.66	0.76	5.04	7.02
2004	0.49	0.59	0.66	4.37	6.11
2005	0.18	0.47	0.31	1.52	2.48
2006	0.17	0.44	0.30	1.60	2.51
2007	0.27	0.44	0.30	1.54	2.55
2008	0.41	0.53	0.32	1.70	2.96
2009	0.41	0.58	0.37	2.21	3.57
2010	0.43	0.54	0.43	2.57	3.97
2011	0.41	0.54	0.44	3.19	4.58
2012	0.45	0.63	0.45	3.70	5.23

（3）第三产业

由图 5.25 可以看出，1994 年以来库首 4 区县第三产业产值一直保持着较快的增长速度，产值最高的是夷陵区，最小的是兴山县。从平均增长速度来看，最快

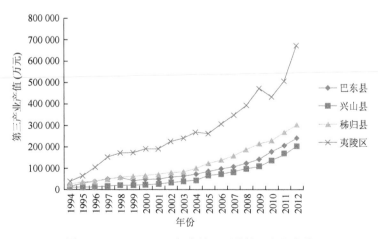

图 5.25　1994～2012 年库首 4 区县第三产业产值

的是兴山县,其增长速度高于湖北省平均水平,由 1994 年的 1.15 亿元增长到 2012 年的 20.23 亿元,增长了 17.59 倍,年均增长速度为 17.27%,其他区县均低于湖北省平均水平(表 5.13)。

表 5.13　1994～2012 年库首各区县第三产业产值与平均增速

省区县	1994 年(亿元)	2012 年(亿元)	平均增速(%)
巴东县	1.47	24.01	16.79
兴山县	1.15	20.23	17.27
秭归县	2.65	30.51	14.54
夷陵区	3.99	67.18	16.98
湖北省	260.66	4494.41	17.14

由图 5.26 可知,库首 4 区县第三产业产值年增长率某些年份高于湖北省水平,某些年份低于湖北省水平,规律较不明显。由表 5.14 可以看到,库首地区第三产业产值占湖北省第三产业产值比重呈下降趋势;从各区县看,秭归第三产业产值占比呈下降趋势,夷陵区在 1994～2003 年呈上升趋势,之后下降,巴东和兴山在较小幅度内变动。

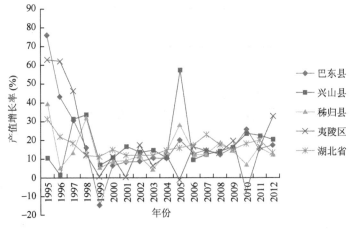

图 5.26　1995～2012 年库首 4 区县第三产业产值年增长率

表 5.14　库首 4 区县第三产业产值占湖北省第三产业产值比例　　（单位：%）

年份	巴东县	兴山县	秭归县	夷陵区	库首合计
1994	0.56	0.44	1.02	1.53	3.55
1995	0.71	0.35	1.01	1.77	3.84
1996	0.81	0.28	0.85	2.29	4.23
1997	0.87	0.30	0.80	2.78	4.75

续表

年份	巴东县	兴山县	秭归县	夷陵区	库首合计
1998	0.89	0.36	0.93	2.74	4.92
1999	0.70	0.35	0.91	2.54	4.50
2000	0.67	0.35	0.90	2.57	4.49
2001	0.65	0.36	0.87	2.29	4.17
2002	0.62	0.36	0.86	2.35	4.19
2003	0.61	0.37	0.80	2.21	3.99
2004	0.58	0.36	0.79	2.18	3.91
2005	0.60	0.48	0.87	1.83	3.78
2006	0.58	0.46	0.86	1.86	3.76
2007	0.60	0.46	0.87	1.92	3.85
2008	0.57	0.45	0.87	1.82	3.71
2009	0.57	0.45	0.88	1.90	3.80
2010	0.61	0.48	0.81	1.50	3.40
2011	0.57	0.46	0.75	1.40	3.18
2012	0.53	0.45	0.68	1.49	3.15

（4）产业结构

由表 5.15 可以看到，巴东县产业结构比由 1994 年的 53：23：25 变为 2012 年的 23：41：37，第一产业比重下降了 30 个百分点，第二、第三产业比重都不同程度的上升了，但是第二产业占比最大；兴山县由 1994 年的 33：39：27 变为 2012 年的 15：55：30，第一产业比重下降了 18 个百分点，第二产业比重上升了 16 个百分点，第三产业比重变化不大，第二产业比重远高于第一、第三产业比重；秭归县产业结构比由 1994 年的 31：28：41 变为 2012 年的 24：34：49，第一产业比重有所下降，其他产业比重变化不大，第三产业比重最大；夷陵区产业结构比由 1994 年的 24：62：14 变为 2012 年的 14：66：20，第一产业比重有所下降，第三产业比重有所上升，第二产业比重远远大于第一、第三产业。由以上分析可知，库首各区县需加大第三产业发展力度，产业结构还有待进一步优化。

表 5.15 库首 4 区县产业结构

年份	巴东县三次产业比	兴山县三次产业比	秭归县三次产业比	夷陵区三次产业比
1994	53：23：25	33：39：27	31：28：41	24：62：14
1995	52：25：32	30：47：24	31：30：39	23：61：16
1996	46：23：33	25：59：16	27：42：31	21：60：19
1997	45：24：35	28：56：16	27：44：29	17：62：21

续表

年份	巴东县三次产业比	兴山县三次产业比	秭归县三次产业比	夷陵区三次产业比
1998	42：26：36	25：56：19	25：39：36	16：63：21
1999	46：25：33	27：51：23	25：35：40	15：62：23
2000	45：26：34	26：50：24	23：36：40	14：63：23
2001	40：28：31	24：50：26	22：38：40	13：64：24
2002	34：33：33	21：52：27	18：40：42	11：64：25
2003	34：32：34	21：52：27	20：40：40	11：62：26
2004	37：31：32	24：49：27	21：38：41	12：61：27
2005	42：14：44	23：39：37	23：22：55	21：38：42
2006	41：14：45	20：42：38	22：22：55	19：40：41
2007	37：23：40	19：45：36	23：24：54	19：41：40
2008	31：35：34	18：51：31	23：26：51	18：47：35
2009	29：36：35	16：54：30	21：29：49	15：52：32
2010	26：38：36	16：53：31	21：35：44	15：61：24
2011	24：40：36	17：54：30	23：37：41	14：67：19
2012	23：41：37	15：55：30	24：34：39	14：66：20

5.2.3 库腹地区

5.2.3.1 总体情况

由图 5.27～图 5.29 可知，1994 年以来，库腹第一产业产值、第二产业产值、第三产业产值整体上呈上升趋势，但第一产业产值在 1994～1997 年呈缓慢上升趋

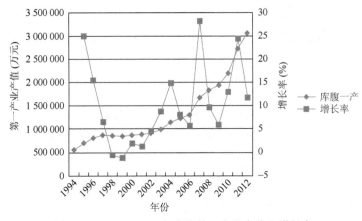

图 5.27　1994～2012 年库腹第一产业产值和增长率

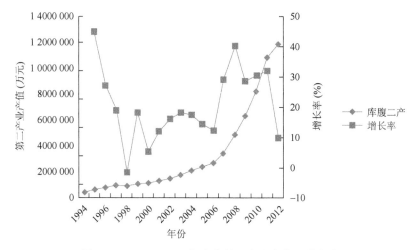

图 5.28　1994～2012 年库腹第二产业产值和增长率

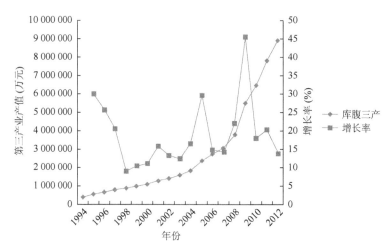

图 5.29　1994～2012 年库腹第三产业产值和增长率

势之后出现小幅回落，第二、第三产业一直保持着较快速度的增长。2012 年，库腹 11 个区县共完成第一产业生产总值 304.78 亿元，比 1994 年 55.88 亿元增长了 5.45 倍，年均增长速度为 9.88%；共完成第二产业生产总值 1185.26 亿元，比 1994 年 43.02 亿元增长了 27.55 倍，年均增长速度为 20.23%；共完成第三产业生产总值 886.94 亿元，比 1994 年 40.46 亿元增长了 21.92 倍，年均增长速度为 18.71%。由此可知，第二、第三产业产值增长率大于第一产业产值增长率。

由图 5.30，表 5.16 可以看出，库腹地区第一产业占比下降较多，第二产业占比增长较多，第三产业变化不大。第一产业占比由 1994 年的 40.1% 下降到 2012 年的 12.82%，第二产业占比由 1994 年的 30.87% 上升到 2012 年的 49.86%，第三产业占比由 1994 年的 29.03%上升到 2012 年的 37.31%，说明 2012 年库腹地区第二产业取得较大发展，但由于第三产业占比过小，产业结构有待进一步优化。

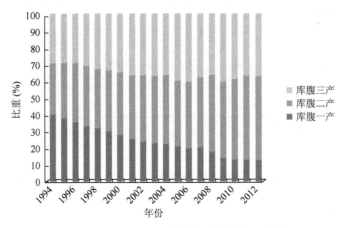

图 5.30　1994～2012 年库腹产业结构变化图

表 5.16　1994～2012 年库腹各产业占比　　　　　（单位：%）

年份	库腹第一产业占比	库腹第二产业占比	库腹第三产业占比
1994	40.10	30.87	29.03
1995	37.90	33.29	28.82
1996	35.69	35.11	29.20
1997	33.04	36.34	30.62
1998	32.21	35.04	32.74
1999	29.88	36.56	33.56
2000	27.96	37.44	34.60
2001	25.68	38.04	36.28
2002	23.96	39.39	36.65
2003	22.91	40.91	36.18
2004	22.57	41.29	36.14
2005	20.60	39.93	39.47
2006	19.46	40.12	40.42
2007	20.28	42.13	37.59
2008	17.48	46.48	36.04
2009	14.17	45.73	40.10
2010	13.02	48.53	38.45
2011	12.80	50.64	36.56
2012	12.82	49.86	37.31

5.2.3.2 库腹区县产业发展分析

（1）第一产业发展状况

从各区县看，库腹地区 11 个区县中除丰都县、开县第一产业平均增速低于重庆市平均水平外，其他区县均高于重庆市平均水平。其中，涪陵、武隆、巫山平均增速最大，涪陵从 1994 年 5.64 亿元增长到 2012 年 42.03 亿元，增长了 7.45 倍，年均增长 11.8%；武隆从 1994 年 2.35 亿元增长到 2012 年 15.06 亿元，增长了 6.41 倍，年均增长 10.88%；巫山从 1994 年 2.53 亿元增长到 2012 年 15.69 亿元，增长了 6.20 倍，年均增长 10.68%；平均增速最小的是开县，从 1994 年 9.66 亿元增长到 2012 年 42.1 亿元，增长了 4.36 倍，年均增长 8.52%。另外，2006 年前，库腹 11 个区县中第一产业产值最大的是开县，2006 年万州第一产业产值超过开县，成为第一产业产值最大的区县（图 5.31，表 5.17）。

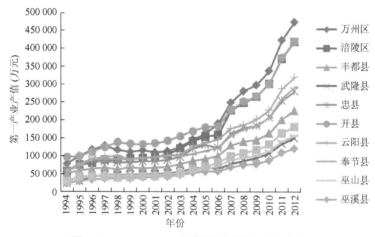

图 5.31　1994～2012 年库腹地区第一产业产值

表 5.17　库腹各区县第一产业产值及年平均增长速度

市区县	1994 年（亿元）	2012 年（亿元）	年平均增长速度（%）
万州区	7.80	47.48	10.55
涪陵区	5.64	42.03	11.80
丰都县	5.16	22.74	8.59
武隆县	2.35	15.06	10.88
忠县	5.88	28.14	9.09
开县	9.66	42.10	8.52
云阳县	5.93	32.03	9.82

续表

市区县	1994 年（亿元）	2012 年（亿元）	年平均增长速度（%）
奉节县	5.66	29.22	9.55
巫山县	2.53	15.69	10.68
巫溪县	2.34	12.10	9.55
石柱县	2.93	18.19	10.67
重庆市	196.19	940.01	9.09

　　从年增长率（图 5.32）可以看出，库腹地区大体经历了 1994～1998 年下降，1998～2004 年上升，之后呈现波动的状态。从整体来看，1994 年以来库腹第一产业产值占重庆市第一产业产值比重呈上升趋势；从各区县来看，万州、涪陵、武隆、云阳、奉节、巫山、巫溪、石柱整体呈上升趋势，特别是涪陵，近年来发展特色农业，第一产业增加值占重庆市第一产业增加值在库腹地区提升最快，忠县比重整体上没有什么变化，开县和丰都则有下降的趋势（表 5.18）。

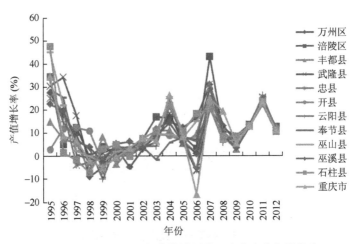

图 5.32　1995～2012 年库腹地区第一产业产值年增长率

表 5.18　库腹各区县第一产业产值占重庆市第一产业产值比重　（单位：%）

年份	万州区	涪陵区	丰都县	武隆县	忠县	开县	云阳县	奉节县	巫山县	巫溪县	石柱县	库腹合计
1994	3.98	2.88	2.63	1.20	3.00	4.92	3.02	2.89	1.29	1.20	1.49	28.5
1995	3.77	2.87	2.25	1.16	2.78	3.77	2.99	2.76	1.39	1.09	1.64	26.47
1996	4.08	2.77	2.22	1.43	3.06	3.87	3.15	3.19	1.56	1.20	1.53	28.06
1997	4.19	2.92	2.19	1.57	2.76	4.07	3.17	3.00	1.49	1.19	1.41	27.96
1998	3.89	2.97	2.09	1.55	2.74	4.62	3.35	3.03	1.53	1.27	1.34	28.38
1999	3.90	3.26	2.38	1.65	2.86	4.69	3.17	3.17	1.56	1.30	1.45	29.39

年份	万州区	涪陵区	丰都县	武隆县	忠县	开县	云阳县	奉节县	巫山县	巫溪县	石柱县	库腹合计
2000	4.06	3.31	2.31	1.72	2.97	4.66	3.36	3.31	1.60	1.38	1.53	30.21
2001	3.73	3.29	2.30	1.70	2.89	4.62	3.25	3.31	1.59	1.41	1.47	29.56
2002	3.57	3.28	2.21	1.63	2.81	4.48	3.14	3.19	1.54	1.36	1.47	28.68
2003	3.74	3.59	2.31	1.63	2.88	4.60	3.07	2.95	1.58	1.38	1.53	29.26
2004	3.40	3.32	2.03	1.53	2.84	3.97	2.96	2.47	1.37	1.25	1.48	26.62
2005	3.53	3.33	1.98	1.49	2.84	3.91	2.96	2.47	1.36	1.23	1.51	26.61
2006	4.93	4.13	2.60	1.67	3.19	4.75	3.78	3.18	1.88	1.49	2.15	33.75
2007	5.17	4.73	2.69	1.61	3.35	4.76	3.68	3.28	1.85	1.43	2.07	34.62
2008	4.90	4.33	2.44	1.51	3.11	4.40	3.26	3.04	1.65	1.31	1.88	31.83
2009	4.93	4.39	2.39	1.56	3.04	4.40	3.34	3.04	1.68	1.28	1.94	31.99
2010	4.94	4.41	2.39	1.57	3.04	4.40	3.33	3.04	1.66	1.28	1.94	32.00
2011	5.01	4.42	2.40	1.59	3.02	4.45	3.41	3.10	1.68	1.29	1.95	32.32
2012	5.05	4.47	2.42	1.60	2.99	4.48	3.41	3.11	1.67	1.29	1.93	32.42

（2）第二产业发展状况

从各区县看，库腹地区 11 个区县第二产业平均增速均高于重庆市水平。其中，涪陵区、万州区、武隆县、巫溪县平均增速最大，涪陵区从 1994 年 9.79 亿元增长到 2012 年 386.83 亿元，增长了 39.5 倍，年均增长 22.66%；万州区从 1994 年 11.78 亿元增长到 2012 年 351.62 亿元，增长了 29.85 倍，年均增长 20.77%；武隆县从 1994 年 1.21 亿元增长到 2012 年 37.56 亿元，增长了 31.04 倍，年均增长 21.04%；平均增速最小的是丰都县，从 1994 年 2.97 亿元增长到 2012 年 47.94 亿元，增长了 16.14 倍，年均增长 16.71%。另外，2006 年前，库腹 11 个区县中第二产业产值最大的是涪陵区、万州区，最小的是巫山县、巫溪县（图 5.33，表 5.19）。

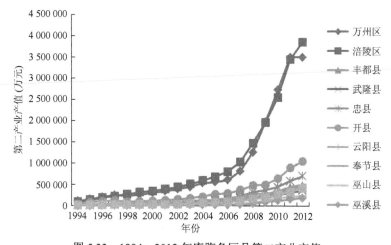

图 5.33　1994～2012 年库腹各区县第二产业产值

表 5.19 库腹各区县第二产业产值及年平均增长率

市区县	1994 年（亿元）	2012 年（亿元）	年平均增长率（%）
万州区	11.78	351.62	20.77
涪陵区	9.79	386.83	22.66
丰都县	2.97	47.94	16.71
武隆县	1.21	37.56	21.04
忠县	2.64	71.09	20.09
开县	5.41	105.99	17.97
云阳县	2.54	46.71	17.56
奉节县	2.81	50.97	17.48
巫山县	1.26	24.54	17.92
巫溪县	0.71	19.60	20.22
石柱县	1.91	42.41	18.81
重庆市	376.75	5975.18	16.60

由图 5.34、表 5.20 可以看出，三峡库区库腹地区第二产业产值增长率在 1994～1998 年大体呈下降趋势，之后趋势不明显。从库腹第二产业产值占重庆市第二产业产值比重来看，1994～2012 年呈上升趋势，由 1994 年的 11.42%上升到了 2012年的 19.82%，上升了 7.4 个百分点。从各区县来看，所有区县占比都有所提升，其中提升最大的是涪陵和万州，涪陵由 1994 年的 2.6%提升到 2012 年的 6.47%，万州由 1994 年的 3.13%提升到 2012 年的 5.88%。另外，可以发现万州、丰都、

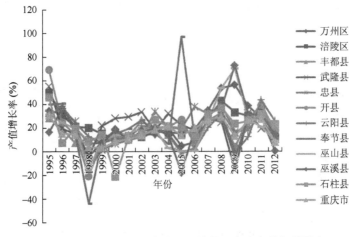

图 5.34 1995～2012 年库腹各区县第二产业产值年增长率

表 5.20　库腹各区县第二产业产值占重庆市第二产业产值比重　（单位：%）

年份	万州区	涪陵区	丰都县	武隆县	忠县	开县	云阳县	奉节县	巫山县	巫溪县	石柱县	库腹合计
1994	3.13	2.60	0.79	0.32	0.70	1.44	0.67	0.74	0.33	0.19	0.51	11.42
1995	3.22	2.98	0.77	0.38	0.71	1.86	0.67	0.80	0.34	0.17	0.56	12.46
1996	3.68	3.37	0.80	0.39	0.83	2.01	0.80	0.97	0.36	0.20	0.53	13.94
1997	3.89	3.58	0.75	0.40	0.91	2.01	0.87	0.98	0.38	0.21	0.55	14.53
1998	3.58	4.14	0.81	0.37	0.75	1.53	0.95	0.53	0.31	0.22	0.57	13.76
1999	3.77	4.62	0.84	0.43	0.74	1.62	0.98	0.56	0.33	0.22	0.63	14.74
2000	4.11	4.67	0.87	0.51	0.72	1.63	1.00	0.59	0.35	0.24	0.46	15.15
2001	4.11	4.69	0.89	0.60	0.71	1.62	1.02	0.63	0.36	0.24	0.47	15.34
2002	4.13	4.61	0.99	0.70	0.71	1.61	1.09	0.70	0.38	0.25	0.47	15.64
2003	4.00	4.56	0.99	0.70	0.80	1.63	1.11	0.69	0.38	0.25	0.51	15.62
2004	3.94	4.37	0.93	0.76	0.79	1.63	1.05	0.60	0.32	0.24	0.51	15.14
2005	3.63	4.42	0.80	0.81	0.83	1.82	0.92	1.05	0.29	0.17	0.54	15.28
2006	3.28	4.34	0.69	0.80	0.96	1.61	0.78	0.98	0.24	0.17	0.51	14.36
2007	3.48	4.40	0.69	0.82	1.00	1.62	0.74	0.97	0.24	0.18	0.53	14.67
2008	4.14	4.86	0.71	0.79	1.08	1.53	0.76	0.97	0.28	0.19	0.56	15.94
2009	5.74	5.72	0.73	0.59	1.11	1.48	0.67	0.81	0.43	0.29	0.61	18.18
2010	6.28	5.88	0.70	0.61	1.04	1.48	0.60	0.83	0.43	0.30	0.60	18.75
2011	6.34	6.24	0.79	0.57	1.07	1.63	0.67	0.83	0.41	0.31	0.62	19.48
2012	5.88	6.47	0.80	0.63	1.19	1.77	0.78	0.85	0.41	0.33	0.71	19.82

忠县、云阳、巫山、巫溪第二产业产值占重庆市比重在 1994～2003 年呈上升趋势，然后有一定回落，之后又上升，而开县、石柱在 1994～1998 年呈上升趋势，然后有一定回落，之后又上升，这与三峡工程的二三期工程吻合，说明这些区县的第二产业受到了三峡工程建设进程的影响。

（3）第三产业情况

从各区县看，库腹地区 11 个区县第三产业平均增速除丰都、开县外，其他区县均高于重庆市平均水平。其中，万州、武隆平均增速最大。万州从 1994 年 8.02 亿元增长到 2012 年 263.76 亿元，增长了 32.89 倍，年均增长 21.42%；武隆从 1994 年 1.41 亿元增长到 2012 年 45.79 亿元，增长了 32.47 倍，年均增长 21.33%；平均增速最小的是开县，从 1994 年 5.45 亿元增长到 2012 年 81.46 亿元，增长了 14.95 倍，年均增长 16.21%。另外，2006 年前，库腹 11 个区县中第三产业产值最大的是涪陵、万州，最小的是巫溪（图 5.35，表 5.21）。

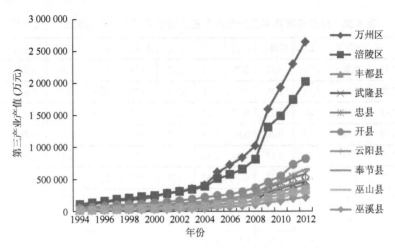

图 5.35　1994～2012 年库腹各区县第三产业产值

表 5.21　库腹各区县第三产业产值及年平均增长率

市区县	1994 年（亿元）	2012 年（亿元）	年平均增长率（%）
万州区	8.02	263.76	21.42
涪陵区	10.71	201.67	17.71
丰都县	2.66	40.39	16.32
武隆县	1.41	45.79	21.33
忠县	2.45	57.57	19.17
开县	5.45	81.46	16.21
云阳县	1.95	47.88	19.46
奉节县	3.58	64.38	17.41
巫山县	1.67	30.12	17.43
巫溪县	0.81	21.41	19.95
石柱县	1.74	32.51	17.66
重庆市	260.66	4494.41	17.14

　　由图 5.36 可以看出，库腹地区 11 个区县第三产业产值年增长率并没有呈现明显的趋势。从占比来看（表 5.22），库腹地区第三产业占比增加了，上升了 4.22 个百分点。从各区县第三产业产值占重庆市比重看，除丰都和开县外，其他区县都有不同程度的上升，万州区增长最快，上升了 2.79 个百分点，其次是武隆，上升了 0.48 个百分点，而开县和丰都，分别下降了 0.28 个百分点和 0.12 个百分点。

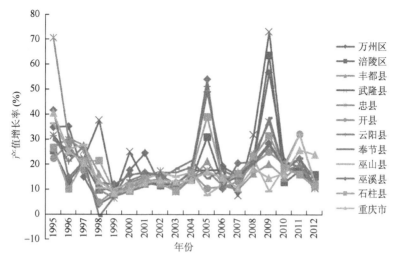

图 5.36　1995～2012 年库腹各区县第三产业产值年增长率

表 5.22　库腹各区县第三产业产值占重庆市第三产业产值比重　　　（单位：%）

年份	万州区	涪陵区	丰都县	武隆县	忠县	开县	云阳县	奉节县	巫山县	巫溪县	石柱县	库腹合计
1994	3.08	4.11	1.02	0.54	0.94	2.09	0.75	1.37	0.64	0.31	0.67	15.52
1995	2.95	3.67	0.92	0.51	1.14	1.82	0.70	1.27	0.62	0.31	0.60	14.51
1996	3.19	3.32	0.96	0.50	1.18	1.86	0.68	1.27	0.63	0.29	0.53	14.41
1997	3.04	3.32	1.01	0.51	1.23	1.82	0.71	1.28	0.67	0.29	0.53	14.41
1998	2.79	3.22	1.04	0.62	1.19	1.68	0.70	1.12	0.65	0.29	0.57	13.87
1999	2.77	3.28	1.03	0.61	1.17	1.70	0.70	1.11	0.66	0.30	0.57	13.90
2000	2.97	3.27	1.02	0.70	1.20	1.71	0.73	1.11	0.67	0.31	0.58	14.27
2001	3.28	3.27	1.03	0.70	1.22	1.72	0.75	1.09	0.68	0.32	0.59	14.65
2002	3.21	3.20	1.03	0.69	1.26	1.73	0.77	1.10	0.70	0.33	0.58	14.60
2003	3.19	3.13	1.01	0.68	1.21	1.72	0.79	1.15	0.71	0.33	0.56	14.48
2004	3.29	3.14	1.02	0.71	1.23	1.76	0.83	1.22	0.73	0.34	0.57	14.84
2005	4.19	3.50	1.05	0.71	1.23	1.66	1.07	1.20	0.67	0.44	0.68	16.40
2006	4.36	3.44	1.03	0.73	1.20	1.61	1.05	1.23	0.66	0.43	0.68	16.42
2007	4.55	3.58	1.03	0.71	1.19	1.65	1.11	1.27	0.70	0.46	0.72	16.97
2008	4.68	3.71	1.01	0.79	1.25	1.68	1.13	1.31	0.72	0.47	0.75	17.50
2009	6.41	5.30	1.06	1.19	1.50	1.83	1.26	1.58	0.69	0.53	0.86	22.21
2010	6.68	5.14	1.04	1.21	1.51	1.89	1.28	1.60	0.70	0.54	0.87	22.46
2011	6.32	4.80	0.99	1.14	1.44	1.99	1.19	1.55	0.74	0.53	0.81	21.50
2012	5.87	4.49	0.90	1.02	1.28	1.81	1.07	1.43	0.67	0.48	0.72	19.74

（4）产业结构

由表 5.23 可以看出，1994 年来，库腹 11 个区县都经历的第一产业比重下降、第三产业比重上升的过程。在 1994 年，除涪陵区、万州区外，其他区县均是第一产业比重最大，特别是忠县、云阳县、巫溪县，其第一产业比重超过 50%，到 2012年，大部分区县都是第二产业所占比重最大，如涪陵区、万州区，其第二产业比重大于 50%，但巫山县、巫溪县从 1994 年来第三产业比重就大于第二产业比重，云阳县则在 2005 年后第三产业比重大于第二产业。由以上分析可知，库首各区县需加大第三产业发展力度，产业结构有待进一步优化。

表 5.23 库腹各区县产业结构情况表

年份	万州区	涪陵区	丰都县	武隆县	忠县	开县
1994	28：43：29	22：37：41	48：28：25	47：24：28	54：24：22	47：26：27
1995	27：43：30	21：41：38	45：29：26	45：28：27	49：23：28	39：36：26
1996	25：44：31	19：45：36	42：30：29	48：26：27	46：25：29	36：37：27
1997	23：46：31	18：46：36	39：28：32	47：25：27	40：28：32	35：37：28
1998	22：45：33	16：49：35	35：30：36	42：23：35	40：24：36	40：30：30
1999	20：47：33	15：50：35	33：30：36	40：25：35	39：24：37	37：31：32
2000	18：48：34	14：51：35	32：32：37	35：28：37	37：24：39	35：32：33
2001	15：47：38	13：52：36	30：33：38	31：32：37	34：24：41	33：33：35
2002	14：48：38	12：52：36	27：36：37	28：36：36	32：24：43	31：33：36
2003	14：49：37	12：53：35	26：37：37	26：38：36	31：28：41	30：35：35
2004	13：50：37	13：53：34	26：38：37	25：41：34	32：29：39	28：37：35
2005	12：43：45	11：51：37	25：34：41	23：43：34	30：30：40	26：40：34
2006	13：40：47	10：53：37	25：32：43	19：45：36	25：36：39	24：40：35
2007	13：43：44	12：54：34	27：34：39	19：48：32	26：38：35	25：42：33
2008	11：49：40	10：59：32	24：38：38	17：48：34	23：42：35	23：44：33
2009	8：51：41	8：56：37	22：38：40	16：34：50	20：41：40	22：41：37
2010	7：55：38	7：59：34	21：40：39	15：37：48	19：41：40	20：43：37
2011	7：56：37	7：62：31	20：44：36	16：37：48	19：43：38	19：45：36
2012	7：53：40	7：61：32	20：43：36	15：38：47	18：45：37	18：46：35
年份	云阳县	奉节县	巫山县	巫溪县	石柱县	
1994	57：24：19	47：23：30	46：23：31	61：18：21	45：29：27	
1995	57：24：19	46：25：29	48：22：30	59：17：24	46：30：24	
1996	54：27：19	45：27：28	48：22：31	58：19：22	45：30：25	
1997	50：29：20	41：28：31	43：23：34	55：21：24	40：33：27	
1998	48：31：21	46：18：36	43：19：38	54：21：25	35：34：31	
1999	45：33：23	44：19：37	40：20：40	51：21：28	33：36：31	

续表

年份	云阳县	奉节县	巫山县	巫溪县	石柱县	
2000	42：34：24	43：20：37	34：23：43	51：22：27	36：29：35	
2001	39：35：26	40：22：38	35：23：43	47：23：30	33：30：37	
2002	36：38：26	37：25：38	32：24：44	44：24：32	32：31：37	
2003	33：40：27	33：26：41	31：25：44	42：26：32	30：34：36	
2004	34：39：27	31：24：44	30：23：47	42：25：34	31：34：35	
2005	32：33：35	25：36：38	31：22：47	39：18：43	28：33：39	
2006	31：31：37	24：36：40	32：20：48	36：20：44	29：33：39	
2007	32：32：36	26：37：37	33：21：47	35：22：43	28：35：37	
2008	28：35：37	23：39：37	28：26：46	32：25：43	25：39：37	
2009	27：31：42	22：33：46	24：35：41	25：32：42	22：39：39	
2010	27：30：43	20：35：45	23：37：40	23：35：42	21：41：39	
2011	26：34：40	20：36：44	22：36：42	23：36：41	21：43：36	
2012	25：37：38	20：35：45	22：35：43	23：37：40	20：46：35	

5.2.4　库尾地区

5.2.4.1　总体情况

由图 5.37～图 5.39 可知，1994 年以来，库尾第一产业产值、第二产业产值、第三产业产值整体上呈上升趋势，但第一产业产值在 1994～1997 年呈缓慢上升趋势，之后出现小幅回落，第二、第三产业一直保持着较快速度的增长。2012 年，

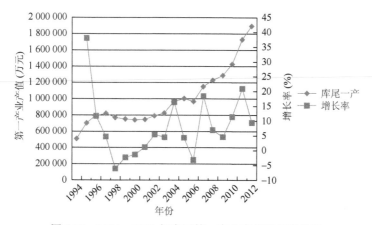

图 5.37　1994～2012 年库尾第一产业产值及年增长率

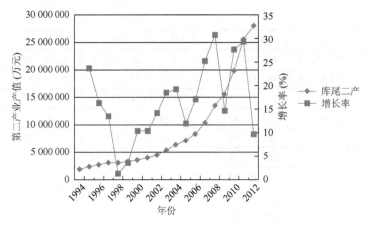

图 5.38　1994～2012 年库尾第二产业产值及年增长率

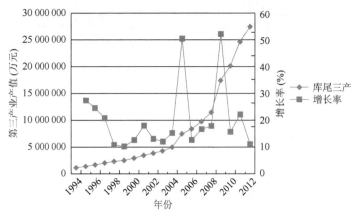

图 5.39　1994～2012 年库尾第三产业产值及年增长率

库尾 11 个区县共完成第一产业生产总值 189.14 亿元，比 1994 年 50.65 亿元增长了 3.73 倍，年均增长速度为 7.59%；共完成第二产业生产总值 2797.41 亿元，比 1994 年 186.69 亿元增长了 14.98 倍，年均增长速度为 16.23%；共完成第三产业生产总值 2731.66 亿元，比 1994 年 107.9 亿元增长了 25.32 倍，年均增长速度为 19.66%。由此可知，第二、第三产业产值平均增长率大于第一产业产值平均增长率。

　　1994 年以来，库尾大体经历了第一、第二产业比重下降，第三产业不断上升的过程。第一产业比重由 1994 年的 14.67%下降到 2012 年的 3.31%，下降了 11.36 个百分点，第二产业比重由 1994 年的 54.07%下降到 2012 年的 48.92%，第三产业则由 1994 年的 31.25%上升到 2012 年的 47.77%，上升了 16.52 个百分点。2012 年，第二、第三产业比重占到了 96%以上，且第二产业比重和第三产业比重接近，说明 1994 年来，库尾地区产业结构得到优化，改变了 1994 年第二产业占主导的局面（表 5.24，图 5.40）。

表 5.24　库尾产业结构占比　　　　　（单位：%）

年份	库尾第一产业占比	库尾第二产业占比	库尾第三产业占比
1994	14.67	54.07	31.25
1995	15.95	52.67	31.39
1996	15.07	51.85	33.08
1997	13.76	51.37	34.86
1998	12.47	50.24	37.29
1999	11.47	49.02	39.51
2000	10.37	49.58	40.05
2001	9.32	48.69	41.98
2002	8.71	49.24	42.05
2003	7.95	50.93	41.12
2004	7.89	51.69	40.42
2005	6.48	45.63	47.88
2006	5.52	47.01	47.48
2007	5.41	48.74	45.85
2008	4.69	51.57	43.74
2009	3.76	45.29	50.96
2010	3.46	47.78	48.76
2011	3.33	49.19	47.48
2012	3.31	48.92	47.77

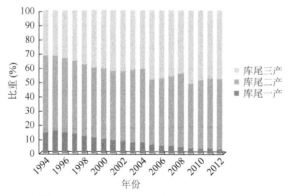

图 5.40　1994~2012 年库尾产业结构占比

5.2.4.2　库尾地区产业发展分析

（1）第一产业发展情况

从各区县看，库尾地区 11 个区县第一产业平均增速均低于重庆市水平（9.09%），另外渝中区在 2004 年开始，第一产业产值为 0（图 5.41）。11 个区县中，北碚区、江津区、长寿区第一产业产值平均增速最大，北碚区从 1994 年 2.70 亿元增长到 2012 年 12.77 亿元，增长了 4.73 倍，年均增长 9.01%；江津区从 1994 年 13.43 亿元增长到 2012 年 60.73 亿元，增长了 4.52 倍，年均增长 8.75%；长寿区从 1994 年 7.16 亿元增长到 2012 年 30.93 亿元，增长了 4.32 倍，年均增长 8.47%；平均增速最小的是渝中区，其次是江北区，从 1994 年 1.11 亿元增长到 2012 年 1.85 亿元，增长了 1.67 倍，年均增长 2.88%（表 5.25）。

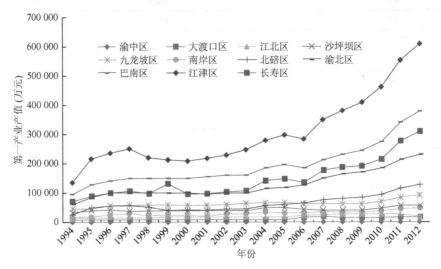

图 5.41 1994～2012 年库尾第一产业产值

表 5.25 库尾各区县第一产业平均增长速度

市区县	1994 年（亿元）	2012 年（亿元）	平均增速（%）
渝中区	0.4	0	—
大渡口区	0.75	1.78	4.92
江北区	1.11	1.85	2.88
沙坪坝区	3.35	5.90	3.19
九龙坡区	4.51	9.28	4.10
南岸区	1.79	4.77	5.59
北碚区	2.70	12.77	9.01
渝北区	6.21	23.19	7.59
巴南区	9.62	37.95	7.92
江津区	13.43	60.73	8.75
长寿区	7.16	30.93	8.47
重庆市	196.19	940.01	9.09

由图 5.42、表 5.26 可以看出，库尾各区县第一产业产值增长率并没有明显趋势，11 个区县第一产业产值合计占重庆市比重呈下降趋势，由 1994 年的 25.82%下降到 2012 年的 20.14%。从各区县来看，2012 年相比于 1994 年每个区县比重都下降了，下降最多的是沙坪坝和九龙坡，分别下降了 1.08 个百分点和 1.31 个百分点。

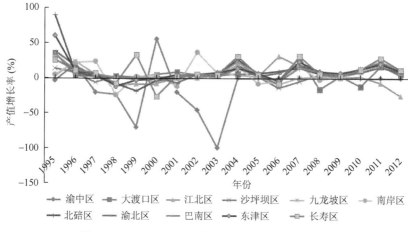

图 5.42　1995～2012 年库尾第一产业产值年增长率

表 5.26　1994～2012 年库尾各区县第一产业产值占重庆市比重　　（单位：%）

年份	渝中区	大渡口区	江北区	沙坪坝区	九龙坡区	南岸区	北碚区	渝北区	巴南区	江津区	长寿区	库尾合计
1994	0.02	0.38	0.56	1.71	2.30	0.91	1.38	3.17	4.90	6.84	3.65	25.82
1995	0.01	0.38	0.56	1.44	1.74	0.71	1.94	3.25	4.86	8.14	3.41	26.44
1996	0.02	0.36	0.56	1.42	1.97	0.79	1.92	3.49	4.94	8.19	3.46	27.12
1997	0.01	0.35	0.54	1.24	1.94	0.92	1.83	3.31	4.85	8.12	3.48	26.59
1998	0.01	0.37	0.48	1.30	1.98	0.71	1.72	3.38	4.99	7.28	3.27	25.49
1999	0.00	0.39	0.46	1.36	2.09	0.76	1.46	3.49	5.28	7.39	3.47	26.15
2000	0.00	0.41	0.43	1.36	1.95	0.79	1.41	3.54	5.35	7.29	3.36	25.89
2001	0.00	0.43	0.41	1.33	1.95	0.67	1.37	3.16	5.26	7.37	3.33	25.28
2002	0.00	0.41	0.38	1.28	1.87	0.85	1.33	3.09	5.08	7.19	3.26	24.74
2003	0.00	0.40	0.37	1.23	1.89	0.85	1.32	2.95	4.78	7.24	3.20	24.24
2004	0.00	0.34	0.36	1.16	1.56	0.78	1.32	2.69	4.31	6.50	3.31	22.33
2005	0.00	0.33	0.34	1.09	1.46	0.66	1.30	2.55	4.23	6.39	3.19	21.54
2006	0.00	0.38	0.54	1.12	1.59	0.75	1.71	3.28	4.82	7.34	3.49	25.02

续表

年份	渝中区	大渡口区	江北区	沙坪坝区	九龙坡区	南岸区	北碚区	渝北区	巴南区	江津区	长寿区	库尾合计
2007	0.00	0.39	0.50	0.85	1.28	0.70	1.56	3.10	4.42	7.24	3.67	23.71
2008	0.00	0.28	0.46	0.74	1.09	0.58	1.39	2.86	4.01	6.62	3.26	21.29
2009	0.00	0.27	0.43	0.72	1.04	0.55	1.38	2.82	4.02	6.72	3.16	21.11
2010	0.00	0.21	0.39	0.70	1.05	0.53	1.38	2.70	4.01	6.71	3.14	20.82
2011	0.00	0.20	0.29	0.67	1.01	0.52	1.37	2.54	4.03	6.54	3.28	20.45
2012	0.00	0.19	0.20	0.63	0.99	0.51	1.36	2.47	4.04	6.46	3.29	20.14

（2）第二产业情况

从各区县看，1994 年以来，库尾地区 11 个区县中渝中、大渡口、江北、沙坪坝、九龙坡第二产业平均增速均低于重庆市水平（16.6%），南岸、北碚、渝北、巴南、江津、长寿高于重庆市水平，其中平均增速最快的是渝北、巴南，最慢的是渝中、大渡口。渝北从 1994 年 7.24 亿元增长到 2012 年 552.47 亿元，增长了76.31 倍，年均增长 27.23%；巴南从 1994 年 7.06 亿元增长到 2012 年 214.66 亿元，增长了 30.41 倍，年均增长 20.89%；平均增速最小的渝中从 1994 年 15.83 亿元增长到 2012 年 40.28 亿元，增长了 2.54 倍，年均增长 5.33%（图 5.43，表 5.27）。2005 年之前，九龙坡区、沙坪坝区是库尾地区第二产业产值最大的区域，2006年渝北区第二产业产值超过沙坪坝区，2009 年超越九龙坡区，2010 年重钢搬出大渡口区，致使其第二产业产值在 2010 年出现回落。

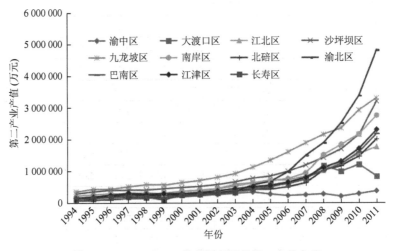

图 5.43　1994～2012 年库尾各区县第二产业产值

表5.27　库尾各区县第二产业产值年平均增长速度

市区县	1994 年（亿元）	2012 年（亿元）	平均增速（%）
渝中区	15.83	40.28	5.33
大渡口区	13.92	55.73	8.01
江北区	22.56	183.73	12.36
沙坪坝区	29.37	395.14	15.54
九龙坡区	35.35	386.88	14.22
南岸区	14.59	290.12	18.07
北碚区	13.08	222.81	17.06
渝北区	7.24	552.47	27.23
巴南区	7.06	214.66	20.89
江津区	15.21	255.57	16.97
长寿区	12.46	200.02	16.67
重庆市	376.75	5975.18	16.60

由图 5.44、表 5.28 可以看出，库尾各区县第二产业产值增长率并没有明显的变化趋势，但 11 个区县第二产业产值合计占重庆市比重呈下降趋势，由 1994 年的 46.23%下降到了 2012 年的 43.46%。从各区县来看，2012 年相比于 1994 年，渝北、北碚、南岸、巴南、江津区第二产业产值占重庆市比重上升了，上升最大的是渝北区，增加了 7.33 个百分点；渝中、大渡口、江北、沙坪坝、九龙坡第二产业产值占重庆市比重则下降了，下降最多的是渝中区，下降了 3.53 个百分点。

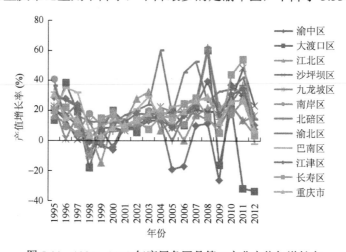

图 5.44　1995～2012 年库尾各区县第二产业产值年增长率

表 5.28　1994～2012 年库尾各区县第二产业产值占重庆市比重　　　（单位：%）

年份	渝中区	大渡口区	江北区	沙坪坝区	九龙坡区	南岸区	北碚区	渝北区	巴南区	江津区	库尾合计
1994	4.20	3.69	5.99	7.80	9.38	3.87	3.47	1.92	1.87	4.04	46.23
1995	3.86	3.21	5.34	7.22	8.82	4.17	3.50	2.01	1.71	3.97	43.81
1996	3.90	3.85	5.16	7.10	7.72	3.96	3.85	2.03	2.00	4.40	43.97
1997	3.77	4.01	4.73	6.26	7.90	3.64	4.13	2.21	2.31	4.77	43.73
1998	3.60	3.17	4.81	6.12	8.58	4.14	3.68	2.40	2.38	4.12	43.00
1999	3.39	3.29	3.97	6.44	8.08	4.43	3.76	2.62	2.52	4.29	42.79
2000	2.93	3.63	4.09	6.44	8.44	4.86	3.67	2.69	2.63	3.77	43.15
2001	2.91	3.68	4.15	6.22	8.37	4.80	3.55	2.84	2.70	3.83	43.05
2002	2.77	3.41	4.66	6.05	8.41	4.65	3.37	3.00	2.87	3.97	43.16
2003	2.65	3.43	5.21	5.84	8.13	4.70	3.28	3.14	3.13	3.94	43.45
2004	2.49	3.30	4.59	5.67	8.21	4.56	3.11	4.15	2.98	3.71	42.77
2005	1.77	3.49	4.58	5.41	8.63	4.39	2.74	4.31	3.22	3.56	42.10
2006	1.23	3.22	3.84	5.31	8.58	4.07	2.69	5.25	3.34	3.48	41.01
2007	1.07	3.12	3.54	5.05	7.99	3.97	2.67	6.34	3.35	3.38	40.48
2008	0.93	3.87	3.35	4.67	7.07	4.96	3.35	6.19	3.33	3.66	41.38
2009	0.60	2.87	3.66	4.93	6.85	5.34	3.39	7.30	3.55	3.79	42.28
2010	0.66	2.80	3.55	4.94	6.71	4.97	3.37	7.77	3.68	3.93	42.38
2011	0.67	1.51	3.18	5.78	5.97	4.96	3.64	8.70	3.94	4.16	42.51
2012	0.67	0.93	3.07	6.61	6.47	4.86	3.73	9.25	3.59	4.28	43.46

（3）第三产业情况

从各区县看，1994 年以来，库尾地区各区县中除江津、北碚第三产业产值平均增速均低于重庆市水平（17.14%）外，其他区县平均增速均高于重庆市水平，其中平均增速最快的是渝北、江北、九龙坡，最慢的是北碚区。渝北从 1994 年3.33 亿元增长到 2012 年 303.67 亿元，增长了 91.19 倍，年均增长 28.50%；江北从 1994 年6.14 亿元增长到 2012 年 342.18 亿元，增长了 55.73 倍，年均增长 25.03%；平均增速最小的北碚从 1994 年 10.38 亿元增长到 2012 年 99.19 亿元，增长了 9.56倍，年均增长 13.36%。另外，2012 年库尾第三产业产值最大的依次是渝中、九龙坡，2009 年之后，江北区、渝北区第三产业产值超越沙坪坝，分别位居第三、第四位（图 5.45，表 5.29）。

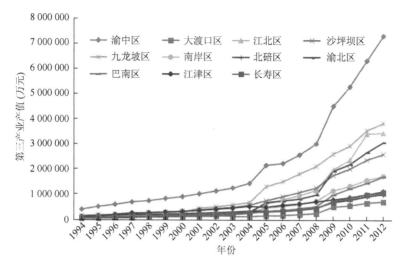

图 5.45　1994～2012 年库尾 11 区县第三产业产值

表 5.29　1994～2012 年库尾 11 个区县第三产业产值及年平均增速

市区县	1994 年（亿元）	2012 年（亿元）	年平均增速（%）
渝中区	38.35	725.74	17.75
大渡口区	2.46	69.57	20.40
江北区	6.14	342.18	25.03
沙坪坝区	13.10	257.10	17.98
九龙坡区	7.27	380.13	24.59
南岸区	7.46	170.67	18.99
北碚区	10.38	99.19	13.36
渝北区	3.33	303.67	28.50
巴南区	5.03	168.24	21.53
江津区	9.58	109.71	14.51
长寿区	4.80	105.46	18.73
重庆市	260.66	4494.41	17.14

库尾各区县第三产业产值年增长率并没有明显的变化趋势，11 个区县第三产业产值合计占重庆市比重呈上升趋势，由 1994 年的 41.4%上升到了 2012 年的 60.79%，占据了重庆市第三产业产值的 60%以上。从各区县来看，2012 年相比于 1994 年，除北碚、江津区第三产业产值占重庆市比重下降外，其他区县均上升了（图 5.46，表 5.30）。上升最大的是九龙坡、渝北区和江北区，分别增加了 5.67 个百分点、5.48 个百分点、5.25 个百分点；第三产业产值占重庆市比重最大的是渝中区，2012 年达到 16.15%。

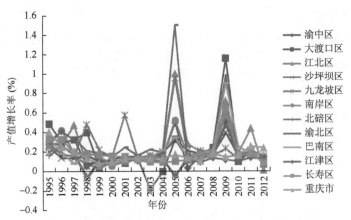

图 5.46　1995～2012 年库尾 11 区县第三产业产值年增长率

表 5.30　1994~2012 年库尾地区 11 个区县第三产业产值占重庆市比重 （单位：%）

年份	渝中区	大渡口区	江北区	沙坪坝区	九龙坡区	南岸区	北碚区	渝北区	巴南区	江津区	长寿区	库尾合计
1994	14.71	0.94	2.36	5.03	2.79	2.86	3.98	1.28	1.93	3.68	1.84	41.40
1995	13.43	1.00	2.14	4.49	2.39	2.60	3.31	1.18	1.84	3.45	1.74	37.57
1996	12.63	1.04	2.18	4.09	2.41	2.95	3.34	1.20	1.74	3.90	1.85	37.33
1997	12.18	1.15	2.68	3.86	2.35	2.90	3.29	1.34	1.57	4.30	1.84	37.46
1998	11.54	1.42	2.51	3.98	3.08	2.34	2.76	1.43	1.64	4.02	1.91	36.63
1999	11.93	1.36	2.44	4.05	3.46	2.40	2.82	1.58	1.76	4.09	2.06	37.95
2000	11.85	1.36	2.44	4.14	3.62	2.31	2.81	1.66	1.72	4.12	2.17	38.20
2001	11.92	1.31	2.40	4.25	5.08	2.27	2.82	1.84	1.73	4.13	2.22	39.97
2002	11.63	1.32	2.39	4.30	5.11	2.25	2.76	1.88	1.71	4.13	2.20	39.68
2003	11.40	0.95	2.38	4.31	5.26	2.30	2.68	2.04	1.74	4.11	2.13	39.30
2004	11.54	0.84	2.45	4.53	5.35	2.33	2.64	2.14	1.86	4.13	2.05	39.86
2005	14.78	0.95	4.20	5.11	8.94	3.04	2.18	4.58	2.15	3.34	1.93	51.20
2006	13.35	0.94	4.70	5.42	9.00	3.08	2.11	4.38	2.13	3.37	1.90	50.38
2007	13.92	0.99	5.12	5.80	9.81	3.25	2.16	4.40	2.30	3.33	2.00	53.08
2008	13.79	1.04	5.28	5.75	9.67	3.28	2.10	4.44	2.35	3.21	1.98	52.89
2009	18.08	1.97	7.94	7.01	10.41	4.55	2.70	7.70	3.90	3.14	2.85	70.25
2010	18.20	1.87	8.11	6.92	10.06	4.54	2.63	7.52	4.19	2.97	2.85	69.86
2011	17.33	1.78	9.31	6.46	9.69	4.27	2.48	7.29	3.93	2.70	2.68	67.92
2012	16.15	1.55	7.61	5.72	8.46	3.80	2.21	6.76	3.74	2.44	2.35	60.79

（4）产业结构

由表 5.31 可以看出，1994 年以来，库尾 11 个区县都经历了第一产业比重下降的过程。2012 年，除渝中区、大渡口区、江北区第二产业产值低于第三产业产值外，沙坪坝区、北碚区、渝北区、南岸区、巴南区、江津区、长寿区均高于第三产业产值，且其第二产业比重都在 50% 以上，南岸区、北碚区、渝北区、沙坪坝区、江津区甚至在 60% 以上，第二产业比重过高，但与 1994 年相比，已有所下降，说明产业结构还有待进一步优化。其中，渝中区的第三产业是最发达的，其第三产业产值占其 GDP 的 95%。

表 5.31　1994~2012 年库尾各区县产业结构

年份	渝中区	大渡口区	江北区	沙坪坝区	九龙坡区
1994	0：29：71	4：81：14	4：76：21	7：64：29	1：75：15
1995	0：28：72	5：77：18	4：74：22	7：64：29	8：77：15
1996	0：28：72	4：79：17	4：72：24	6：64：30	9：72：18
1997	0：27：73	3：78：19	3：65：31	6：62：32	8：73：18
1998	0：25：75	4：68：28	3：65：32	6：59：35	7：70：23
1999	0：23：77	3：69：28	3：61：36	5：59：36	7：66：27
2000	0：20：80	3：71：26	2：62：36	5：58：37	6：66：28
2001	0：20：80	3：72：25	2：62：36	4：57：39	5：59：36
2002	0：19：81	3：70：27	2：65：33	4：56：40	4：60：36
2003	0：20：80	3：77：20	1：69：30	4：57：40	4：59：37
2004	0：19：81	3：80：18	2：67：32	4：56：40	4：61：35
2005	0：12：88	2：78：20	1：54：45	3：52：45	3：50：48
2006	0：9：91	2：78：20	1：47：51	2：51：46	2：51：47
2007	0：9：91	2：79：19	1：47：52	2：52：46	2：51：48
2008	0：9：91	1：83：16	1：47：52	2：53：46	1：50：48
2009	0：4：96	1：66：33	1：39：60	1：49：50	1：47：52
2010	0：5：95	1：69：30	1：40：60	1：51：48	1：50：49
2011	0：6：94	1：56：43	0：34：65	1：57：42	1：48：51
2012	0：5：95	1：44：55	0：35：65	1：60：39	1：50：49

年份	南岸区	北碚区	渝北区	巴南区	江津区	长寿区
1994	8：61：31	10：50：40	37：43：20	44：33：23	35：40：25	29：51：20
1995	6：64：30	15：50：35	38：43：19	46：30：24	40：36：24	30：49：21
1996	6：59：35	13：51：36	37：43：20	42：34：24	35：38：27	27：50：23
1997	7：56：38	11：53：36	32：45：23	39：39：22	31：39：30	26：49：25
1998	5：62：33	11：53：37	29：46：25	36：39：25	29：37：34	25：46：30
1999	4：63：33	8：53：39	26：47：27	34：39：27	27：38：35	22：47：31
2000	4：65：31	8：53：40	23：48：29	32：42：27	26：36：38	19：49：32
2001	3：66：31	7：52：41	19：49：32	29：43：28	25：36：39	18：49：34
2002	4：65：31	7：51：42	17：51：32	27：46：27	23：38：39	17：49：34

年份	南岸区	北碚区	渝北区	巴南区	江津区	长寿区
2003	4：66：31	6：53：41	15：53：33	23：50：27	22：39：39	16：49：35
2004	4：66：30	7：53：40	12：60：28	22：50：28	21：39：39	18：49：32
2005	3：59：38	7：53：39	8：46：45	19：50：31	22：42：36	17：51：32
2006	2：59：39	7：55：38	7：54：39	16：54：30	19：44：37	13：55：31
2007	2：60：38	7：57：36	6：61：33	15：56：29	20：46：35	14：57：29
2008	1：67：31	5：66：29	5：63：32	13：58：29	17：51：32	13：57：30
2009	1：61：38	4：61：35	4：55：41	10：50：40	16：52：31	11：49：40
2010	1：62：37	4：63：33	3：59：38	9：52：39	15：57：28	9：55：36
2011	1：63：36	4：67：30	3：63：34	9：55：36	14：60：25	9：61：31
2012	1：62：37	4：67：30	3：63：35	9：51：40	14：60：26	9：59：31

从三峡库区经济增长和产业结构的分析来看，库首、库腹和库尾地区之间的经济发展并没有很大的差异。经济增长均呈现出逐年递增的趋势，1994～2012年各区县平均年增长率均在10%以上，如图5.2所示；产业结构均呈现出第一产业占比减少、第二产业和第三产业占比逐年增长的趋势，但第三产业增长速度大于第二产业。在库区26个区县中，渝北区和万州区的经济增长较快，这得益于重庆市对这两个区资金的大力投入和产业部署。本章数据说明，按照农业部或地理位置进行的库区划分在经济增长研究方面并没有特殊的指导意义，并不能据此深入了解和推动区域经济增长方式转变和产业结构调整，所以还需进一步的研究予以补充。

6 基本公共服务概况

加强库区基本公共服务设施建设和社区服务体系建设，增强库区教育、卫生、文化、体育、市政公用等公共服务功能，逐步实现基本公共服务均等化，维护库区社会稳定，促进三峡库区安稳致富。

6.1 教育文化概况

教育公平是构建和谐社会的重要基础。由于湖北省巴东县统计数据缺失，下面只针对数据可得的三峡库区中 25 个区县予以分析。为了便于说明，将渝中区、大渡口区、江北区等重庆市主城九区划为第一个区域，重庆市的其他 22 个区县划为第二个区域，湖北省的夷陵区、兴山县和秭归县划为第三个区域。学校数量是从地区学校规模的角度来衡量区县的社会教育发展水平。图 6.1 给出了库区 25 个区县学校数的变化情况[①]。表 6.1～表 6.3 给出了库区各区县的学校数量（含小学和普通中学）[②]。由此可以发现，1997～2011 年三峡库区学校总数呈现出逐年下降的趋势，特别是小学学校的数量下降最为明显，其他学校（职业技术学校等）自 2002 年起有所上升。从第 3 章人口年龄结构数据可以发现，0～14 岁的人口占比有下降趋势，导致在校学生数量减少。此外，全国撤校并点、城镇化进程加速等原因也导致学校数量减少[③]。

---

① 由于 2000 年重庆市统计年鉴未给出区县的学校数，故无数据。由于 2012 年统计年鉴中统计口径发生变化，故无数据

② 数据来源：历年《重庆统计年鉴》和历年《湖北统计年鉴》

③ 刘利民. 2012. 城镇化背景下的农村义务教育. 求是，23（1）：12-14

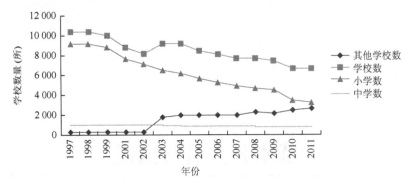

图 6.1　三峡库区学校数量变化图

表 6.1　三峡库区学校数量统计（重庆市主城九区）　　（单位：所）

年份	渝中区	大渡口区	江北区	沙坪坝区	九龙坡区	南岸区	北碚区	渝北区	巴南区
1997	106	57	135	184	196	120	230	429	460
1998	106	57	135	184	196	120	230	429	358
1999	87	58	132	165	187	117	216	415	353
2000	—	—	—	—	—	—	—	—	—
2001	89	40	118	116	179	114	190	398	303
2002	82	39	107	116	163	110	169	352	251
2003	142	71	188	240	254	214	192	425	271
2004	138	85	181	251	312	212	193	440	281
2005	141	87	186	254	283	204	188	433	253
2006	141	81	179	228	252	183	179	435	247
2007	141	79	177	265	232	178	150	342	248
2008	144	78	204	274	265	172	145	372	213
2009	135	72	168	288	251	154	139	359	203
2010	126	69	152	286	251	147	132	344	205
2011	118	77	150	291	280	176	135	361	211

表 6.2　三峡库区学校数量统计（重庆市其他区县）　　（单位：所）

年份	巫山县	巫溪县	奉节县	云阳县	万州区	开县	忠县	石柱县	丰都县	涪陵区	武隆县	长寿区	江津区
1997	512	546	840	788	948	990	759	362	329	445	144	358	778
1998	512	546	840	788	948	990	759	362	329	445	144	460	778
1999	440	548	800	788	900	979	736	302	331	455	138	444	758
2000	—	—	—	—	—	—	—	—	—	—	—	—	—

年份	巫山县	巫溪县	奉节县	云阳县	万州区	开县	忠县	石柱县	丰都县	涪陵区	武隆县	长寿区	江津区
2001	392	474	775	751	801	997	643	194	301	407	146	339	615
2002	379	472	690	658	770	1005	639	205	270	392	146	267	610
2003	411	452	652	538	855	996	662	250	343	471	192	317	742
2004	393	409	652	531	780	944	729	280	344	421	179	296	764
2005	369	367	573	508	683	853	625	311	311	398	172	274	737
2006	356	333	522	498	631	816	621	297	334	345	178	252	761
2007	332	301	528	630	563	749	531	290	318	343	160	216	726
2008	322	285	490	685	544	762	520	318	329	335	151	205	779
2009	327	262	444	736	517	721	498	259	282	316	145	182	833
2010	296	247	521	537	445	709	327	250	299	314	133	172	558
2011	294	255	377	443	446	798	339	261	271	322	134	140	594

表 6.3　三峡库区学校数量统计（湖北省区县）　　　　（单位：所）

年份	夷陵区	兴山县	秭归县
1997	181	144	343
1998	158	134	305
1999	152	221	271
2000	—	—	—
2001	125	79	181
2002	118	69	153
2003	113	57	116
2004	100	49	94
2005	90	47	82
2006	83	44	80
2007	82	41	73
2008	71	29	73
2009	63	25	45
2010	57	24	59
2011	52	21	56

　　图 6.2 给出了三峡库区在校学生数量及其变化率。1997～2011 年库区在校学生数量水平呈现出缓慢增长的趋势，在校中学生数量 2011 年比 1992 年增长了 67.49%，但是在校小学生数量 2011 年比 1997 年减少了 31.91%。

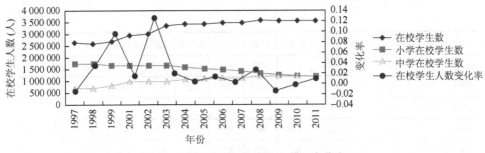

图 6.2　三峡库区在校学生人数及变化率

图 6.3 给出了库区教师数。2001～2011 年库区的专任教师数量增长了 31.37%。其中，小学教师数量下降了 3.93%，中学教师数量上升了 24.94%。

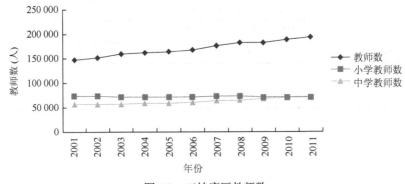

图 6.3　三峡库区教师数

图 6.4 给出了库区教育经费支出概况。三峡库区教育支出从 2001 年的 172 838 万元增长到 2011 年的 1 658 878 万元；2001～2011 年教育经费支出占 GDP 的比重年均增长 9.24%。2011 年，全国教育经费占 GDP 比重为 3.27%，重庆市教育经费占 GDP 比重为 3.18%，三峡库区教育经费占 GDP 比重为 3.25%，高于重庆市水平，但约低于全国平均水平。图 6.5 给出了 1997 年和 2011 年各区县教育支出经费占 GDP 比重，每个区县的教育经费均有所增长。由此可以看出，加大教育经费投入、强大专职教师队伍对三峡库区教育服务水平改善的影响较大。

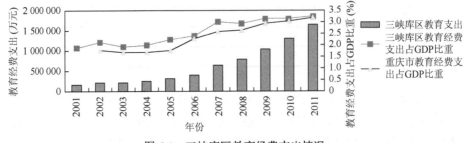

图 6.4　三峡库区教育经费支出情况

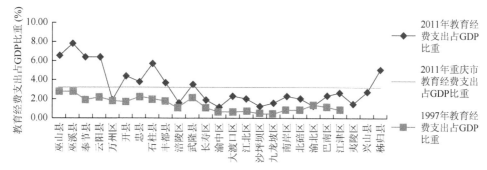

图 6.5　教育经费支出占 GDP 比重

注：1997 年湖北省的夷陵区、兴山县、秭归县数据缺失

文化公共服务是政府公共服务的重要内容之一，主要指以政府部门为主的、公共部门提供的、以保障公民基本文化生活权利为目的的、向公民提供公共文化产品与服务制度和系统的总称，包括公共文化服务设施、资源和服务内容，以及人才、资金、技术和政策保障机制等方面的内容。

由表 6.4、表 6.5 中的数据可以明显看出，渝中区在 2006 年及以前有 3 个公共图书馆，随后几年减少为 2 个；沙坪坝区在 2006 年及以前有 1 个图书馆，随后几年增加为 2 个；万州区在 2004 年及以前有两个图书馆，随后减少为 1 个；涪陵区的图书馆一直维持在 2 个；其他区县比较稳定，都是保持在 1 个。虽然各个区县图书馆的个数相差不大，其规模仍然是有差别的，具体可以通过公共图书馆藏书量来测量。关于公共图书馆藏书，沙坪坝区的公共图书馆藏书最多，云阳县的藏书最少，两者相差 500 多万册，差距较大；关于广播覆盖率和电视覆盖率，重庆市主城九区都达到了 100%或者接近 100%，广播覆盖率和电视覆盖率较小的是石柱县，与其他区县相差较大。

表 6.4　三峡库区公共图书馆统计（重庆主城九区）　（单位：个）

年份	渝中区	大渡口区	江北区	沙坪坝区	九龙坡区	南岸区	北碚区	渝北区	巴南区
2000	3	1	1	1	1	1	1	1	1
2001	3	1	1	1	1	1	1	1	1
2002	3	1	1	1	1	1	1	1	1
2003	3	1	1	1	1	1	1	1	1
2004	3	1	1	1	1	1	1	1	1
2005	3	1	1	1	1	1	1	1	1
2006	3	1	1	1	1	1	1	1	1
2007	2	1	1	1	1	1	1	1	1
2008	2	1	1	2	1	1	1	1	1

续表

年份	渝中区	大渡口区	江北区	沙坪坝区	九龙坡区	南岸区	北碚区	渝北区	巴南区
2009	2	1	1	2	1	1	1	1	1
2010	2	1	1	2	1	1	1	1	1
2011	2	1	1	2	1	1	1	1	1
2012	2	1	1	2	1	1	1	1	1

表 6.5　三峡库区公共图书馆统计（重庆其他区县）　（单位：个）

年份	巫山县	巫溪县	奉节县	云阳县	万州区	开县	忠县	石柱县	丰都县	涪陵区	武隆县	长寿县	江津区
2000	1	1	1	1	2	1	1	1	1	2	1	1	1
2001	1	1	1	1	2	1	1	1	1	2	1	1	1
2002	1	1	1	1	2	1	1	1	1	2	1	1	1
2003	1	1	1	1	2	1	1	1	1	2	1	1	1
2004	1	1	1	1	2	1	1	1	1	2	1	1	1
2005	1	1	1	1	1	1	1	1	1	2	1	1	1
2006	1	1	1	1	1	1	1	1	1	2	1	1	1
2007	1	1	1	1	1	1	1	1	1	2	1	1	1
2008	1	1	1	1	1	1	1	1	1	2	1	1	1
2009	1	1	1	1	1	1	1	1	1	2	1	1	1
2010	1	1	1	1	1	1	1	1	1	2	1	1	1
2011	1	1	1	1	1	1	1	1	1	2	1	1	1
2012	1	1	1	1	1	1	1	1	1	2	1	1	1

6.2　社会保障概况

　　社会保障是现代国家一项基本的社会经济制度，是国家和社会依据一定的法律和规定，通过收入的再分配，对社会成员的基本生活权利予以保障的一项重要制度安排。图 6.6 给出了 2002～2011 年三峡库区 25 个区县人均社会保障数据和社会保障支出占 GDP 比重。由于 2005 年及之前重庆市社会保障和就业支出统计指标不一致，所以只给出了 2006 年之后的数据予以对比。由图 6.6 可以看出，重庆市社会保障和就业支出占 GDP 的比例高于三峡库区。2011 年，全国人均社会保障支出费用为 787.2 元，重庆市人均社会保障支出费用为 1160.5 元，而三峡库区人均社会保障支出费用仅为 694.3 元，远远低于重庆市乃至全国平均水平。由此可见,三峡库区社会保障和就业支出投入差距很大。表 6.6～表 6.8 给出了 2002～2011 年三峡库区各区县的社会保障和就业支出数据。

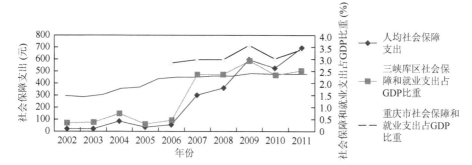

图 6.6　三峡库区社会保障支出及其占 GDP 比重

表 6.6　**三峡库区社会保障和就业支出统计**（重庆主城九区）（单位：万元）

年份	渝中区	大渡口区	江北区	沙坪坝区	九龙坡区	南岸区	北碚区	渝北区	巴南区
2002	3 040	768	1 785	809	642	1 850	500	60	399
2003	1 205	1 113	2 104	4 554	426	1 170	993	718	797
2004	12 400	4 473	15 188	24 344	15 335	14 266	8 411	1 610	12 162
2005	2 736	2 755	3 109	13 012	2 565	3 230	2 434	2 024	4 129
2006	4 437	3 150	7 071	17 139	3 629	4 821	3 536	2 517	5 723
2007	39 048	14 314	27 080	46 516	25 994	28 388	19 524	27 703	27 668
2008	44 211	15 069	31 264	39 997	30 070	33 365	22 176	32 139	36 480
2009	100 465	47 562	40 182	60 762	77 667	83 782	37 086	41 004	43 764
2010	66 787	22 682	43 968	63 883	54 570	46 560	40 698	47 204	51 012
2011	88 706	26 945	57 854	67 690	68 179	71 830	46 575	76 675	78 976
2012	85 328	26 043	60 574	80 832	73 522	65 573	55 465	77 785	79 698

表 6.7　**三峡库区社会保障和就业支出统计**（重庆其他区县）（单位：万元）

年份	巫山县	巫溪县	奉节县	云阳县	万州区	开县	忠县	石柱县	丰都县	涪陵区	武隆县	长寿县	江津区
2002	1 218	597	2 570	1 463	7 680	1 895	1 284	929	668	5 137	1 388	833	1 198
2003	1 000	579	4 049	1 375	10 426	2 132	1 233	1 206	1 101	5 560	1 902	589	1 430
2004	978	816	3 073	1 696	11 275	3 617	1 763	1 224	1 461	5 383	1 986	5 601	5 996
2005	792	673	1 337	1 471	2 940	1 395	1 094	676	1 221	2 870	1 391	2 115	2 575
2006	1 677	1 316	3 512	2 525	5 029	2 950	1 987	1 430	1 598	5 116	1 609	4 423	4 386
2007	16 597	10 606	20 161	20 665	49 791	26 773	17 815	9 771	15 801	35 392	10 372	27 626	37 845
2008	18 410	13 481	26 724	27 102	71 231	33 678	20 549	13 614	21 011	38 622	13 080	34 946	43 183
2009	21 946	24 337	29 046	39 015	86 919	44 201	34 215	16 321	30 415	56 109	17 544	52 317	64 059
2010	25 031	18 984	30 303	38 868	87 214	52 085	32 362	13 559	31 259	53 720	20 938	51 147	60 480
2011	34 334	24 208	45 708	54 294	122 944	75 011	47 709	19 768	38 115	74 278	28 898	60 007	86 827
2012	34 938	26 361	39 392	56 798	125 330	73 029	49 097	21 489	42 260	79 951	30 312	72 816	86 921

表 6.8　三峡库区社会保障和就业支出统计（湖北省各区县）（单位：万元）

年份	夷陵区	兴山县	秭归县
2002	293	74	164
2003	387	246	388
2004	410	188	186
2005	880	1 211	690
2006	6 376	1 139	375
2007	6 637	2 132	5 534
2008	9 968	3 387	7 325
2009	16 819	8 143	13 225
2010	19 089	7 264	15 639
2011	26 227	10 358	19 097

　　2002～2012 年，社会保障和就业支出水平年均增长 45.52%；全库区的人均社会保障支出水平年均增长 44.59%；全库区的社会保障支出占政府财政支出比重年均增长 19.15%，全库区的社会保障支出占 GDP 比重年均增长 21.71%。2011 年，大部分区县的城镇居民最低生活保障人数相对于 2002 年有所下降，社会福利收养单位床位数有所上升（图 6.7）。

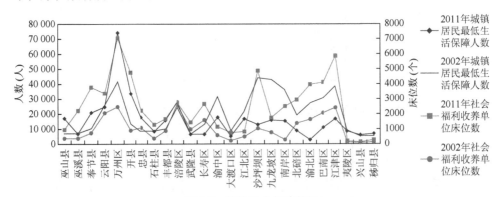

图 6.7　其他社会保障数据

　　社会保障和就业支出、社会保障支出占 GDP 比重、城镇居民最低生活保障人数、社会福利收养单位床位数、城镇社区服务设施数等数据说明，重庆市其他 13 个区县的地区差异最为明显，均等化程度有待提高，而重庆市主城九区和湖北省三区县的均等化程度较好；人均社会保障支出、政府社会保障支出占财政支出比重在各区域内的差异程度也是呈扩大趋势，重庆市主城九区内部差异最大，湖北省三区县的均等化程度最好。

6.3 公共卫生医疗概况

　　基本医疗卫生服务有两大部分，一是公共卫生服务范围，包括疾病预防控制、计划免疫、健康教育、卫生监督、妇幼保健、精神卫生、卫生应急、急救、采血服务，以及食品安全、职业病防治和安全饮水 12 个领域；二是基本医疗，即采用基本药物，使用适宜技术，按照规范诊疗程序提供的急慢性疾病的诊断、治疗和康复等医疗服务。其均等化是指政府要为社会公众提供基本的、在不同阶段具有不同标准的、最终大致均等的公共卫生和医疗服务。

　　图 6.8 给出了三峡库区医疗费用支出情况。表 6.9～表 6.11 给出了三峡库区各区县医疗费用支出统计数据。由此可以发现，库区医疗费用和人均费用呈现出逐年上涨的趋势，特别是 2006 年之后医疗费用年增长率超过了 20%；医疗卫生支出占 GDP 的比重也呈现出大幅上升的趋势，增长幅度大于重庆市平均水平。

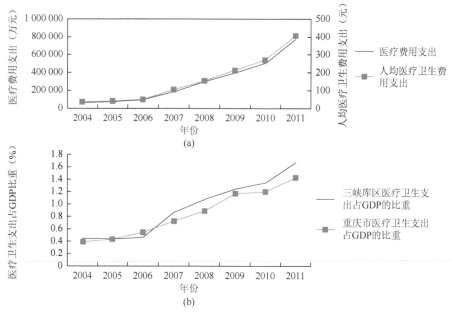

图 6.8 三峡库区医疗费用支出

表 6.9 三峡库区医疗费用支出统计（重庆主城九区）（单位：万元）

年份	渝中区	大渡口区	江北区	沙坪坝区	九龙坡区	南岸区	北碚区	渝北区	巴南区
2004	4 998	1 144	2 767	3 703	3 150	2 295	2 069	4 992	2 333
2005	5 849	1 455	3 677	4 398	3 819	3 700	2 199	4 991	2 532
2006	6 265	1 815	6 676	4 796	5 064	4 159	2 102	7 066	3 578

续表

年份	渝中区	大渡口区	江北区	沙坪坝区	九龙坡区	南岸区	北碚区	渝北区	巴南区
2007	7 785	2 833	10 288	7 805	9 688	9 335	4 868	10 486	7 025
2008	13 026	3 856	13 222	15 597	13 763	13 894	8 887	18 168	11 681
2009	13 588	5 487	17 563	18 575	17 047	18 025	11 515	20 594	12 924
2010	17 528	6 350	18 106	20 660	24 415	23 056	17 031	25 233	16 869
2011	22 636	11 739	23 372	27 856	29 491	46 907	23 678	44 739	29 558
2012	23 232	11 371	28 068	45 195	39 285	50 951	30 559	47 889	33 896

表 6.10　三峡库区医疗费用支出统计（重庆其他区县）　（单位：万元）

年份	巫山县	巫溪县	奉节县	云阳县	万州区	开县	忠县	石柱县	丰都县	涪陵区	武隆县	长寿县	江津区
2004	1 304	1 265	1 540	2 506	6 068	1 921	1 928	1 594	1 377	5 406	1 136	3 086	3 546
2005	1 508	1 284	2 440	2 837	5 991	2 557	2 081	1 563	1 869	6 050	1 330	4 557	5 305
2006	1 730	1 514	1 718	3 391	6 986	3 379	2 253	2 115	2 132	6 018	1 684	5 686	5 782
2007	3 735	4 691	5 595	8 722	14 836	10 172	7 271	5 034	6 648	11 501	4 503	9 356	12 441
2008	6 963	6 009	6 466	18 250	26 468	20 938	10 782	6 819	7 689	17 328	6 628	15 486	18 481
2009	9 489	10 838	13 446	21 650	37 244	23 006	13 109	8 906	11 211	23 642	11 604	19 184	27 892
2010	14 450	11 210	23 059	25 092	38 371	32 266	22 049	12 853	15 935	32 475	10 268	25 285	41 516
2011	21 456	18 764	33 067	43 170	60 065	52 978	39 491	20 803	24 622	48 643	16 680	32 569	54 032
2012	26 426	21 522	40 481	52 012	79 503	62 649	41 136	17 087	31 640	62 807	17 913	39 884	59 539

表 6.11　三峡库区医疗费用支出统计（湖北省各区县）　（单位：万元）

年份	夷陵区	兴山县	秭归县
2004	2 094	1 059	1 100
2005	2 294	975	1 408
2006	2 639	1 134	2 526
2007	5 531	1 955	3 418
2008	7 333	2 551	5 326
2009	15 397	3 796	6 624
2010	12 822	7 964	7 896
2011	22 106	7 653	14 167

　　图 6.9 给出了三峡库区各区县人均医疗卫生支出情况。2011 年的人均费用远远大于 2004 年，说明库区医疗卫生投入增加明显，但是与全国和重庆市平均水平相比，绝大部分区县并没有达到平均水平，说明三峡库区的医疗卫生费用投入远远不足。加大医疗费用支出的投入水平及医疗卫生费用人均支出对三峡库区公共卫生与医疗服务水平改善的影响很大。

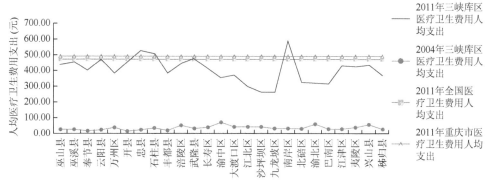

图 6.9　各区县人均医疗卫生支出

6.4　基本公共服务均等化对策建议

三峡库区 26 个区县中有 11 个区县为国家级重点扶贫县，是我国西南地区乃至西部地区国家级、省级重点扶贫连片区域，经济发展相对滞后，社会富足程度低。尽管库区基础公共设施建设、公共服务投入、社会保障机制完善等方面有很大的进步，取得了日新月异的成果，但是相对于全国平均水平和重庆市平均水平，库区基础公共设施较差、社会事业发展缓慢、社会保障投入不足、公共卫生医疗人均费用不足等问题仍旧制约着库区的经济发展和社会稳定。而且库区内区域发展不均衡、公共服务不均等现象依然存在。实现社会公共服务均等化，保障后三峡时期居民安稳致富将是一项长期且艰苦的任务。

6.4.1　三峡库区教育事业的发展建议

三峡库区教育结构不合理，主要体现为教育的单一化，即基本上只有"小学、初中、高中"的纵向结构，没有形成多种类+多层次+多形式的教育网络。重点反映在普通教育与职业教育的比例严重失调，其特点可以概括为起步早、发展慢、规模小、效益差。当今世界经济全球化深入发展，科技进步日新月异，国际竞争日趋激烈，知识越来越成为提高综合国力和国际竞争力的决定性因素，人才资源越来越成为推动经济社会发展的战略性资源，教育的基础性、先导性、全局性地位和作用更加突出。教育是提高人民思想道德素质和科学文化素质的基本途径，是发展科学技术和培养人才的基础工程。大力发展三峡库区教育事业，加大教育事业投入是发挥当地人力资源优势、推进库区后三峡时代安稳致富的必然选择。

（1）加大教育财政投入

增加中央和市财政对库区教育的投入，建立保证库区教育发展的长效机制。库区县大多是贫困县，县级财政自给能力很差，基本上只能是"吃饭财政"，要从根本上解决欠债和移校、排危资金缺口问题，进而保证库区教育的发展，不拖当地后腿，必须依靠中央和市级财政建立保证库区教育发展的长效机制。

（2）加大教育对口支援力度

1992年，国务院发出了全国对口支援三峡工程库区移民工作的号召。此后，中央国家机关、各省、自治区、直辖市把对口支援三峡库区视为己任，在库区展开了有声有色的对口支援合作。有资料显示，截至2003年年底，全国对口支援仅为三峡库区引入资金160.95亿元，其中社会公益类项目到位资金18.73亿元，援建希望学校761所，培训各类人才5797人次。截至2012年年底，全国对口支援共为三峡库区引进资金1321.57亿元，其中经济建设类项目资金1272.64亿元、社会公益类项目资金48.93亿元，共安排移民劳务97 507人次，培训48 439人次，干部交流1058人次[①]。全国对口支援三峡工程移民工作不仅保障了百万移民的按时搬迁安置，促进了库区社会经济的全面发展，帮助改善移民民生，还为支援方带去了良好的经济效益，真正实现了支援方和受援方的合作共赢。对口支援是中国特色社会主义的生动体现，在促进库区经济社会大发展中，充分展示了社会主义集中力量办大事的优越性。建议进一步加大对库区教育的对口支援力度。

（3）加强教师队伍建设

加强教师队伍建设，解决教育发展中最关键的人的问题。教师严重缺编，是制约云阳县教育发展的第二大严重问题。因此，需要重点支持库区贫困县，按编制在"十二五"期间配齐各学科教师，主要应解决新增教师的经费问题。出台相关政策，控制现有教师的不正常减员和流动。强化教师队伍素质战略。教育发展教师为本，教师素质师德为本。在推动素质教育中，把教师思想政治素质放在首位，以师德建设为突破口，带动教师队伍整体素质的提高，以师德促进教师教书育人责任感的增强，以良好的教风，促进学生良好学风的形成，激发学生学习的源动力。

（4）引导社会力量促教育事业发展

多方开发社会资源战略。创造条件，积极引导与国外、市内外、学校之间、校企之间进行联合办学，优势互补。同时，在合理的范围内鼓励民间力量办学，使民办学校发挥积极作用，以此促进教育事业的快速健康发展。

---

① 国务院三峡工程建设委员会办公室，国务院三峡办召开2012年工作总结会，http://www.3g.gov.cn/index.ycs，2012年12月30日

6.4.2　三峡库区社会保障建设的政策建议

（1）大力发展城乡经济，夯实一体化社会保障物质基础

建立库区城乡统一的社会保障制度，应大力发展城乡经济，特别是加快发展农村经济。打破城乡差别性的二元社会保障体制根源与传统的城乡二元经济，加速农村经济发展，提高农业人口素质，大力发展农村经济，应积极促进农业产业化生产，提高农业产出，为城乡统筹的社会保障体制提供强有力的资金保障和物资保障。只有不断发展城乡经济，促进社会物质财富持续增长，使可供分配的财富不断增加，才能为建立和完善保障制度创造前提条件和奠定必要的物质基础，才能使社会保障资金中来自个人的部分有望持续稳定地增加。要始终以经济建设为中心，加快产业经济发展，强化第二、第三产业在产业结构中逐渐占据主导地位的导向，积极引导农村富余劳动力向城市的有序转移，加快城市化进程。加快区域经济发展，发展区域特色经济，带动库区地方经济的快速发展，逐步缩小城乡居民及社会各阶层收入之间的巨大差距，夯实城乡统筹社会保障的经济和物质基础[1]。

（2）国家增加中央社保转移支付资金

一是库区产业结构调整，大批企业破产关闭，给社会保险带来冲击，社会保险工作中的"两增两减"问题日趋严重，无力缴费，断保现象严重。建议国家在下拨中央社保转移支付资金时重点给予倾斜，并将三峡库区农村保险基金缺口纳入国家补助范围，以保证农村移民待遇正常发放和适当调整。二是将三峡非农搬迁无业居民纳入移民社会保障规划，对参保应缴纳的基本养老保险费给予适当补助，使这类群体能够享受移民优惠政策[2]。

（3）深化行政体制改革，建立统一的社会保障管理机构

一是在明确现有各主管部门职责分工的基础上，建立统一的社会保障管理机构，将各项社会保险职能统一起来，进行统管，并严格实行政事分开。二是库区各区县可设立社会保障领导小组，负责拟订社会保障的发展规划、改革步伐、制定政策，参与制定社会保障基金管理等有关制度，监督检查社会保障基金的征收、管理、经营和使用情况，策划如何确保社会保障基金的保值和增值。三是加强与工商、税务、保障金管理银行的联系，做好对劳动者的就业情况及其收入的稽查，使保障金的缴纳、分配和使用有可靠的依据[3]。

---

① 陈敏. 2011. 重庆三峡库区统筹城乡社会保障制度构建研究. 西部大开发，（06）：207-208

② 李泉. 2010. 社会保障是促进三峡库区移民安置稳定的重要措施. 参政议政，（2）：25

③ 周宗成. 2008. 论三峡库区社会保障体系的构建. 重庆三峡学院学报，24（112）：11-14，115

6.4.3　三峡库区公共卫生与医疗服务发展的政策建议

（1）加大公共卫生财政投入

卫生资源是用于卫生保健事业的社会资源，是开展卫生保健活动的人力与物质技术基础，包括卫生机构、床位、卫生人员、卫生经费等。可以改进财政对卫生的适宜投入方式，进一步明确财政对医疗卫生的投入原则、投入方向和内容、投入经费的管理等规定，逐步建立与经济社会发展需求相适应的卫生投入保障体系，确保公共卫生、基本医疗和基层医疗卫生服务能力建设投入。三峡库区各区县内的各级政府要按照"卫生事业费增长幅度不低于同级财政经常性支出增长幅度；用于发展农村卫生事业的部分不低于增长部分的70%"的要求，逐年增加卫生投入。积极探索政府购买医疗卫生服务的范围和形式，加大卫生人才培养、医疗卫生科研专项经费投入，加快业务用房改造、医疗设备更新，确保离退休和在职医务人员社会保障有关费用。

重庆市历年统计年鉴显示，虽然卫生机构、床位数和卫生人员均有所增加，但与其他3个直辖市相比，差距还较大。这也说明了整个三峡库区的卫生资源在数量上与其他地区也有比较大的差距。因此，应继续加大三峡库区卫生资源的投入，保障卫生事业持续、稳定、快速、健康发展。

（2）合理配置卫生资源，构建城市两级医疗服务体系

在卫生资源的配置上，三峡库区所包含的26个区县存在明显的区域差异。应根据本区域经济发展、人口数量和结构、居民的主要卫生问题及卫生资源状况，以满足区域内全体居民的基本卫生服务需求为目标，制订区域卫生资源配置标准，确定卫生资源的总量结构、布局和层次，向全体居民提供公平、有效的卫生服务。

坚持政府主导，鼓励社会力量参与，多渠道发展社区卫生服务。通过社区卫生服务机构与辖区市级医院探索建立双向转诊试点，推行医疗服务社区首诊制，提高社区卫生服务能力，为社区居民提供安全、有效、便捷、经济的公共卫生服务和基本医疗服务，逐步形成"小病在社区、大病到医院、康复回社区"的新型就医格局。

（3）改进和加强对医疗机构的监督管理

1）实施卫生全行业管理。建议实行卫生属地化全行业管理，打破医疗机构的行政隶属关系和所有制界限，卫生行政主管部门要运用法律、行政、经济等手段加强宏观管理，改变医院管理条块分割、各自为政的局面，加强对部队医疗机构的业务指导及对民营医疗机构的扶持和监管。企事业单位职工医院逐步实现与企事业单位脱钩，其中少部分可移交当地卫生行政部门；大部分可通过产权制度改革、转制为股份制、合作等多种所有制形成的医疗机构。

2）严格区域卫生规划，优化医疗资源配置。科学制定并严格实施区域卫生规划。按照区域卫生规划和医疗机构设置规划，对医疗机构设置和资源调整进行合理配置和统筹管理。全市新设立的大、中型医疗机构必须符合规划要求，严格控制公立医疗机构盲目扩张。在规划的指导下，按依法、有序的原则，加大医疗资源整合力度。鼓励符合规划要求的民营医疗机构进入和发展，形成多种产权形式的医疗机构公平、有序竞争的格局。

3）加大对医疗机构国有资产的监管力度。建立适应社会主义市场经济和公共财政要求的公立医疗机构国有资产管理体制，明确政府财政与卫生行政主管部门、公立医疗机构在国有资产管理中的职责与作用。开展公立医院国有资产监管试点工作，在试点的基础上，出台公立医院国有资产管理办法，对资产的配置与使用、处置、产权登记与产权纠纷处理、资产评估与资产清查、资产信息管理与报告、监督检查与法律责任等各方面事项作出明确规定。进一步明确大型医疗设备的配置管理，严格控制购置大型设备。

6.4.4 三峡库区文化公共服务发展的政策建议

（1）加大财政资金的扶持力度

加快建立由政府为主导的多元投入的文化建设专项基金，进一步明确人均公共文化享受的额度，可以参照对服务业发展的扶持政策，逐年加大对群众文化建设的经常性投入，投入增幅要高于当年财政收入的增长幅度，并通过冠名、捐助、共建等多种投入方式，吸纳社会资金办文化，形成"以政府投入为主、社会多渠道投入为辅"的投入机制和政府主导、社会参与、各方资助的良好发展格局。

（2）完善约束和激励机制，健全公共文化绩效评价制度

公共产品的选择必须经过一个公共决策程序，这一程序包括公共文化需求的表达、意见搜集和社会评估等环节。如果一些领导替公众决定"公共"文化需求，就可能会提供一些不受欢迎的产品，浪费公共资源。因此，尽快建立完善公共文化资金使用的约束机制，对公共文化资金支出行为过程及其效果进行科学、客观、公正地衡量比较和综合绩效评价，确实调动起单位加强经费使用管理、加快公共文化事业发展的主动性和积极性。

（3）建立和完善公共文化服务人才队伍保障机制

1）为公共文化培养管理人才提供制度保障。进一步健全以培养、使用、激励、评价为主要内容的人才录用和管理制度，探索建立执业资格准入制度，培养一批公共文化管理人才。加强对从业人员的规范化管理和培训，更新知识和技能，提高服务本领。

2）探索实施"基层文化人才递进培养"计划。建立重庆市基层文化人才信息库，加强对基层文化人才的培养和管理。建议将活跃在基层的众多业余文化人才，按照"优秀的文化爱好者"、"优秀的文化骨干"、"公共文化辅导员" 3 类培养目标进行梯度培训，力争 3～5 年，全市每个社区、村（居）都配备一名思想觉悟较高、业务素质较强、具有组织协调能力、能够传播先进文化的公共文化专业辅导员。

3）建立文化志愿者组织体系。高度重视文化志愿者参与公共文化服务的重要作用，成立市级文化志愿者服务中心和各区（市）县的分中心，有组织地面向社会招聘文化义工，建立文化义工服务信息库，建立文化义工认定、管理和褒扬制度，形成志愿者服务文化事业的常态化、制度化运行机制。积极开展专题性的"文化志愿者行动"，组织专家型、专业型或特长型的文化志愿者深入基层和社会特殊群体开展各类文化公益服务。

7

三峡库区综合判识探索

三峡库区"环境-经济-社会-人口-资源"的综合判识问题，是依据库区各区县、各指标之间相互配合、相互协作、相互依存、相互制约所形成的既定影响关系，对区县各要素的协调状态进行定量分析。三峡库区作为一个复杂的大系统，由经济系统、环境系统、资源系统、人口系统、社会系统构成。通过评价每个区县各系统内外的协调状况，以此对地区可持续发展作出判识。如何定量评价系统协调发展，是具体落实科学发展观的重要问题，是保证系统全面、协调、可持续发展的重要手段。在系统运行过程中，发展是系统运动的指向，协调是该行为的有益约束。

7.1 综合判识方法与指标选取

协调（coordination）的本意是和谐一致、配合得当，描述了系统内部或系统之间各要素科学合理的良性循环关系，以达到减少系统运行的负效应，提高系统的整体输出功能和协同效应的目的[①]。从协同学的角度，协调是系统组成要素之间在发展过程中彼此的和谐一致性。协调度模型（coordination degree model）是评价系统协调发展的核心，在以往的研究中，已经有许多学者做了诸多研究。例如，引入模糊数学隶属函数，构建隶属函数协调度模型[②]；运用离差系数最小化、灰色系统模型、数据包络分析工具、基尼系数思想等构建协调度模型[③]。

① 陈长杰，冯晓微，魏一鸣，等. 2004. 基于可持续发展的中国经济——资源系统协调性分析. 系统工程，22（3）：34-39

② 曾珍香，顾培亮. 2000. 可持续发展的系统分析与评价. 北京：科学出版社

③ 汤铃. 2010. 基于距离协调度模型的系统协调发展定量评价方法. 系统工程理论与实践，30（4）：594-602

　　根据模糊数据中隶属函数关系，为反映系统实际状态到系统理想协调状态的距离，采用如下定义的协调系数（coordination）[①]：

$$u(i\,|\,j) = \exp\{-k[D_i - D_{(i|j)}]^2\} \tag{7-1}$$

式中，$u(i\,|\,j)$ 为 i 子系统对 j 子系统的协调系数；D_i 为 i 子系统实际发展水平；$D_{(i|j)}$ 为 i 子系统与 j 子系统协调发展时，i 子系统的协调发展水平；$D_i - D_{(i|j)}$ 为 i 子系统实际发展水平与 j 子系统影响作用下要求的 i 子系统理想协调水平之间的接近程度；k 为待定参数，在应用中可以用 i 子系统方差的倒数代替[②]。当 $D_i = D_{(i|j)}$ 时，$u(i\,|\,j) = 1$，即 i 子系统与 j 子系统完全协调；当 $D_i > D_{(i|j)}$ 或 $D_i < D_{(i|j)}$ 时，则 $u(i\,|\,j) \to 0$，即两个子系统完全不协调；当 D_i 与 $D_{(i|j)}$ 的离差越小时，$u(i\,|\,j)$ 越大，此时 i 子系统与 j 子系统协调程度越高。可见，$u(i\,|\,j) \in [0,1]$，描述了 i 子系统对 j 子系统的协调程度。同理，$u(j\,|\,i) \in [0,1]$，描述了 j 子系统对 i 子系统的协调程度。

　　两系统之间的协调度计算公式为

$$U(i,j) = \{\min[u(i\,|\,j), u(j\,|\,i)]\} \big/ \{\max[u(i\,|\,j), u(j\,|\,i)]\} \tag{7-2}$$

　　同理，三系统时的协调系数为

$$u(i\,|\,j,h) = \exp\{-k[D_i - D_{(i|j,h)}]^2\} \tag{7-3}$$

式中，$D_{(i|j,h)}$ 为 i 子系统与 j、h 子系统协调发展时，i 子系统的协调发展水平；$D_i - D_{(i|j,h)}$ 为 i 子系统实际发展水平与 j、h 子系统影响作用下要求的 i 子系统理想协调水平之间的接近程度。

　　三系统之间的协调度计算公式为

$$U(i,j,k) = \frac{u(i\,|\,j,h) \times u(j,h) + u(j\,|\,i,h) \times u(i,h) + u(h\,|\,i,j) \times u(i,j)}{u(j,h) + u(i,h) + u(i,j)} \tag{7-4}$$

　　对于多个系统的协调度模型可以写成如下标准形式：

$$U_t = \begin{cases} \dfrac{\min\limits_{i}[u(i\,|\,\bar{i}_{m-1})_t]}{\max\limits_{i}[u(i\,|\,\bar{i}_{m-1})_t]}, & m = 2 \\[3mm] \dfrac{\sum\limits_{i=1}^{m} u(i\,|\,\bar{i}_{m-1})_t u(\bar{i}_{m-1})_t}{\sum\limits_{i=1}^{m} u(\bar{i}_{m-1})_t}, & m = 3,4,5,\cdots \end{cases} \tag{7-5}$$

[①] 白雪梅. 1998. 社会协调发展的测度方法. 统计与决策，1：6-7

[②] 范中启，曹明. 2006. 能源-经济-环境系统可持续发展协调状态的测度与评价. 预测，25（4）：66-70；赵芳. 2009. 中国能源-经济-环境（3E）协调发展状态的实证研究. 经济学家，12：35-71；李艳，曾珍香，武优西，等. 2003. 经济-环境系统协调发展评价方法研究及应用. 系统工程理论与实践，5：54-58

式中，m 为所有子系统的数目；$u(i|\overline{i}_{m-1})_t = \exp\left[-\dfrac{(D_{it}-D_{it}^*)^2}{\sigma_i^2}\right]$；$D_{it}^*$ 为 t 时期其他子系统对子系统 i 要求的发展协调值，可以用回归拟合的方法求得；σ_i^2 为子系统 i 的发展度方差；$\overline{i}_{m-1}$ 为除子系统 i 外的其他 $m-1$ 个子系统所组成的小复合系统；$u(\overline{i}_{m-1})$ 为小复合系统 $\overline{i}_{m-1}$ 的协调度。可知，当 $m>2$ 时，其系统协调度模型是一个递推公式，需要计算出各小复合系统 $\overline{i}_{m-1}, \overline{i}_{m-2}, \overline{i}_{m-3}, \cdots, \overline{i}_2$ 的协调度。

这里，将考虑环境-经济-社会-人口-资源 5 个系统之间的协调关系，五系统时的协调系数为

$$u(i|j,h,r,s) = \exp\left\{-k\left[D_i - D_{(i|j,h,r,s)}\right]^2\right\}$$

五系统之间的协调度计算公式为

$$U(S_1,S_2,S_3,S_4,S_5) = \frac{\sum\limits_{i,j,h,r,s=1,\text{且}i,j,h,r,s\text{两两不相等}}^{5} u(S_i|S_j,S_h,S_r,S_s)\times u(S_j,S_h,S_r,S_s)}{u(S_1,S_2,S_3,S_4)+u(S_1,S_2,S_3,S_5)+u(S_1,S_3,S_4,S_5)+u(S_1,S_2,S_4,S_5)+u(S_2,S_3,S_4,S_5)}$$

在运用协调度度量子系统内或子系统间协调关系的同时，还将采取多元统计方法予以辅助分析，以获得更稳定可靠的研究结论。

多元统计方法中的聚类分析（cluster analysis）可作为定量或定性归纳分析的预处理步骤，是一种探索性的分析方法，可以将研究对象分为相对同质的群组。聚类是将数据分类到不同的类或者簇，同一个簇中的对象有很大的相似性，而不同簇间的对象有很大的异质性。从统计学的观点看，聚类分析是通过数据建模简化数据的一种方法。传统的统计聚类分析方法包括系统聚类法、分解法、加入法、动态聚类法等，聚类分析可以是对同一研究对象不同影响因素的聚类，也可以依据不同研究指标对不同研究对象进行聚类。

7.2 子系统内基本判识

进行综合判识之前，在假设其他系统都不变的情况下分别对三峡库区"环境-经济-社会-人口-资源"各子系统进行基本判识。基本判识的目的是对三峡库区 26 个区县各组成要素进行基本状态的把握和了解，从而加强对区县间各子系统发展异同的认识。

7.2.1 经济子系统

经济子系统的基本情况通过地区生产总值、地区人均生产总值和产业结构来进行

判识。图 7.1 和图 7.2 分别给出了三峡库区 26 个区县 1995 年和 2011 年的经济总况①。

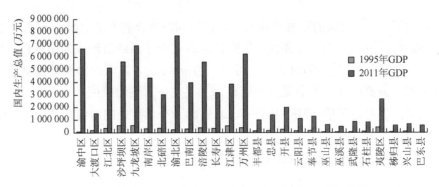

图 7.1　三峡库区 1995 年与 2011 年 26 个区县的国内生产总值

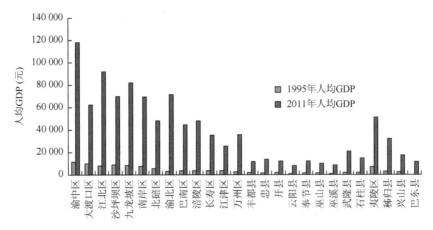

图 7.2　三峡库区 1995 年与 2011 年 26 个区县的人均 GDP

采用聚类分析对各区县经济增长情况进行分类，结果见表 7.1。

表 7.1　三峡库区区县经济增长情况分类

年份	类别	区县
2011	Ⅰ类	渝中区、江北区、沙坪坝区、九龙坡区、涪陵区、万州区、渝北区
	Ⅱ类	南岸区、北碚区、巴南区、江津区、长寿区、夷陵区
	Ⅲ类	大渡口区、巴东县、兴山县、秭归县、巫山县、巫溪县、石柱县、丰都区、武隆县、忠县、云阳县、奉节县、开县

---

① 鉴于 2011 年为库区移民工作全面完成和蓄水达到 175m 后的第一年，因此在基本判识中涉及的截面数据图形全部选用 2011 年为样本时间

续表

年份	类别	区县
1995	Ⅰ类	沙坪坝区、九龙坡区、江津区**
	Ⅱ类	南岸区、北碚区、巴南区、开县、江北区*、长寿区、夷陵区、涪陵区*、万州区*
	Ⅲ类	大渡口区、兴山县、巴东县、秭归县、巫山县、巫溪县、石柱县、丰都区、武隆县、忠县、云阳县、奉节县、渝北区*、渝中区*

注：经济增长等级Ⅰ、Ⅱ、Ⅲ并不代表具体的经济增长数值，只是根据库区 26 个区县的相对经济增长情况进行聚类分析而得。设定Ⅰ＞Ⅱ＞Ⅲ，表示经济增长的变化趋势

**代表该区县经济增长等级向下发生了变化；*代表该区县经济增长等级向上发生了变化

　　由聚类分析结果可以看出，从三峡工程正式动工到三峡水库蓄水达到 175m 的 17 年间，区县经济增长格局发生了较大的变化。1995 年属于经济增长Ⅲ类的渝北区、渝中区已发展到Ⅰ类，属于Ⅱ类的江北区、涪陵区和万州区也已发展到Ⅰ类。而三峡工程建设之前属于经济发展Ⅰ类的江津区降为Ⅱ类。

　　从三次产业结构的发展变化来看，图 7.3 给出了产业结构的前后对比图。

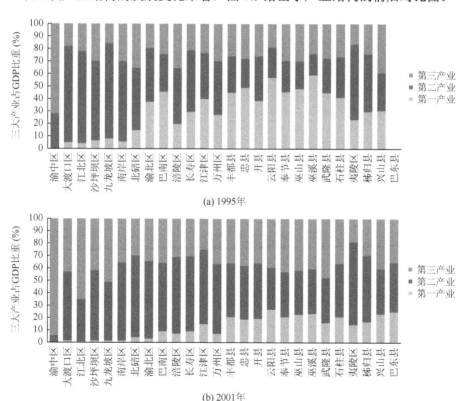

(a) 1995年

(b) 2001年

图 7.3　三峡库区 1995 年与 2011 年三大产业占 GDP 的比重

应用多元统计方法对三峡库区 26 个区县产业结构进行分类，结果见表 7.2。

表 7.2　三峡库区区县产业结构情况分类

年份	区县
2011	渝中区
	江北区、沙坪坝区、九龙坡区、南岸区、北碚区、渝北区、巴南区、江津区、长寿区、涪陵区、万州区、夷陵区
	大渡口区、巴东县、兴山县、秭归县、巫山县、巫溪县、石柱县、丰都区、武隆县、忠县、云阳县、奉节县、开县
1995	渝中区、沙坪坝区*、九龙坡区*
	江北区、南岸区、北碚区、渝北区、巴南区、江津区、长寿区、涪陵区、万州区、夷陵区、兴山县*、开县*、大渡口区*
	秭归县、巴东县、巫山县、巫溪县、石柱县、丰都区、武隆县、忠县、云阳县、奉节县

注：区县产业结构分类仅仅是依据产业结构本身数值进行的聚类，无优差之别
*代表该区县产业结构发生了变化

从聚类分析结果来看，渝中区的产业结构在这 17 年间的变化非常明显，第三产业迅速发展，到 2011 年第三产业占比为 94.3%（第二产业占比为 5.7%），而其他区县第二产业的占比最少，为 34.2%（江北区）。

7.2.2　环境子系统

水体富营养化是当今世界的水污染难题，更是长江水质面临的主要环境问题之一。耕地是土地资源的精华，是人类生存与发展最重要的物质基础。作为人类不可代替的自然资源的基础，耕地数量和质量的特性决定着一个国家或地区社会经济的可持续发展。因此，水安全和耕地生态安全是三峡库区生态文明建设的主要环境问题。但是，由于目前环境方面的数据获取渠道有限，下面将根据已获取的数据进行分析。

（1）城镇常住人口生活垃圾的区域分布情况

图 7.4 给出了 2010 年三峡库区部分区县城镇常住人口生活垃圾产生量和人均垃圾产生量的柱状图。重庆市主城九区 2010 年生活垃圾总和为 195.32 万 t，由于无分区的具体数据，所以未放入图中，但可以粗略地判断主城每个区的生活垃圾平均排放量为 21.7 万 t，低于万州区的 25.8 万 t。根据人均垃圾产生量的情况可以发现，三峡库区大部分区县人均垃圾产生量相当。但是，夷陵区的人均垃圾产生量显著少于其他区县。

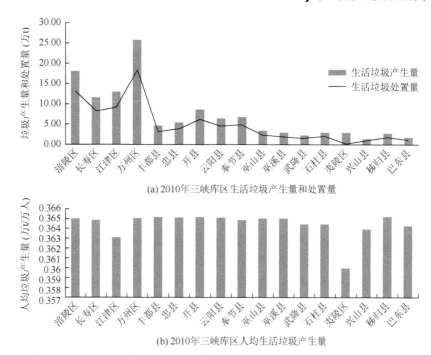

(a) 2010年三峡库区生活垃圾产生量和处置量

(b) 2010年三峡库区人均生活垃圾产生量

图 7.4　2010 年城镇常住人口生活垃圾产生量、处置量、人均垃圾产生量

注：图中所列数据为可获得数据，存在未列出区县情况。重庆市主城九区 2010 年生活垃圾总和为 195.32 万 t，由于无法获取主城分区的数据，整个放入图中将使得其他区县柱状图不明显，所以产生总量图未放入主城九区垃圾总量

根据生活垃圾产生量和处置量，计算得出各区县生活垃圾处置比例，见表 7.3，主城九区的生活垃圾处置率比较高，其他区县处置率相当。

表 7.3　2010 年三峡库区生活垃圾处置率　　　（单位：%）

区县	主城九区	涪陵区、长寿区、江津区、万州区、丰都县、忠县、开县、云阳县、奉节县、巴东县	巫山县、巫溪县、武隆县、石柱县、兴山县、秭归县	夷陵区
生活垃圾处置率	0.80	0.71	0.72	0.70

（2）水体富营养化区域分类情况

大量研究表明，水体富营养化现象的发生与农田土壤中的氮、磷等养分的流失有着十分密切的关系。目前，我国肥料利用率比农业发达国家低。氮肥的当季利用率只有 15%～45%[①]。氮肥施入土壤后有三个去向，一是被当季作物吸收利用（一般为 30%～40%）；二是残留在土壤中（25%～35%）；三是离开土壤作物而损

[①] 巨晓棠，张福锁. 2003. 关于氮肥利用率的思考. 生态环境，12（2）：192-197；段亮，段增强，夏四清，等. 2007. 农田氮、磷向水体迁移原因及对策. 中国土壤与肥料，4，6-11

失（20%～60%）。磷肥的当季利用率为 10%～25%，钾肥的利用率为 50%～60%[①]。

　　三峡库区农林生态条件多样，耕地条件复杂，农业是过去乃至今后库区非常重要的经济来源与可持续发展的产业保证。由于有害生物灾害多发、频发、重发等，化学防治在农、林、牧、渔业病虫防治中占有十分重要的地位。但是，防治中施用的农药有效利用率为 20%～30%，剩下的部分流失到土壤、水源或漂移到环境中[②]，严重影响着农林生态安全。

　　2011 年，三峡库区重庆段氮肥、磷肥、钾肥和复合肥施用总量达到 44.8 万 t，施用比例为 52∶19∶6∶23，兴山县、秭归县、巴东县、夷陵区的施用总量达到 15.27 万 t，比例为 36∶17∶7∶40[③]。这说明三峡库区重庆段和湖北段的化肥施用比例差异较大，再按照化肥最大利用率 45% 进行计算，2011 年三峡库区有效利用的化肥仅为 27t，有 33t 化肥未被有效利用，将沉淀到土壤中或流入江河。同年，三峡库区（除巴东县外）农药施用量为 12 263t，按照最大利用率 30% 进行计算，2011 年三峡库区有 8584t 农药流失到土壤、江河或漂移到环境中。

　　下面对库区 26 个区县的化肥和农药施用量进行研究[④]。

　　图 7.5～图 7.6 给出了三峡库区 2001～2012 年化肥和农药的使用情况，总体来说，二者的投入量是逐年上升的趋势，只是增长速度有所减缓。但是根据前面给出的最大利用率计算得到未利用累计排放量，发现其数值上升幅度较大，不断加大着土壤环境的负担。

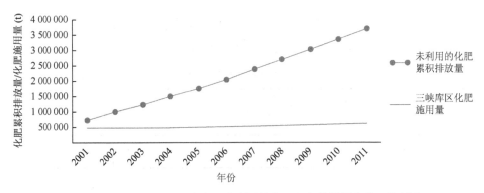

图 7.5　2001～2011 年三峡库区未利用的化肥累积排放量和化肥施用量

---

① 肥料的利用率，参见：http://www.ycsagri.gov.cn/ShowDetails.aspx?id=59927，2013 年 5 月 30 日

② 洪晓燕，张天栋. 2010. 影响农药利用率的相关因素分析及改进措施. 中国森林病虫，29（5）：41-43

③ 重庆市分区县数据中没有氮磷钾肥的分类数据，考虑到三峡库区总化肥使用量占到重庆市的 50%，所以用重庆市的施用比例代替

④ 由于《重庆统计年鉴》（2000～2012 年）中对区县化肥、农药的统计较晚，根据数据的可得性，区县化肥数据从 2001 年开始，农药数据从 2002 年开始。渝中区没有化肥和农药的投入情况，不需考虑

运用聚类分析对库区农药化肥的总投入量进行类别划分，具体见表7.4。根据结果可以分为四大类：投入量很大（Ⅰ类）、投入量大（Ⅱ类）、投入量一般（Ⅲ类）、投入量小（Ⅳ类）。

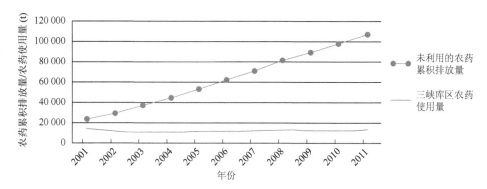

图 7.6　2001～2011 年三峡库区未利用的农药累积排放量和农药使用量

表 7.4　三峡库区 2001～2012 年农药化肥使用情况聚类分析结果

类别	区县
Ⅰ类	夷陵区
Ⅱ类	涪陵区、万州区、江津区、忠县、开县、奉节县、秭归县
Ⅲ类	渝北区、巴南区、长寿区、丰都县、武隆县、云阳县、巫山县、巫溪县、石柱县、巴东县
Ⅳ类	大渡口区、江北区、沙坪坝区、九龙坡区、南岸区、北碚区、兴山县

注：由于湖北省的区县没有统计耕地播种面积，只有耕地面积，而重庆市区县统计中耕地面积仅统计到 2007年，统计口径不一，所以没有对单位面积的化肥或农药投入量进行分析

（3）耕地生态安全区域分类情况

当前经济增长过程中，为推进城镇化、工业化，所采取的不当生产与利用方式造成耕地非农化、水土流失、土壤污染、生态退化等现象，使得人均耕地占有量越来越少，且造成耕地生态环境持续恶化。许多研究表明，耕地资源与经济发展之间存在长期均衡关系[1]。耕地数量的保护固然重要，但在优质耕地减少，耕地沙漠化、盐碱化的趋势下，耕地生态安全尤显重要。

采取熵值法对三峡库区 17 个区县 2004～2012 年的耕地安全相关数据进行评价，结果见表 7.5[2]。

---

① 陈利根，龙开胜.2007. 耕地资源数量与经济发展关系的计量分析. 中国土地科学，21（4）：4-10；许广月.2009. 耕地资源与经济的增长关系：基于中国省级面板数据的实证分析. 中国农村经济，10：21-30；李永乐，吴群.2011. 中国经济增长与耕地资源数量变化阶段性特征研究. 长江流域资源与环境，20（1）：33-39
② 陈海燕，周洪.2015. 三峡库区耕地生态安全与经济增长的 U 型关系研究. 理论与现代化，5，107-112

表 7.5　三峡库区耕地生态安全评价指数

区县	江津区	涪陵区	长寿区	万州区	武隆县	石柱县	丰都县	奉节县	忠县
指数	0.38	0.40	0.36	0.40	0.70	0.59	0.53	0.55	0.48
等级	较不安全	临界安全	较不安全	临界安全	较安全	临界安全	临界安全	临界安全	临界安全
区县	江津区	涪陵区	长寿区	万州区	武隆县	石柱县	丰都县	奉节县	忠县
指数	0.51	0.60	0.66	0.63	0.32	0.51	0.65	0.67	
等级	临界安全	较安全	较安全	较安全	较不安全	临界安全	较安全	较安全	

注：根据已有资料文献中耕地生态安全的分级标准：0.8~1.0，安全；0.6~0.8，较安全；0.4~0.6，临界安全；0.2~0.4，较不安全；0~0.2，不安全。鉴于重庆市主城九区 2011 年农业产值在 GDP 中的平均占比为 2.23%，所以未考虑其耕地生态安全问题

因此，可以将三峡库区 19 个区县耕地生态安全情况划分为三大区域，见表 7.6。

表 7.6　三峡库区耕地生态安全情况分类

区域	区县
危险级区域	江津区、长寿区、涪陵区、万州区、夷陵区
临界危险级区域	石柱县、丰都县、奉节县、忠县、开县、秭归县
较安全级区域	武隆县、云阳县、巫山县、巫溪县、巴东县、兴山县

研究发现，三峡库区区域间的耕地生态安全指数是不均衡的，仅从数据上看，库区内 GDP 增长越快的地区，耕地生态状况越不安全。

7.2.3　人口子系统

根据人口第六次普查数据，获取三峡库区人口子系统各指标值，主要有常住人口数、人口密度、少儿抚养比、老年抚养比、性别结构、受教育程度、人口流动七大指标。对数据进行标准化处理，运用聚类分析将库区 26 个区县人口情况分为四大类，见表 7.7。

表 7.7　三峡库区人口分类情况

类别	区县
I 类	渝中区、江北区、沙坪坝区、南岸区、九龙坡区、渝北区、巴南区
II 类	万州区、涪陵区、云阳县、开县、长寿区、忠县、丰都县
III 类	兴山县、秭归县、夷陵区、大渡口区、北碚区、江津区
IV 类	巫溪县、石柱县、武隆县、巴东县、巫山县、奉节县

结合指标的实际数据，Ⅰ类→Ⅳ类吸引人口流向的引力从强到弱，人口平

均教育水平从高到低，人口密集度从高到低。4 类人口情况空间表示，如图 7.7 所示。

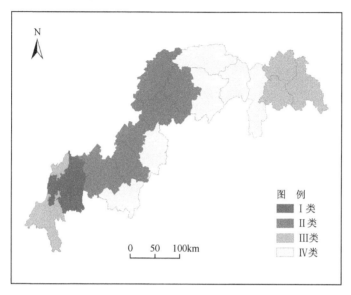

图 7.7　三峡库区人口聚集分类情况

可以较明确地看出，三峡库区人口集聚具有以较发达地区为核心，吸引周端地区人口逐步聚拢的趋势。但由于库区涉及重庆和湖北两省市，行政区域的划分使得湖北省的兴山县、秭归县、夷陵区聚集在一起。

7.2.4　资源子系统

由于库区各区县资源数据有限，资源子系统根据各区县耕地面积和土地类型来进行基本判识。根据 2004～2012 年库区耕地面积发展变化数据，运用聚类分析方法将库区 25 个区县（渝中区没有耕地，所以未纳入分析）耕地变化情况分为四大类，见表 7.8。

表 7.8　三峡库区耕地资源分类情况

类别	区县
Ⅰ类	江北区、沙坪坝区、南岸区、九龙坡区、渝北区、巴南区、大渡口区、秭归县、云阳县
Ⅱ类	涪陵区、开县、忠县、丰都县、巫山县、奉节县、北碚区、江津区
Ⅲ类	巫溪县、石柱县、巴东县、长寿区、兴山县
Ⅳ类	万州区、武隆县、夷陵区

随着时间的推移，Ⅰ类→Ⅳ类分别表明，"耕地面积逐年减少→耕地面积减少幅度下降→耕地面积由减少变为逐年增加→耕地面积逐年增加"。Ⅰ类区域耕地数量逐年减少幅度较大，江北区耕地在这 9 年间减少了 64.4%，Ⅳ类区域耕地数量逐年增加，其中夷陵区增长幅度最大，达到 26.2%。

根据表 4.3，库区土地类型（耕地、林地、草地、水域、建设用地、未利用地）分类情况见表 7.9。

表 7.9 三峡库区土地类型分类情况

类别	区县
Ⅰ类	主城区、万州区、丰都县、涪陵区
Ⅱ类	开县、武隆县、云阳县、奉节县
Ⅲ类	忠县、长寿区、江津区
Ⅳ类	石柱县、兴山县、巫溪县、秭归县、巴东县、夷陵区

7.2.5 社会子系统

社会子系统主要关注库区各区县教育、社会保障、医疗卫生服务等几方面问题，根据第 6 章中的数据可获取情况，选取 2011 年三峡库区教育经费、社会保障、医疗卫生费用的人均值和在 GDP 中的占比作为判识指标。

应用聚类方法进行基本判识，结果见表 7.10。表 7.10 中聚类结果说明，Ⅰ类→Ⅲ类分别表明，"公共服务投入占比大，但均等化程度较差→公共服务投入占比一般，均等化程度一般→公共服务投入占比小，但均等化程度较好"。

表 7.10 三峡库区公共服务分类情况

类别	区县
Ⅰ类	巫山县、巫溪县、云阳县、奉节县、开县、忠县、武隆县、丰都县、石柱县、秭归县
Ⅱ类	长寿区、江津区、涪陵区、万州区、大渡口区、巴南区、北碚区、渝北区、九龙坡区、沙坪坝区、江北区、南岸区、夷陵区、南岸区、兴山县
Ⅲ类	渝中区

注：由于巴东县的数据不全，所以在分类过程中未予以考虑。具体可见第 6 章说明

表 7.11 给出了以上 3 类公共服务原始数据的均值与标准差。从表 7.11 中数据可以看出，Ⅰ类的区县公共服务投入在 GDP 中所占的比重较大，但是由于当地 GDP 数值相对较小，所以投入的绝对值较小。而Ⅲ类的渝中区，虽然投入占比小，但是绝对数值大。更明显的是，Ⅰ类的区县公共服务投入内部差异较大，地区极

不平衡，均等化程度较差。

表 7.11 公共服务支出占 GDP 比重、人均公共服务支出的均值及其标准差

类别	教育经费支出占 GDP 比重（%）	社会保障支出占 GDP 比重（%）	医疗卫生支出占 GDP 比重（%）	人均医疗卫生支出费用（元）	人均社会保障支出费用（元）
I 类	5.32 (1.46)	3.95 (0.92)	2.91 (0.65)	449.81 (51.01)	613.54 (100.32)
II 类	1.93 (0.48)	1.58 (0.48)	0.87 (0.37)	378.95 (88.66)	702.43 (119.97)
III 类	1.14	1.33	0.34	354.24	1388.2

注：括号中的数据为标准差

7.3 子系统间综合判识

对三峡库区"环境-经济-社会-人口-资源"各子系统进行基本判识是在不考虑其他系统影响的情况下进行的初步分析，本节将综合考虑子系统之间的影响关系，探寻系统协调发展的静态和动态特征。

7.3.1 协调度

为了获取各子系统分析的平衡数据（balanced data），选取 2005～2012 年为研究时期[①]。五系统协调度计算步骤如下。

首先，分系统计算协调度，以两系统的协调度为基础。以回归残差确定系统实际值与理想值之间的差距，采用式（7-2）计算协调度。

两系统的情况分别有环境-经济、环境-社会、环境-人口、环境-资源、经济-社会、经济-人口、经济-资源、社会-人口、人口-资源、社会-资源 10 种情况，每种情况计算 2 次，共计 20 次。

其次，计算三、四系统的协调度，采用式（7-5）计算协调度。

三系统的情况分别有经济-资源-环境、经济-资源-人口、经济-资源-社会、经济-环境-人口、经济-环境-社会、经济-人口-社会、资源-环境-人口、资源-环境-社会、资源-人口-社会、环境-人口-社会 10 种情况，每种情况计算 3 次，共计 30 次。

四系统的情况分别有环境-经济-人口-社会、环境-经济-人口-资源、环境-经济-社会-资源、经济-人口-社会-资源、资源-环境-人口-社会 5 种情况，每种

---

① 在满足 26 个区县数据统计口径一致、数据可获取、数据平衡等的条件下，以 2005 年为起始年份

情况计算 4 次，共计 20 次。

最后，综合前 3 种情况计算结果，计算五系统的协调度。

五系统的情况只有一种：环境-经济-人口-社会-资源，共计算 5 次。

为了获取三峡库区静态和动态协调度，从数据的可获取性和平衡性出发，选取每个子系统典型性代表指标探讨五系统的协调系数[①]。

具体选取的指标见表 7.12。

表 7.12　系统指标

目标层	系统层	指标
三峡库区复合系统	环境系统（S_1）	农药使用量、化肥施用量
	经济系统（S_2）	人均地区生产总值
	社会系统（S_3）	人均社会保障支出
	人口系统（S_4）	常住人口
	资源系统（S_5）	耕地面积

由于资源系统将耕地面积作为量化指标，而渝中区并没有耕地面积；巴东县的社会公共服务数据缺失，所以没有计算这两个区县的系统协调度。此外，目前的计算方法是以数据协同变化方向作为依据，即同向变化会使得协调度大，如子系统同向恶化时其协调系数显示协调情况良好。因此，需要对原始数据进行处理，以区分正负向协调变化趋势。

正向指标计算公式为

$$x_{jit}^+ = (x_{jit} - \min x_{jit}) \big/ (\max x_{jit} - \min x_{jit})$$

负向指标计算公式为

$$x_{jit}^- = (\max x_{jit} - x_{jit}) \big/ (\max x_{jit} - \min x_{jit})$$

式中，x_{jit} 为第 j 个指标第 i 个个体第 t 年的原始值；x_{jit}^+ 为 x_{jit} 的正向标准化值；x_{jit}^- 为 x_{jit} 的负向标准化值；$\max x_{jit}$ 为第 j 个指标的最大值；$\min x_{jit}$ 为第 j 个指标的最小值。此处，认为化肥农药施用量对环境系统是负向影响，处理为负向指标；认为常住人口数量增加会加重环境负担，处理为负向指标。其余指标为正向指标。

对已处理的数据计算得出三峡库区 24 个区县的系统协调度，见表 7.13。

---

① 不同的指标选取对协调度将会有一定的影响。但是由于数据已进行了趋向性处理，所以趋向性一致的数据，将不会对协调度产生很大影响

表 7.13 2005 ~ 2012 年三峡库区 24 个区县的系统协调度

区县	2005	2006	2007	2008	2009	2010	2011	2012
大渡口区	0.966	0.832	0.863	0.897	0.779	0.903	0.824	0.827
江北区	0.955	0.977	0.899	0.963	0.983	0.952	0.994	0.986
沙坪坝区	0.990	0.998	0.937	0.951	0.953	0.967	0.992	0.984
九龙坡区	0.938	0.844	0.986	0.893	0.956	0.926	0.996	0.960
南岸区	0.839	0.955	0.881	0.758	0.952	0.832	0.802	0.765
北碚区	0.861	0.783	0.916	0.912	0.944	0.951	0.959	0.982
渝北区	0.958	0.932	0.914	0.919	0.855	0.904	0.911	0.845
巴南区	0.957	0.955	0.974	0.975	0.966	0.962	0.966	0.983
涪陵区	0.975	0.954	0.943	0.970	0.983	0.907	0.967	0.986
长寿区	0.942	0.977	0.798	0.724	0.916	0.741	0.733	0.788
江津区	0.981	0.955	0.799	0.791	0.858	0.548	0.910	0.887
万州区	0.738	0.799	0.759	0.887	0.808	0.975	0.773	0.881
丰都县	0.993	0.948	0.826	0.985	0.852	0.924	0.893	0.916
忠县	0.854	0.882	0.687	0.724	0.932	0.644	0.869	0.753
开县	0.995	0.988	0.680	0.839	0.860	0.970	0.972	0.968
云阳县	0.978	0.954	0.940	0.986	0.953	0.846	0.833	0.892
奉节县	0.991	0.998	0.915	0.850	0.935	0.967	0.949	0.988
巫山县	0.986	0.977	0.745	0.686	0.919	0.895	0.954	0.963
巫溪县	0.959	0.946	0.975	0.997	0.995	0.971	0.975	0.992
武隆县	0.950	0.983	0.999	0.900	0.948	0.840	0.936	0.920
石柱县	0.934	0.951	0.998	0.993	0.989	0.987	0.960	0.963
夷陵区	0.964	0.873	0.993	0.941	0.977	0.915	0.963	0.995
秭归县	0.876	0.963	0.930	0.980	0.924	0.846	0.851	0.952
兴山县	0.899	0.805	0.798	0.729	0.911	0.917	0.833	0.834

注：由于协调度的计算采取隶属函数的形式定义，协调度的数值并不代表区县发展的协调程度，如协调度为 0.8，并不能说明该区县协调度达到 80%，仅能说明在考察的样本期内该区县横纵向对比的相对协调变化情况

图 7.8 给出部分年份区县协调度的对比图。

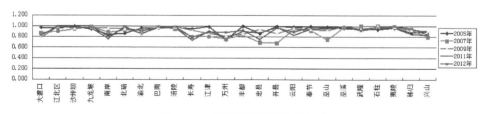

图 7.8 三峡库区区县系统协调度

可以发现，2005～2012 年所有区县的协调度都是有增有减的，并未朝着统一的方向发生变化。值得注意的是，大部分区县在此期间的协调度均呈现出先递减后缓慢增加的变化趋势。

运用 K 均值聚类算法，依据系统协调度的变化情况可以将库区 24 个区县分为以下几类，见表 7.14。

表 7.14　三峡库区系统协调度分类情况

类别	区县	聚类分析的距离均值（标准差）
Ⅰ类	九龙坡区、北碚区、沙坪坝区、巴南区、江北区、渝北区、涪陵区、武隆县、石柱县、云阳县、奉节县、巫溪县、夷陵区、秭归县、丰都县	0.172（0.038）
Ⅱ类	大渡口区、南岸区、万州区、兴山县	0.123（0.041）
Ⅲ类	长寿区、开县、忠县	0.131（0.031）
Ⅳ类	巫山县、江津区	0.134（0.052）

表 7.14 中，Ⅰ类→Ⅳ类分别说明，系统协调度较好→系统协调度一般→系统协调度欠佳→系统协调度较差。图 7.9 给出了系统协调度增长变化的离散程度和均值状态，可以看出，离散情况与聚类分析结果基本吻合。而且，2005～2012 年系统协调度年均值高的区县，其动态波动性小于年均值低的区县。

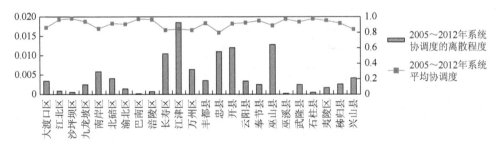

图 7.9　三峡库区区县系统协调度的统计值

离散程度大的区县，其协调度发生了较大的变动；离散度较小的区县，其协调度变化幅度较小。离散程度的大小源于当地经济发展政策和区域规划，离散程度大的区县，其系统之间的不协调程度波动剧烈，区域发展方向进行了较大的调整；离散程度小的区县，协调度相对很平稳，没有出现大起大落的情况。

表 7.15 给出了离散程度最大与最小的江津区和巴南区两系统平均协调情况。从协调度平均值可以看出，江津区两系统的协调情况并不是很理想，所有值都远远小于巴南区，这也说明江津区的系统协调性是低于巴南区的。

表 7.15   江津区和巴南区两系统平均协调度

区县	经济与资源	经济与环境	经济与人口	经济与社会	资源与环境	资源与人口	资源与社会	环境与人口	环境与社会	人口与社会
江津区	0.615	0.784	0.424	0.752	0.563	0.374	0.638	0.506	0.772	0.385
巴南区	0.858	0.897	0.964	0.932	0.911	0.969	0.889	0.889	0.883	0.986

对于江津区而言，资源与人口的协调程度最差。分析原始数据可以发现，江津区和巴南区的耕地资源在 2005～2011 年均呈减少的趋势，而江津区的人口自然增长率在 2006～2011 年连续 6 年都远高于巴南区，平均年增长率达到 4.63%，而巴南区这几年的人口年平均自然增长率为 2.05%。人口增加加大了资源的负载，因此资源与人口不协调程度较大。在资源与社会两系统中，2005～2012 年江津区的人均社会保障支出平均值仅为巴南区人均社会保障支出平均值的 68%。此外，江津区的人均 GDP 少于巴南区，而化肥农药施用量却大于巴南区，其中巴南区的化肥农药施用量呈每年逐渐减少的趋势，江津区却呈逐年增长的趋势。在土地资源数量减少、人口相对增加、社保支出相对低下的情况下，江津区的协调程度低于巴南区就很显然了。

7.3.2   小结

7.3.1 节给出了基于隶属函数关系的协调度模型估计结果，对三峡库区五大子系统进行了综合分析，可以形成以下几点认识。

1）该系统协调度是相对概念而不是绝对概念。因为采取的是线性回归残差来度量理想与现实协调水平的差距，五大子系统协调度的估算值是在大量回归结果的基础上依据式（7-5）计算而得，因此会出现协调度趋近于 1 的情况。但是这并不代表该区县的内部协调程度，只能说明在纵横向上该区县的相对协调状态。例如，图 7.8 和表 7.15 所展示的纵向和横向分析。

2）三峡库区 24 个区县（不含渝中区和巴东县）总体发展方向一致。2005～2012 年所有区县内部协调程度都呈现出先低后升的特征。2010 年，库区 140 万移民工作才全面完成，这说明库区内部一直处于不断磨合和调整的阶段，任何子系统之间都在寻找最优的契合方式。2011 年，《三峡后续工作规划》《长江中下游流域水污染防治规划》出台，库区各区县逐步趋向协调发展。

3）选取指标的变化趋势对协调度分析至关重要。尽管对指标的正负向影响进行了处理，但是选取不同的指标其趋势变化幅度是不一样的。例如，生态环境系统采用的是化肥农药施用量，由于近几年化肥农药施用量呈现出下降趋势，采取负向指标处理后，会放大协调度数值。而化肥农药施用量的影响并不能较好地代表环境系统，这里仅是基于可获取数据的分析。

4）库区综合判识是一个复杂的大系统问题。三峡库区的发展与研究是一个与时俱进的问题，不是本书能全部概括和分析的。对区域发展的五大系统采用隶属函数进行协调度的计算，能较好地对区县进行横纵向解释，了解其子系统间的协调情况，并根据协调度进行聚类分析，但是却不能给出区县发展的绝对协调值，也并没有囊括区域发展的所有系统。但是，系统协调度的研究给区域经济可持续发展提供了参考与借鉴。库区经济的发展问题从来都不是单一的，而是属于复杂的大系统问题，在不同时期有着不同的发展任务和内在机制。

5）三峡库区的区域划分应该适宜不同发展时期的要求。从大的区域来讲，根据水淹程度，三峡库区包含有 26 个区县；但是从小的区域来讲，三峡库区可以从地理位置、经济增长、人口流动、资源聚集、社会服务等角度进行划分，但是没有一种划分方式能适应所有的发展要求。在新的发展时期，结合流域管理的知识和理论，针对区域协调程度对库区发展进行规划和布署至关重要。

参 考 文 献

白峰青. 2004. 湖泊生态系统退化机理及修复理论与技术研究——以太湖生态系统为例. 西安：
　　长安大学博士学位论文.

白雪梅. 1998. 社会协调发展的测度方法. 统计与决策，1：6-7.

鲍名，黄荣辉. 2006. 近 40 年我国暴雨的年际变化特征. 地球科学进展，30（6）：1057-1067.

卞彬主. 2001. 三峡库区旅游产业发展战略研究. 重庆：重庆出版社.

陈长杰，马晓微，魏一鸣，等. 2004. 基于可持续发展的中国经济——资源系统协调性分析. 系
　　统工程，22（3）：34-39.

陈飞. 2010. 三峡重庆库区农业旅游发展对策研究. 重庆：西南大学硕士学位论文.

陈海燕，周洪. 2015. 三峡库区耕地生态安全与经济增长的 U 型关系研究. 理论与现代化，5：
　　107-112.

陈利根，龙开胜. 2007. 耕地资源数量与经济发展关系的计量分析. 中国土地科学，21（4）：4-10.

陈敏. 2011. 重庆三峡库区统筹城乡社会保障制度构建研究. 西部大开发，（06）：207-208.

陈鲜艳，宋连春，郭占峰，等. 2013. 长江三峡库区和上游气候变化特点及其影响. 长江流域资
　　源与环境，11：1466，1471.

程瑞梅. 2008. 三峡库区森林植物多样性研究. 北京：中国林业科学研究院博士学位论文.

池仕运，胡菊香，陈胜，等. 2011. 三峡库区支流底栖动物群落结构研究. 水生生态学杂志，（4）：
　　24-30.

重庆市规划局，湖北省测绘局. 2012. 三峡库区在中国的地理位置. 西安：西安地图出版社.

戴昌达，唐伶俐. 1995. 卫星遥感监测城市扩展与环境变化的研究. 环境遥感，10（1）：1-8.

丁相毅，周怀东，王宇晖，等. 三峡库区水循环要素现状评价及预测. 水利水电技术，42（11）：
　　1-5.

段亮，段增强，夏四清. 2007. 农田氮、磷向水体迁移原因及对策. 中国土壤与肥料，4：6-11.

范远江，杨勇. 2010. 扩大森林资源是发展低碳经济的新路径——以三峡库区为例. 华东经济管
　　理，（2）：20-23.

范中启，曹明. 2006. 能源-经济-环境系统可持续发展协调状态的测度与评价. 预测，25（4）：66-70.

葛美玲，封志明. 2009. 中国人口分布的密度分级与重心曲线特征分析. 地理学报，（02）：
　　202-210.

郭渠，龙中亚，程炳岩，等. 2011. 我国三峡库区近 49 年暴雨气候特征分析. 水文，31（6）：

87-92.

韩庆忠, 向峰, 马力, 等. 2012. 三峡库首典型区 2001~2012 年局地气象因子变化趋势分析. 土壤, 44 (6): 1029-1034.

洪晓燕, 张天栋. 2010. 影响农药利用率的相关因素分析及改进措施. 中国森林病虫, 29 (5): 41-43.

胡征宇, 蔡庆华. 2006. 三峡水库蓄水前后水生态系统动态的初步研究. 水生生物学报, (1): 1-6.

黄丹青, 钱永甫. 2007. Community climate model 3 模拟夏季极端降水的初步分析. 南京大学学报 (自然科学), 43 (3): 238-247.

黄治勇, 牛奔, 叶丽梅, 等. 2012. 长江三峡库区极端大雾天气的气候变化特征. 长江流域资源与环境, 21 (5): 646-652.

蒋昭侠. 1999. 三峡库区资源开发及可持续发展管见. 资源科学, (4): 22-25.

巨晓棠, 张福锁. 2003. 关于氮肥利用率的思考. 生态环境, 12 (2): 192-197.

况琪军, 毕永红, 周广杰, 等. 2005. 三峡水库蓄水前后浮游植物调查及水环境初步分析. 水生生物学报, (4): 353-358.

黎夏, 叶嘉安. 1997. 利用遥感监视和分析珠江三角洲的城市扩张过程——以东莞市为例. 地理研究, 16 (4): 56-62.

李佩成, 张林, 段联合. 2001. 关于西部大开发的哲学思考. 地球信息科学, 2: 66-71.

李泉. 2010. 社会保障是促进三峡库区移民安置稳定的重要措施. 参政议政, (2): 25.

李艳, 曾珍香, 武优西, 等. 2003. 经济-环境系统协调发展评价方法研究及应用. 系统工程理论与实践, 5: 54-58.

李永乐, 吴群. 2011. 中国经济增长与耕地资源数量变化阶段性特征研究. 长江流域资源与环境, 20 (1): 33-39.

李月臣, 刘春霞. 2011. 三峡库区水土流失研究. 北京: 科学出版社.

李月臣, 刘春霞, 赵纯勇, 等. 2009. 重庆市三峡库区水土流失特征及类型区划分. 水土保持研究, 16 (1): 13-17.

梁福庆. 2009. 三峡库区生态环境保护回顾与思考. 重庆三峡学院学报, (2): 17-20.

林德生, 吴昌广, 周志翔, 等. 2010. 三峡库区近 50 年来的气温变化趋势. 长江流域资源与环境, 19 (9): 1037-1043.

刘利民. 2012. 城镇化背景下的农村义务教育. 求是, 1: 12-14.

刘晓苒, 杨茜, 王若瑜, 等. 2012. 1980~2009 年三峡库区空中水资源变化特征. 自然资源学报, 27 (9): 1550-1560.

马骏, 马朋, 李昌晓, 等. 2014. 2000~2011 年三峡库区重庆段植被覆盖景观格局变化. 西南大学学报 (自然科学版), (12): 141-146.

马世俊. 1990. 现代生态学透视. 北京: 科学出版社.

秦远好. 2006. 三峡库区旅游业的环境影响研究. 重庆: 西南大学博士学位论文.

曲海波. 1988. 论老年人口学的基本范畴及其理论框架. 中国人口科学，（01）：52-58.

邵景安，郭跃，陈勇，等. 2014. 近 20 年三峡库区（重庆段）森林景观退化特征. 西南大学学报（自然科学版），（11）：1-10.

苏化龙，林英华，张旭，等. 2005. 三峡库区鸟类区系及类群多样性. 动物学研究，（3）：191-199.

孙元明. 2010. 三峡库区后移民时期重大社会问题前瞻研究. 科学咨询（决策管理），5：33-34.

汤铃. 2010. 基于距离协调度模型的系统协调发展定量评价方法. 系统工程理论与实践，30（4）：594-602.

唐将，李勇，邓富银，等. 2005. 三峡库区土壤营养元素分布特征研究. 土壤学报，42（3）：473-478.

唐将，王世杰，付绍红，等. 2008. 三峡库区土壤环境质量评价. 土壤学报，45（4）：601-607.

涂长晨. 1981. 生态系统. 中国大百科全书·环境科学. 北京：中国大百科全书出版社.

王波. 2009. 三峡工程对库区生态环境影响的综合评价. 北京：北京林业大学博士学位论文.

王晖，廖炜，陈峰云，等. 2007. 长江三峡库区水土流失现状及治理对策探讨. 人民长江，38（8）：34-36.

王鹏程，姚婧，肖文发，等. 2009. 三峡库区森林植被分布的地形分异特征. 长江流域资源与环境，（6）：529-534.

王顺克. 2000. 建立三峡库区生态经济区的战略思考. 重庆环境科学，1：11-13.

王秀兰，包玉海. 1999. 土地利用动态变化研究方法探讨. 地理科学进展，18（1）：81-87.

王裕文，高阳华，胡怀林. 2001. 重庆市三峡库区气候资源开发利用. 畜牧市场，12：12-20.

吴希平，陈炯，余可. 2000. 三峡库区资源环境保护与税收政策研究. 改革，（3）：66-72.

熊平生，谢世友，莫心祥. 2006. 长江三峡库区水土流失及其生态治理措施. 水土保持研究，13（2）：272-273.

许广月. 2009. 耕地资源与经济的增长关系：基于中国省级面板数据的实证分析. 中国农村经济，10：21-30.

许全喜，童辉. 2012. 近 50 年来长江水沙变化规律研究. 水文，32（5）：38-48.

叶守泽，夏军. 1989. 水文系统识别. 北京：水利电力出版社.

印铁林. 1988. 从流域管理角度探讨三峡工程. 科技导报，6：21-23.

曾珍香，顾培亮. 2000. 可持续发展的系统分析与评价. 北京：科学出版社.

张超，彭道黎. 2013. 三峡库区森林蓄积量遥感监测及其动态变化分析. 东北林业大学学报，（11）：46-49.

张健，黄勇富. 2005. 三峡库区草地退化现状及其综合治理. 四川草原，（2）：52-54.

张思诗，杜晓初. 2012. 基于 NDVI 的三峡库区植被时空变化规律研究. 湖北大学学报（自然科学版），（3）：317-319.

张天宇，范莉，孙杰，等. 2010. 1961～2008 年三峡库区气候变化特征分析. 长江流域资源与环境，19（1）：52-61.

张煜星，严恩萍，夏朝宗，等. 2013. 基于多期遥感的三峡库区森林景观破碎化演变研究. 中南林业科技大学学报，（7）：1-7.

赵芳. 2009. 中国能源-经济-环境（3E）协调发展状态的实证研究. 经济学家，12：35-71.

郑师章. 1994. 普通生态学——原理、方法和应用. 上海：复旦大学出版社.

中国科学院《中国自然地理》编辑委员会. 1984. 中国自然地理——古地理（上册）. 北京：科
　学出版社.

钟远平，唐将，王力. 2006. 三峡库区土壤有机质区域布及影响因素. 水土保持学报，20（5）：
　73-76.

周宗成. 2008. 论三峡库区社会保障体系的构建. 重庆三峡学院学报，24（112）：11-14，115.

Ewing R. 1997. Is Los Angeles-style sprawl desirable. Journal of the American Planning Association，
　63（1）：107-126.

彩　　图

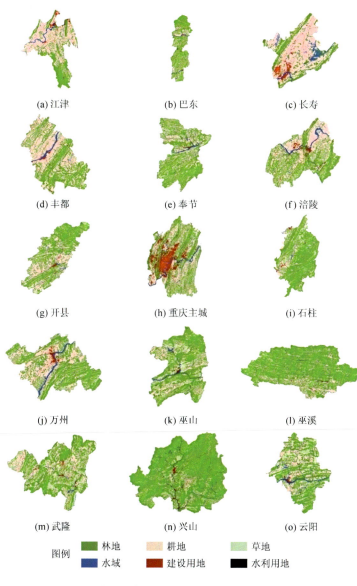

(a) 江津　　　　　　　(b) 巴东　　　　　　　(c) 长寿

(d) 丰都　　　　　　　(e) 奉节　　　　　　　(f) 涪陵

(g) 开县　　　　　　(h) 重庆主城　　　　　　(i) 石柱

(j) 万州　　　　　　　(k) 巫山　　　　　　　(l) 巫溪

(m) 武隆　　　　　　　(n) 兴山　　　　　　　(o) 云阳

图例　■ 林地　　■ 耕地　　■ 草地
　　　■ 水域　　■ 建设用地　■ 水利用地

图 4.4　各区县土地利用分布结构图

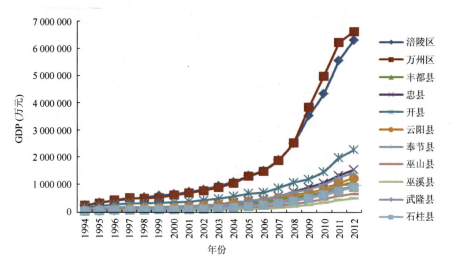

图 5.7　1994～2012 年库腹 GDP 变化图

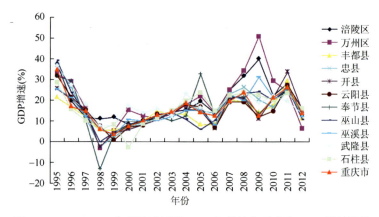

图 5.8　1995～2012 年库腹各区县 GDP 年增速与重庆市 GDP 增速比较